SOCCER
필승 축구교본

저자 / 가토 히사시
역자 / 서림 편집부

서림문화사

책 머리에

축구라고 하는 스포츠의 기원은 멀리는 고대 희랍 로마시대로 거슬러 올라가게 되지만, 근대 축구가 탄생된 것은 1863년 축구의 모국인 잉글랜드에서 협회(Association)가 창설, 통일된 룰이 제정된 때부터라고 알려져 있다. Association의 soc에서 사커(Soccer)라는 말이 나왔다고도 하는데, 일본에서는 영국으로부터 사커(축구)가 소개되었기 때문에 일찍부터 사커라는 말이 정착되었다.

일본에서 처음으로 축구 시합이 열렸던 것은 1873년의 일인데, 그 후 축구는 학교를 중심으로 전국으로 퍼져 갔다. 다른 스포츠와 마찬가지로 학교가 축구 활동의 중심이 되었던 것이다. 그러나 학교 스포츠로 행해진 축구는 약 1세기를 거치면서 조금씩 그 활동 거점을 바꾸게 되었다. 즉 학교 울타리를 너머 지역사회 활동의 핵이 되었던 것이다.

1993년 5월에 시작된 일본 프로사커리그(J리그)는 그 지역사회에 뿌리를 박는 스포츠 환경을 만들고, 지방 축구의 진흥을 염두에 두고 발족되었던 것이다. 그리고 시대가 변하여 축구라는 스포츠를 하는 것이 하나의 직업으로 성립하기에 이르렀다. 지금까지 많은 축구하는 소년들의 목표는 슈퍼스타들인데, J리그가 시작되자 자기의 가까운 곳에서 목표를 바라볼 수 있게 되었다. 지금부터 축구를 시작하려는 사람에게는 매우 혜택받은 환경이 만들어지고 있다 할 것이다.

축구를 하게 되는 환경은 눈부시게 변화하고 있지만, 축구를 함에 있어서 예나 지금이나 변치 않을 중요한 것이 있다. 그것을 우리는 '기본'이라고 일컫는다. 이 책에서는 축구를 하는 과정에서 꼭 필요하게 될 '기본'을 보여 주고 있다.

축구에 필요한 요소는 기술·전술·체력·정신력의 4개 요소로 크게 나눌 수 있는데, 각 요소의 기본이 되는 것들을 이 책에서 소개하고 있다. 앞으로 본격적으로 축구를 하려는 사람은 이 책에서 반드시 그 '기본'을 익히기 바란다.

"축구를 잘하려면 어떻게 하면 됩니까?"라는 질문을 흔히 받는데, 여기에는 특별한 방법이 없다. 자기가 스스로 과제를 찾아내어 그 과제를 달성하기 위해 반복해서 연습하는 것 이외에 다른 방법이 없다. '기본'을 중요시하되, 조급하게 서둘지 말고 천천히 앞으로 나가기 바란다. 이 책이 여러분의 진보에 조금이라도 도움이 된다면 다행이겠다.

加藤 久

번역판을 내면서

　2002년 제17회 월드컵의 한·일 공동개최라는 새 이정표를 앞두고 있는 우리 나라 축구의 자존심이 흔들리고 있다는 생각이다. 국가대표 팀은 아세아의 최강이라는 자부심을 지키고 있다 하겠지만 어쩐지 아슬아슬한 느낌을 주어 온 것이 어제오늘의 일만은 아니기 때문이다. 특히 숙적과 같은 일본 축구 팀과의 관계에서 그렇다.
　한국 축구의 미래인 16세 이하 팀(유년 팀), 19세 이하 팀(쥬니어 팀)이 거듭거듭 일본 대표 팀한테 패해 짙은 먹구름이 쌓여 가고 있는 것이다. 다행히 청소년 팀이 연전 연패를 거듭해 오다가 6년 만인 96년 10월 제30회 대회에서 1승을 건져 올렸을 뿐이다.
　원인이 어디에 있는 것일까? 얼핏 경기 장면을 봐서는 필승의 신념으로 빚어낸 투지는 여전하고 무쇠체력은 빼어나지만, 유연성·지구력·킥력·패스·수비 등의 기본에서 모자람이 쓰린 아쉬움으로 남곤 한다.
　이것은 무엇을 뜻함인가? 너무 일찍부터 기본의 틀이 잡히기도 전에 학교 명예를 위해 연중무휴로 시합에 참가함으로써 승부용 애늙은이처럼 된 현상이 아닐까 한다. 승부에만 집착하다 보니 개인의 정상적인 성장이나 기본기의 통달에 나이가 들면서 장애를 겪고 있는 것이다.
　이 책의 저자 Kato교수는 오랜 대표선수 겸 주장으로 실전 경험이 풍부한데다, 철저하리만큼 청소년 축구의 기본을 강조하고 있다. 적을 알아야 적을 깰 수 있다. 큰 선수를 꿈꾸는 청소년들과 축구 지도자들을 위해 이 책을 번역판으로 소개한다.
　끝으로, 이 번역판의 출판이 있기까지 일본 Baseball Magazine사 渡邊義一郎씨의 저자와의 교섭 등 노고가 컸음을 여기에 밝혀 둔다.

서림문화사 편집부

차 례

책 머리에/3
번역판을 내면서/5

제1장 축구를 잘 알기 위하여

1. 축구 정보는 이렇게 얻는다 ················· 14
   Ⅰ. 해외의 축구 정보/14
   Ⅱ. 일본의 축구 잡지/16
   Ⅲ. 공식적인 정보를 얻는다/18
2. 세계와 일본 축구의 단체 조직 ················· 20
   Ⅰ. 국제축구연맹(F.I.F.A.)/20
   Ⅱ. 일본축구협회(J.F.A.)/21
3. 세계의 축구 대회 ················· 22
   Ⅰ. 국가대표 팀이 참가하는 대회/22
   Ⅱ. 클럽 팀이 참가하는 대회/23

제2장 포지션(position)별 플레이

1. 포지션을 이해한다 ················· 26
   Ⅰ. 포지션과 시스템/26
   Ⅱ. 선수의 능력과 포지션/26
   Ⅲ. 여러 포지션의 명칭/27
   Ⅳ. 포지션과 역할/29

2. 시스템을 생각한다 ··· 30
　Ⅰ. 균형 있게 선수를 배치한다／30
　Ⅱ. 경기할 지역을 정해 준다／31
　Ⅲ. 시스템의 명칭／32
　Ⅳ. 시스템의 통일이 필요하다／33
3. 시스템의 흐름 ··· 34
4. 현대 축구의 포지션과 그 기능 ································ 36
　■3-5-2, 3-4-3 시스템을 기본으로 한 움직임과 연습／36
　Ⅰ. 사이드 백(side back), 사이드 하프(side half)의 플레이／38
　Ⅱ. 센터 백(center back)의 플레이／46
　Ⅲ. 센터 하프(center half)의 플레이／54
　Ⅳ. 오펜십 하프(offensive half)의 플레이／62
　Ⅴ. 포워드(foward)의 플레이／70
5. 골을 넣기 위한 슈팅 연습 ······································· 78
6. 위기에서 벗어나는 수비 연습 ·································· 82

제3장 훈련 계획을 세운다

1. 계획의 필요성 ··· 86
2. 합숙의 훈련 계획 ·· 90
3. 선수의 성장과 훈련 ·· 92
4. 11세까지의 훈련 요점 ·· 94
5. 17세까지의 훈련 요점 ·· 96

제4장 기본 기술과 기본 전술

1. 중요한 기본 전술 ··· 100
   Ⅰ. 주위를 살피는 것이 모든 전술의 기본이다/100
   Ⅱ. 공격의 개인 전술/102
   Ⅲ. 수비의 기본 전술/106
   Ⅳ. 공격과 수비의 빠른 전환/112
   Ⅴ. 흘러나온 볼을 빼앗는다/113
2. 기본 기술을 갈고 닦음 ··· 114
   Ⅰ. 노리는 곳으로 볼을 찬다(kick)/114
   Ⅱ. 다음 동작을 하기 쉽도록 멈추게 한다(trapping)/120
   Ⅲ. 자유로이 볼을 몰고 다닌다(dribbling)/124
   Ⅳ. 공중 볼을 딴다(heading)/126
   Ⅴ. 던지기를 살린다(throwing)/128

제5장 축구선수가 지녀야 할 마음의 요소

1. 선수의 정신력(mentality) ··· 130
2. 자기와의 싸움(challenge) ··· 132
3. 압박감을 이겨낸다 ·· 134
4. 정신 훈련법(mental training) ··· 136
5. 승패에 대한 올바른 태도 ·· 138
6. 정정당당한 마음갖기 ·· 142

제6장 베스트 컨디션을 가지려면

1. 생활 리듬을 확립한다(영양·휴양·훈련) ·················· 146
   - Ⅰ. 규칙 바른 생활/146
   - Ⅱ. 영양·휴양·훈련의 균형/146
2. 영양 섭취에 관한 기초 지식 ································ 148
   - Ⅰ. 덮어놓고 영양만을 취해서 좋은 것이 아니다/148
   - Ⅱ. 기초 체력을 위한 식사법/148
   - Ⅲ. 어떤 음식물을 골라 먹을까/150
3. 더위 대책과 수분 섭취 ····································· 152
   - ■더위로 쓰러졌을 때/152
4. 준비운동(warming up)과 마무리운동(cooling down) ·········· 154
   - Ⅰ. 준비운동에서 유의할 점/154
   - Ⅱ. 마무리운동의 중요성/154
   - Ⅲ. 굽혀펴기(streching)의 활용/155
5. 체력 단련법 ·· 156
   - Ⅰ. 무엇을 위한 체력 단련인가/156
   - Ⅱ. 계획성 있게 할 것/156
   - Ⅲ. 개인별 특징을 살릴 것/157
   - Ⅳ. 연령에 알맞는 단련을 할 것/157
   - Ⅴ. 볼을 사용한 체력 단련/158
   - Ⅵ. 볼을 사용하지 않는 체력 단련/162
6. 피로의 회복 ·· 166
   - Ⅰ. 피로의 원인, 유산(乳酸)/166
   - Ⅱ. 피로와 그 회복/167

7. 부상과 그 처치 …………………………………………… 168
　Ⅰ. 축구선수의 장해(障害)와 외상(外傷)／168
　Ⅱ. 장해의 특징／169
　Ⅲ. 축구 경기에서의 외상과 응급 처치／170
　Ⅳ. 사고가 일어났을 때의 응급 처치／172
　Ⅴ. 운동장으로의 복귀／174

제7장 축구의 규칙해설

① 축구장의 깃발과 골문의 크기 ……………………………… 178
② 축구 볼의 크기·무게·공기압(空氣壓) ……………………… 178
③ 축구 경기장의 크기 ………………………………………… 179
④ 축구의 경기 시간 …………………………………………… 180
⑤ 킥 오프(kick off) …………………………………………… 180
⑥ 인 플레이(in play)와 아웃 플레이(out play) …………… 181
⑦ 득점(goal in) 판정 ………………………………………… 181
⑧ 직접 프리 킥(free-kick)의 반칙 …………………………… 182
⑨ 간접 프리 킥(free-kick)의 반칙 …………………………… 183
⑩ 경고·퇴장 …………………………………………………… 184
⑪ 오프사이드(off-side) ……………………………………… 185
⑫ 문지기의 백 패스(back pass) ……………………………… 188

■ 참고한 책들／189
■ 부록―국제축구연맹(F.I.F.A.)의 경기 규칙／191

제 1 장
축구를 잘 알기 위하여

축구가 진보하는 것은 아니다,
인간이 진보한다,

전 알젠틴 국가대표 팀 감독
세잘 메노티

1. 축구 정보는 이렇게 얻는다

I. 해외의 축구 정보
A. 유럽의 스포츠 잡지·축구 잡지

(1) 프랑스 풋볼 (FRANCE Foot Ball)

　프랑스에서 발행되는, 유럽에서 최고 권위 있는 축구 전문지.

　유럽 최우수 선수는 이 잡지 기자들의 투표에 의해서 결정된다. 프랑스 풋볼 리그의 화제를 중심으로 다른 유럽 여러 나라와 남미의 축구 정보를 아울러 싣고 있다.

(2) 킥커 (kicker)

　독일에서 발행되는 스포츠 종합지.
　축구 정보가 중심이나, 다른 스포츠 화제도 싣고 있다. 독일의 분데스리가가 시작되면 이 시합과 선수들의 플레이를 평가하여, 매주 베스트 일레븐(11)을 뽑는다. 잡지라기보다는 스포츠 신문의 성향이 강하며, 주 2회 발행된다.

(3) 월드 사커 (WORLD SOCCER)

　영국에서 발행되는 축구 월간지.
　상세한 축구 정보를 싣고 있다.

(4) 온제 (onze)

　프랑스에서 발간되는 축구 월간지.
　프랑스의 국내 축구 소식보다 해외 화제를 많이 싣고 있다.

프랑스 풋볼

킥커

(5) 후스발 트레이너 (FUSSBALL TRAINER)
축구 지도자를 겨냥해서 출판되고 있는 독일의 월간지.
축구계의 인물 소개, 기술·전술·체력 훈련 방법, 지도 계획 등을 알기 쉽도록 해설하고 있다.

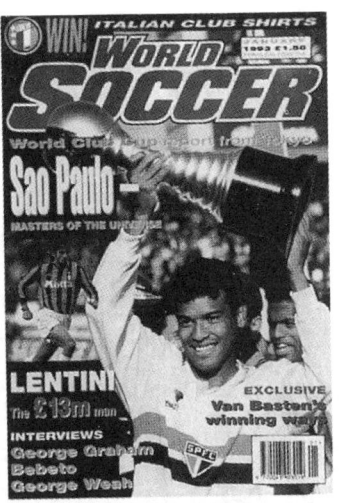
월드 사커

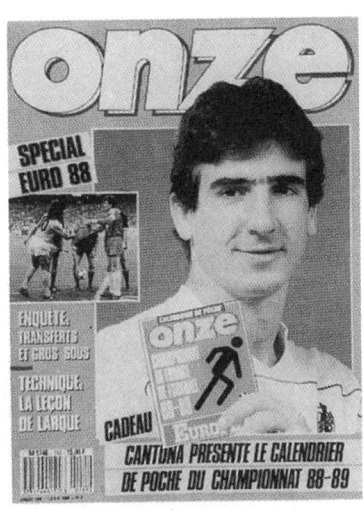
온제

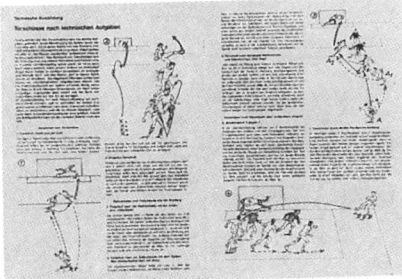
후스발 트레이너

B. 남미의 스포츠 잡지

(1) 엘 그라피코 (El Gráfico)

알젠틴에서 발행되고 있는 스포츠 잡지.
거의 전부 축구 정보를 싣고 있다.

(2) 프라칼 (LACAR)

브라질에서 발행되는 스포츠 잡지.
엘 그라피코처럼 축구에 관한 페이지가 대부분을 차지한다.

엘 그라피코

프라칼

II. 일본의 축구 잡지

(1) 사커 매거진 (サッカー・マガジン)

일본에서 최초로 창간된 축구 전문잡지.

1966년에 창간. 베이스볼 매거진(ベースボール・マガジン)사 발행.

유럽이나 남미 등의 해외정보는 물론 국내 축구정보도 풍부하게 싣고 있다. 국내 우수선수에서 축구 팬, 그리고 지도자에게 이르기까지 폭 넓은 층의 독자들에게 읽혀지고 있다. 기술과 전술, 체력훈련법, 지도에 관한 연재물은 매우 충실한 내용으로 꾸며져 있다.

(2) 사커 다이제스트 (サッカー・ダイジェスト)
일본 내에서 세 번째로 창간된 축구 전문잡지.
일본 스포츠(スポーツ) 기획출판사 발행.
(3) 스트라이커 (ストライカー)
1986년에 창간된 월간지.
학습연구사 발행. 축구 기술에 관한 연재물을 묶은 별책이 재미있다.
(4) 일레븐 (イレブソ)
1971년에 창간되었으나 중도에 휴간, 이후 증간호 형식으로 발행되었다.

일본에서 가장 오랜 역사를 가진 축구 잡지, 사커 매거진

III. 공식적인 정보를 얻는다

A. 국제축구연맹의 기관지

(1) FIFA News

국제축구연맹(FIFA)이 발행하는 기관지로서, 월간.

FIFA가 주최하는 월드 컵, 월드 유스 대회, 월드 주니어 유스(U-17) 대회, 여자 월드 컵, 인도어(5인제) 사커, 올림픽 대회 등의 시합 결과, FIFA가 주최하는 세미나 예정, 룰 개정에 관한 정보, 기타 FIFA에 가입하고 있는 각국의 토픽 뉴스를 싣고 있다.

(2) FIFA Magazine

FIFA가 발행하는 계간지.

FIFA News는 FIFA가 주최하는 행사 스케줄이나 시합 결과를 주로 싣고 있으나, FIFA Magazine은 각 대회의 행사 내용을 깊게 파헤쳐, 이를테면 대회의 역사라든가 사용하는 경기장 등을 상세히 소개한다. 또 세계적으로 활약한 바 있는 선수의 약력 등을 싣기도 한다.

FIFA News

FIFA Magazine

B. 일본축구협회의 기관지

■ JFA News

일본축구협회(JFA)가 발행하고 있는 기관지로서, 월간.

국제축구연맹(FIFA)이나 아세아 축구연맹(AFC)의 공식 대회에 출전한 각 연령층의 대표 팀 전력평가와 그 결과, 국내의 큰 대회(天皇杯·J리그·JFL 등)의 총평을 싣고 있다. 또 JFA 이사회의 의사록도 싣고 있는데, 현재 일본 축구계에서 어떤 문제가 논의되고 있는가를 이해할 수 있다. 지도자의 필독서.

C. 코쳐스 어소시에이션(コーチャズ・アソツェーツョン) 발행지(誌)

JFA News

■ SCA

일본축구협회의 제1회 코치 스쿨의 졸업생이 중심이 되어 코쳐스 어소시에이션(コーチャズ・アソツェーツョン)(C.A.)이 1971년에 조직되었는데, 그 협회가 발행하는 기관지. SCA라고 부른다.

C.A.가 행하는 축구 연수회의 내용을 전하든가, 어떤 주제에 관한 지도자의 대담을 싣고, 지도상의 여러 문제에 관한 지침이 될 만한 내용을 다룬다. C.A.의 회원이 아니더라도 구독이 가능하다.

SCA

※ 한국의 축구 잡지

대한축구협회의 기관지로서 ≪축구가족≫이 있고, 상업 잡지로서 ≪베스트 일레븐≫(월간축구 改題)이 있다.

2. 세계와 일본 축구의 단체 조직

I. 국제축구연맹 (F.I.F.A.)

스포츠로서 축구의 탄생은 영국에서 Laws of the Game이 만들어지고, The Football Association(F.A.)가 설립된 1863년 10월 26일로 알려져 있다. 이 때로부터 약 40년 후인 1904년 5월 21일에 국제축구연맹(F.I.F.A.)이 설립되었다.

설립에 참가한 나라들은 프랑스·스위스·스웨덴·스페인·네덜란드·벨지움·덴마크 등 7개국인데, 영국의 4개 협회(잉글랜드·웰즈·스코틀랜드·북아일랜드)는 설립 당시에는 가입하지 않았다.

국제축구연맹은 6개 대륙연맹과 그 하부조직인 각국 축구협회의 활동을 총괄한다. [그림 1]

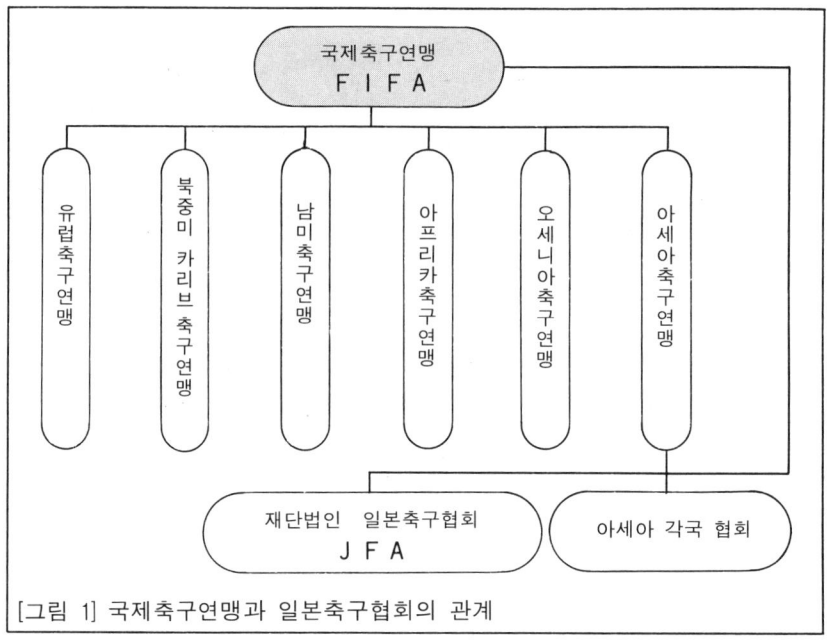

[그림 1] 국제축구연맹과 일본축구협회의 관계

II. 일본축구협회 (J.F.A.)

 일본에 축구가 처음으로 소개된 것은 영국에서 축구가 탄생된 지 10년 후인 1873년의 일이었다. 그리고 일본 땅에 처음 축구를 소개한 사람은 영국의 해군 Duglas 소령으로 알려지고 있다.
 1921년 9월 10일 현재의 일본축구협회〔J.F.A.(The Football Association of Japan)〕의 전신인 대일본축구협회(大日本蹴球協會)가 설립되었다. FIFA는 한 나라에 하나의 축구협회밖에 인정치 않으므로 JFA가 일본 국내 축구의 모든 행사를 통괄하고 있다. JFA 산하에 9개 지역 축구협회, 다시 그 하부에 47도도부현(都道府県) 축구협회가 있다. [그림 2]
 1993년부터 시작된 일본 최초의 프로축구 리그(통칭 'J리그'라고 함)는 JFA의 조직에서는 각종 연맹 중의 하나에 속한다. 종전 일본 축구 리그 (J.S.L.)는 JFL로 재구성되었다.

※ 대한축구협회(Korea Football Association; K.F.A.)
 협회 산하에 15개 시도 축구협회가 있다. 축구협회에 가맹된 경기단체는 초등학교축구연맹·중고교축구연맹·대학축구연맹·실업축구연맹·프로축구연맹과, 전국 조직의 축구 동호인 클럽으로서 OB축구회 등이 있다.

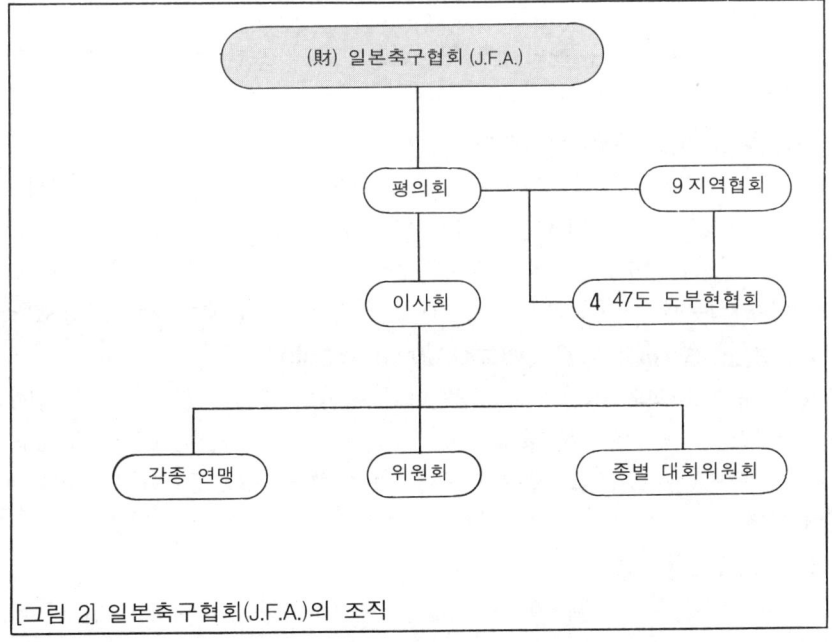

[그림 2] 일본축구협회(J.F.A.)의 조직

3. 세계의 축구 대회

I. 국가대표 팀이 참가하는 대회

A. 월드 컵 (World Cup)

4년마다 한번씩 개최되는 축구의 세계선수권 대회. 올림픽은 도시가 개최하지만, 월드 컵 대회는 국가가 개최하는 대회이다.

대회 기간은 1개월 가깝고, 축구라기보다 스포츠계의 최대 축제다.

1926년의 FIFA 총회에서는 프랑스축구협회의 앙리 드로네가 월드 컵 개최를 제창, 1928년 총회에서 승인되었다. 1930년 제1회 월드 컵은 우르과이에서 열렸다.

한국은 2002년에 일본과 함께 제17회 월드 컵의 공동 개최지가 되었다.

B. 올림픽

올림픽에서 축구가 공식 경기종목으로 채택된 것은 1912년의 스톡홀름 대회부터였다. 올림픽은 국제올림픽위원회(I.O.C.)가 주최하는 대회로서, FIFA가 주최하는 대회가 아니다.

다른 경기종목과 마찬가지로 올림픽 대회는 아마추어 선수만의 대회였으나, 1984년 로스앤젤레스 올림픽 때부터 일부 프로선수의 출전이 인정되었다. 1992년 바로셀로나 올림픽에서는 프로·아마 가릴 것 없이 23세 미만이 참가하는 대회가 되었다.

C. 월드 유스 (World Youth)

2년마다 한번씩 열리는 20세 미만의 선수가 참가하는 세계선수권 대회이다. 출전자격은 프로·아마를 가리지 않는다.

제1회 대회는 1977년 아프리카의 튜니지에서 개최되었다. 제2회 대회는 1979년에 일본에서 개최되었는데, 마라도나가 이끈 알젠틴 팀이 우승했다.

D. 월드 주니어 유스 (World Junior Youth)

월드 유스 대회와 마찬가지로, 2년마다 한번씩 열리는 17세 미만의 선수가 참가하는 세계선수권 대회. 정식 명칭은 U-17 World Championship for the FIFA/JVC Cup. 1993년 대회는 8월 20일~9월 5일까지 일본에서 개최되었다.

E. 여자 월드 컵

여자만이 참가하는 세계선수권 대회. 제1회 대회는 중국에서 열렸는데,

미국 팀이 우승했다. 일본은 아시아 예선을 통과, 본대회에 출전했다.

F. 인도어 축구 세계선수권

실내 축구의 세계선수권 대회. 정식 명칭은 FIFA Indoor(Five a side ; 5인제) Football World Championship. 한 팀 5인제의 실내 축구대회.

II. 클럽 팀이 참가하는 대회

A. 유럽 클럽 챔피언스 컵

유럽 각국의 리그전 챔피언 팀이 참가하는 대회로서, 유럽 제1의 클럽 팀을 결정한다.

프랑스의 가브리엘 아노의 제안으로 1955~56년 시즌부터 시작되었다. 기본적으로는 홈 앤드 어웨이(home and away) 방식이지만, 결승전만큼은 제3국의 경기장에서 치르게 된다.

B. 남미 클럽 선수권

유럽에서 유럽 제1의 클럽 팀을 결정하는 것과 마찬가지로, 남미에 있어서도 각국의 리그전 챔피언 팀들에 의한 대회의 필요성이 제안되었다. 1960년부터 남미 클럽 선수권이 개시되었다.

우루과이의 베니아롤이 초대 챔피언.

C. 토요타 컵

1960년에 남미 클럽 챔피언이 결정되어 유럽 챔피언과의 세계클럽선수권(World Club Championship)이 시작되었다. 이 대회는 1980년에서부터 토요타 컵으로서, 매년 12월의 둘째 일요일 동경의 국립경기장에서 행해진다.

제 2 장
포지션(position)별 플레이

자기와의 싸움에서 이기는 것
그것이 최대의 승리다.

데드말 크라마

1. 포지션을 이해한다

I. 포지션과 시스템

팀이 시합할 때는 누가 어떤 포지션을 차지하고, 어떤 역할을 하느냐를 먼저 결정해 두어야 한다.

기본적으로 축구는 백·하프·포워드의 세 층을 이루어, 여기에 적절한 사람 수를 배치하게 된다.

[그림 1]에서는 백이 5명, 하프에 3명, 포워드에 2명을 배치하고 있는데, 이를 5-3-2 시스템이라고 부른다. 골키퍼를 제외한 10명의 선수 배치가 곧 시스템이다.

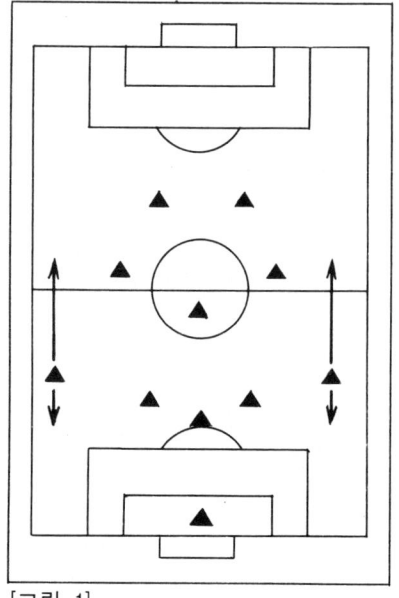

[그림 1]

II. 선수의 능력과 포지션

축구의 포지션에는 포워드(forward)·하프(half)·백(back)과 같이 가로 구분이 있는가 하면, 오른쪽 센터, 왼쪽 라인으로 세로 구분을 한다.

팀의 기능이 원활해지려면 세로 라인과 가로 라인이 균형을 유지해야 한다. 어떤 형의, 어떤 능력의 선수를 어떤 포지션에 배치하느냐 하는 문제는 공수(攻守)의 균형을 잡기 위하여 실로 중요한 포인트이다.

선수의 기술적 체력적 능력·특징을 고려하여 포지션을 결정하는 것이 중요하다.

Ⅲ. 여러 포지션의 명칭

A. 포워드(forward)·하프(half) ·백(back)

[그림 2]는 4-3-3 시스템에 있어서의 포지션을 표시한 것인데, 일반적으로 앞의 3명을 포워드, 중앙 위치의 3명을 하프, 뒤쪽의 4명을 백이라 부른다.

그리고 포워드를 톱(top)이라고 일컫기도 하고, 하프를 미드 필더(mid fielder), 백을 디펜더(defender)라고 하기도 한다.

B. 리베로(libero), 스위퍼(sweeper), 스토퍼(stopper)

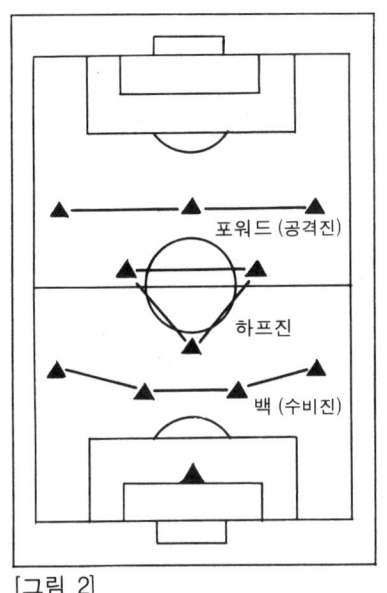

[그림 2]

수비선인 백의 포지션에서도 그 위치 또는 역할에 따라 여러 명칭이 사용된다.

수비선의 중앙을 맡고 있는 선수를 보통 센터 백이라고 하는데, 센터 백 중에서도 특히 마크할 상대를 갖지 않고 맨 뒤쪽에서 수비진이 실패했을 때 걷어내거나 공격해 가서 자기편에 지원을 해 주는 역할을 하는 수비수를 리베로, 또는 스위퍼(sweeper)라고 한다. 또 상대방 공격선수를 '1 대 1'로 마크하는 선수를 스토퍼(stopper)라고 한다.

수비선의 양 사이드에 위치하는 수비수를 가리켜서 사이드 백(side back) 또는 풀 백(full back)이라고 하는데, 최근에는 풀 백이라는 용어는 거의 쓰지 않는다.

C. 게임 메이커(game maker), 링크 맨(link man), 세컨드 스트라이커(second striker), 디펜십 하프(defensive half), 윙 백(wing back)

운동장 중앙에서 경기하는 하프 선수들에게도 여러 명칭이 있다.

게임 메이커(game maker)나 링크 맨(link man)이라고 부를 때는 하프진 중에서도 중앙에 위치, 볼의 패스를 연결시키는 역할을 하는 선수로, 중앙에서 연결고리를 엮어낸다. 세컨드 스트라이커(second striker)는 하프진 중에서도 전방에 위치하여, 포워드진의 후방에서 갑자기 전방으로 나와 적극적으로 득점을 노리는 선수를 말한다.

디펜십 하프(defensive half)는 [그림 3]에서처럼 센터 백 앞에서 수비 역할을 하는 선수이며, 윙 백(wing back)은 [그림 4]에서처럼 문자 그대로 날개(wing)와 백(back)의 역할을 아울러 하는 선수를 일컫는다.

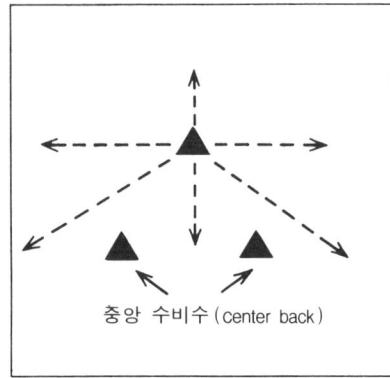 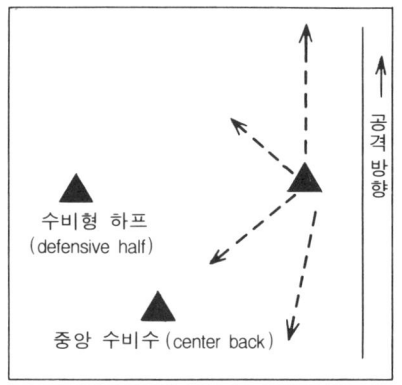

[그림 3] 수비형 하프(defensive half)   [그림 4] 측면 수비수(wing back)

D. 투 톱(two top), 스리 톱(three top)

최전방의 포워드진을 톱(top)이라고 하는데, 4-3-3 시스템에서는 포워드가 3명인 경우로서 스리 톱(three top)이라 하고, 4-4-2 시스템의 경우에는 투 톱(two top)이라고 부르게 된다.

스리 톱의 경우에는 한가운데 위치해 있는 선수를 센터 포워드라 하고, 양 사이드를 맡고 있는 선수를 윙(wing)이라고 한다.

Ⅳ. 포지션과 역할
A. 포지션은 유동적이지만 기본적인 역할이 있다

선수의 포지션은 기본적으로는 포워드·하프·백·골키퍼로 나누어지는데, 선수의 움직임은 반드시 포지션에 고정되지는 않는다. 수비 선수가 하프나 포워드 선수보다 앞에 나가 경기를 하는 경우도 있고, 거꾸로 포워드진의 선수가 수비 라인으로 물러나와 경기할 때도 있다. 그러나 어느 선수든 자기 포지션에 알맞는 공격과 수비를 하도록 해야 한다.

모든 포지션을 소화할 수 있는 선수를 흔히 올라운드 플레이어라고 하는데, 아무리 올라운드 플레이어라 할지라도 시합에서는 자기 멋대로 경기를 하지는 않는다. 여러 임무를 수행할지라도 자기 포지션에 어울리는 공격과 수비를 하지 않으면 안 된다.

B. 슈퍼 스타라 해서 멋대로 경기를 하지 않는다

1974년 월드 컵에서 활약한 네덜란드의 요한 크라이프나, 1984년 월드 컵에서 우승한 알젠틴의 디에고 마라도나와 같은 슈퍼 스타는 팀의 에이스로서 자유분방한 가운데 경기를 하는 것처럼 보일 때가 있다. 그러나 이들도 자기 멋대로 경기를 하는 게 아니라, 자기가 맡은 포지션의 역할에 알맞는 경기를 한다.

2. 시스템을 생각한다

I. 균형 있게 선수를 배치한다

■ 105m×68m의 운동장은 혼자 감당할 수 없는 공간이다

축구장의 크기는 세로 105m, 가로 68m가 표준이다. 이렇게 큰 공간에서는 아무리 우수한 올라운드 플레이어일지라도 혼자 이를 감당할 수는 없다. 그리고 아무리 우수한 선수들로 짜여진 팀일지라도 상대 팀을 꺾으려면 이 넓은 공간에 선수들을 균형 있게 배치해야 한다.

세로와 가로의 균형, 공격과 수비의 균형이 잘 갖추어졌을 때 강팀이 만들어진다. 혼자서는 축구가 되지 않는다. 11명의 선수가 똑같이 중요한 존재들인 것이다.

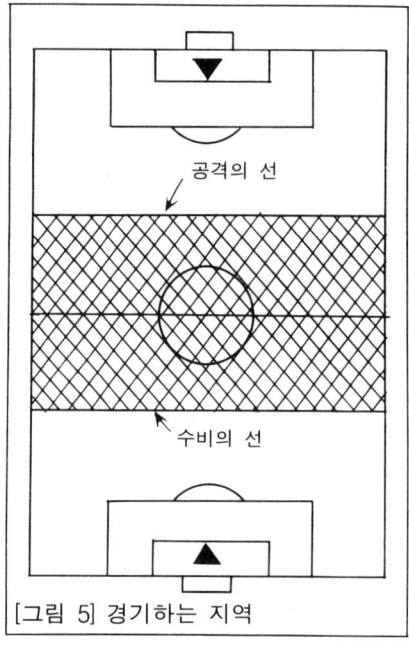

[그림 5] 경기하는 지역

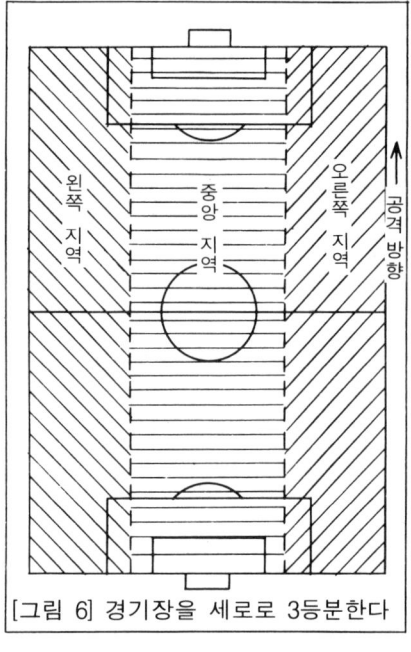

[그림 6] 경기장을 세로로 3등분한다

Ⅱ. 경기할 지역을 정해 준다
A. 경기장을 세로로 3등분해서 생각해 본다

팀의 기능이 잘되고, 선수들 하나하나의 움직임이나 플레이가 무리 없이 이루어지려면 먼저 자기가 경기할 공간을 어느 정도 미리 정해 두는 것이 바람직하다.

[그림 5]에서처럼, 현대 축구에서는 상대의 수비선과 자기편의 수비선 사이가 매우 좁다. 따라서 밀집된 공간에서 어떻게 정확하게 경기를 하느냐가 과제이다. 이 과제를 극복하기 위하여 팀의 컴비네이션이 필요하다. 컴비네이션을 구축하기 위해서는 [그림 6]에서처럼 축구장을 3등분하여 선수가 플레이할 공간을 미리 결정해 둠이 중요하다.

B. 자기는 어떤 지역을 맡을 선수인가

운동장을 세로로 3등분하여 자기가 경기할 지역을 기본적으로 미리 정해 놓는 것은 선수의 활동량을 살리고, 연습의 효율화를 위해 매우 중요하다.

시합중에 움직임은 중요한데, 그렇다고 덮어놓고 이리저리 뛰어다니거나 볼만을 쫓아다니게 되면 체력이 견디어 내기 어려워진다. 움직임의 타이밍·방향·스피드를 생각하면서 자기편의 포지션이나 움직임을 머리 속에 넣고 움직여야 한다.

특히 자기가 공격할 지역이 아니면 수비할 지역을 머리 속에 넣고 플레이를 하는 것이 중요하다.

C. 센터 라인이 튼튼하면 팀이 강해진다

축구에서는 센터 라인이 튼튼하면 팀이 강하다고 한다. 포워드·하프·백진에서 중앙을 맡고 있는 선수는 자기가 맡고 있는 중앙뿐만 아니라, 필요할 때에는 오른쪽 지역 또는 왼쪽 지역으로 가서 플레이를 하지 않으면 안 된다.

볼이 있는 곳으로 달려가는 것이 센터 라인 선수의 일이다. 이들 플레이의 질이 그대로 그 팀의 시합 운에 영향을 미치게 된다.

Ⅲ. 시스템의 명칭
A. 여러 가지 시스템이 있다
축구는 영국에서 1863년에 생겨났는데, 그때 룰이 정해진 이래 오늘날까지 시스템이 여러 가지로 변천을 거듭해 왔다.

구체적으로 어떻게 변화했는가는 다음의 '3. 시스템의 흐름'에서 살펴보기로 하고, 시스템의 변천을 가져온 원인은 기술 수준의 향상, 오프사이드 룰의 개정, 선수의 체력 향상을 들 수 있다.

축구가 생겨난 1863년경에는 1-1-8 시스템이라고 하는, 극단적으로 포워드진의 수가 많은 시스템이 채용되었었다.

B. 골기퍼를 제외한 백·하프·포워드의 순서에 따른 사람 수를 표시한 것이다
축구의 시스템은 선수의 배치와 그 특징을 나타내는 것인데, 숫자로 표시한다. 예를 들어 [그림 7]에서 나타난 시스템은 3-5-2 시스템이라고 한다. 즉 백이 3명, 하프가 5명, 포워드에 2명이 포진하고 있음을 뜻한다. 골키퍼는 한 사람으로 정해지기 때문에, 골키퍼를 제외한 10명 선수의 포지션을 뒤쪽에서 순차로 표시한 것이다.

시스템의 명칭에는 또 다른 기능을 표시하는 방법이 있는데, 이를테면 스위퍼 시스템(sweeper system), 포 백 시스템(four back system)이라고 일컫는 것들이다. 이렇게 되면 팀에서 포지션의 기능이라든가 배치인 수를 알 수 있으나, 다른 선수의 포지션이나 인원 배치를 알 수 없는 결함이 있다.

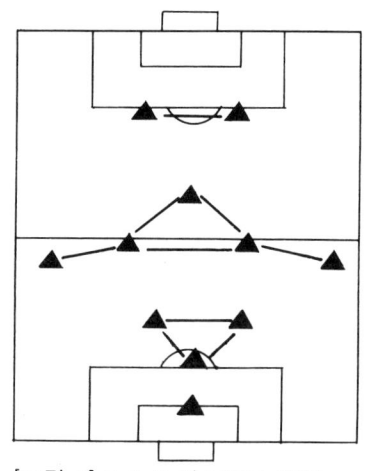

[그림 7] 3-5-2 시스템의 변형

Ⅳ. 시스템의 통일이 필요하다
A. 대표 팀, 국내 톱 수준의 리그가 팀의 견본이 된다
　자기 팀은 어떤 시스템을 채용할 것인가는 전혀 자유다. 어떤 팀도 이상으로 삼고 있는 팀의 이미지가 있어 그 이미지에 가까운 팀의 시스템을 채용하는 경우가 많다.

　해외에서는 흔히 그 나라의 대표 팀이나 톱 리그 팀이 해내는 시스템, 스타일을 자기 팀의 본보기로 삼는다. 그것은 대표 팀이나 톱 리그의 프로 팀들이 저연령층 선수의 동경이 되기 때문이기도 하다.

　일본에서는 이제까지 플레이의 시스템이나 스타일의 본보기를 해외 팀에서 구하는 경우가 많았는데, 앞으로는 우리 특유의 독자적인 시스템이나 플레이 스타일의 확립이 필요하다.

B. 시스템을 통일하면 개성이 발휘되지 않는가
　축구의 시스템이나 플레이의 스타일이 어린이에서 어른에 이르기까지 통일된다면 어떤 장점이 있는가.

　가장 큰 장점은 초등학교에서 중학, 중학에서 고교, 고교에서 대학이나 성인 팀으로 옮겨 갈지라도 큰 차이가 없게 된다면 경험이나 연습의 축적이 살아 있다 할 것이다.

　똑같은 스타일이라면 개성이 없는 게 아니냐고 걱정하는 사람도 없지 않으나, 선수는 각자 나름대로 기술·체력·체격이 다르고 성격도 다르다. 따라서 개성이 발휘되지 못한다고는 할 수 없다.

3. 시스템의 흐름

1863년 영국에서 축구가 생겨난 이래 지금까지 축구 경기의 시스템이 어떻게 변천되어 왔을까. [그림 8, 9]

1863년에서 1900년까지는 포워드진에 인원 배치가 많아 1-1-8이나 1-2-7 시스템이 활용되었다. 그러다가 1900년대에 이르러서는 패스 기술 등의 향상에 따라 수비진의 인원을 늘려 2-2-6 시스템, 이어 피라밑 시스템이라 부르는 2-3-5 시스템이 채용되기에 이르렀다.

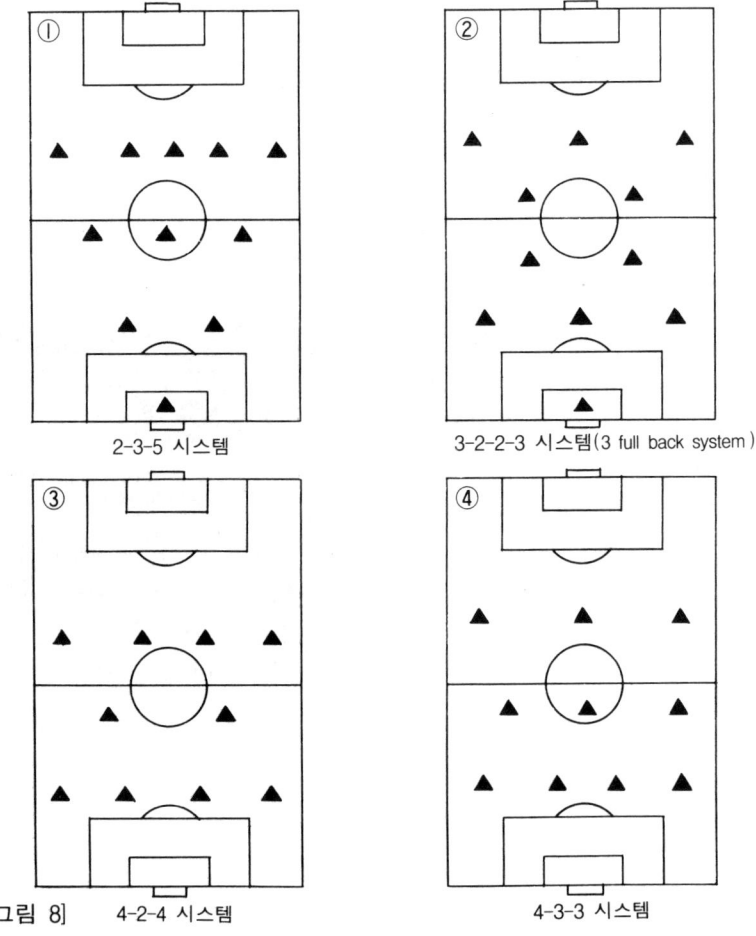

① 2-3-5 시스템
② 3-2-2-3 시스템 (3 full back system)
③ 4-2-4 시스템
④ 4-3-3 시스템

[그림 8]

그 후 1925년에서 1958경까지는 스리 풀백 시스템(three full back system)이라는 3-2-2-3 시스템이 유행했다.

다음에 등장한 것은 1958년의 월드 컵에서 브라질 팀이 활용한 4-2-4 시스템, 그리고 60년대에 와서는 4-3-3, 스위퍼(sweeper)를 둔 1-4-2-3 시스템, 1-4-3-2 시스템이 주류를 이루었다. 또 70년대에는 4-4-2 시스템, 80년대 후반에서 90년대에 걸쳐 3-5-2 시스템을 많이 볼 수 있게 되었다.

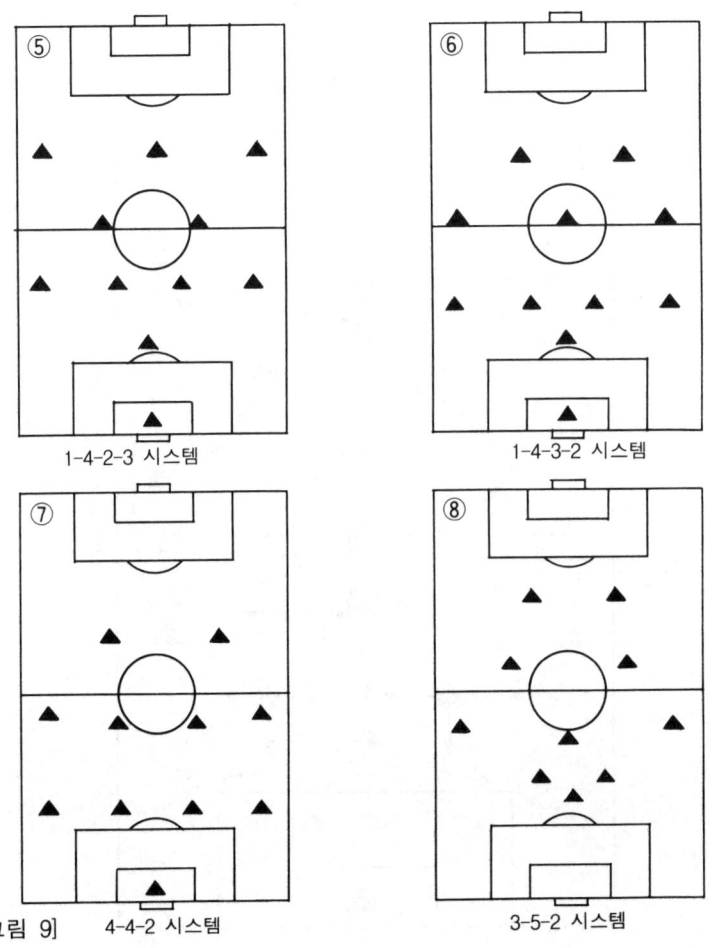

[그림 9]

4. 현대 축구의 포지션과 그 기능

■ 3-5-2, 3-4-3 시스템을 기본으로 한 움직임과 연습

1990년대에 들어와서 세계의 축구는 3-5-2 시스템이 주류를 이루고 있는데, 1992년 바로셀로나 올림픽에서 우승한 스페인 팀의 3-5-2 시스템([그림 10])과 파라과이 팀의 3-4-3 시스템([그림 11])을 기본으로 하여 각 포지션의 기능·역할과 그 포지션에 필요로 하는 플레이의 연습법은 그림과 같다.

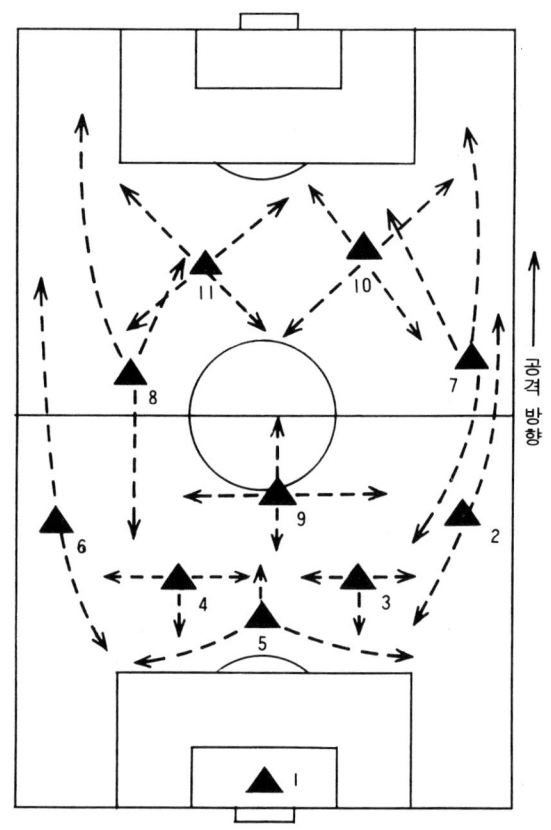

[그림 10] 스페인 팀의 3-5-2 시스템의 움직임

스페인과 파라과이 팀의 시스템 차이는 수비형 하프의 위치에 있는 선수가 한 명인데 대하여 파라과이 팀에 있어서는 2명이라는 점이다.

스페인 팀의 하프진은 9번이 아래쪽에 위치하고 7번과 8번이 양 사이드의 위쪽에 위치하게 되는데, 파라과이 팀의 하프진은 7번과 8번이 양 사이드의 위쪽에 위치하며 9번은 정중앙에서 위쪽에 위치, 센터 포워드의 역할을 하는 점이 다르다.

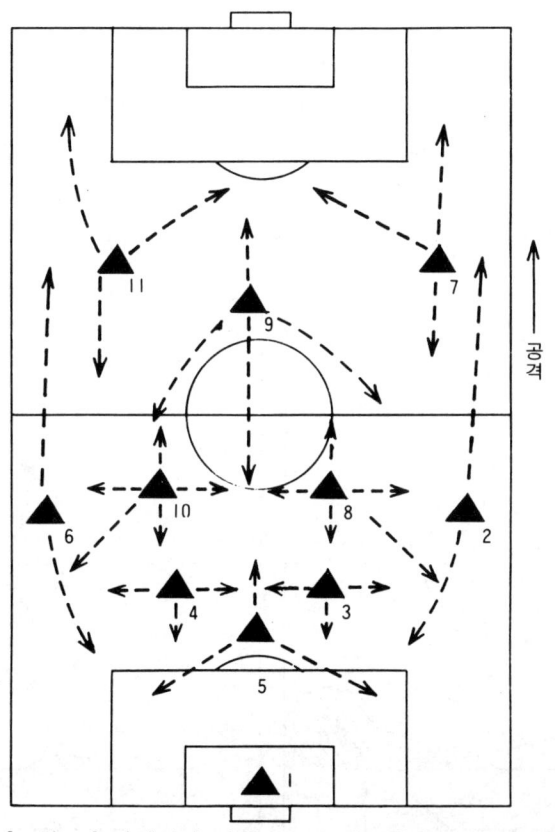

[그림 11] 파라과이 팀의 3-4-3 시스템의 움직임

I. 사이드 백(side back), 사이드 하프(side half)의 플레이

(1) 자기 진영에서 중앙으로 공격

스페인이나 파라과이 팀의 사이드 백인 2번과 6번이 자기 진영에서 중앙을 향해 공격해 들어가는 것을 생각해 보기로 한다. 2번과 6번은 3-5-2 시스템에서는 사이드 하프 또는 윙 백(wing back)이라 한다.

① 자기 진영에서 볼을 빼앗을 때는 공격의 기점이 된다

골기퍼가 상대 선수의 슈팅이나 패스를 잡아냈을 때, 또는 센터 백이 상대 선수의 볼을 빼앗을 때는 사이드 백은 곧바로 터치라인쪽으로 위치를 이동하여 골기퍼나 센터 백으로부터 볼이 패스되어 오면 이를 받을 준비를 하고 있지 않으면 안 된다.

[그림 12]에서처럼 빗금으로 표시된 부분을 공격의 기점으로 한다면, 만일 상대 선수에게 볼을 빼앗겨도 직접 슈팅을 허용할 위험은 없다.

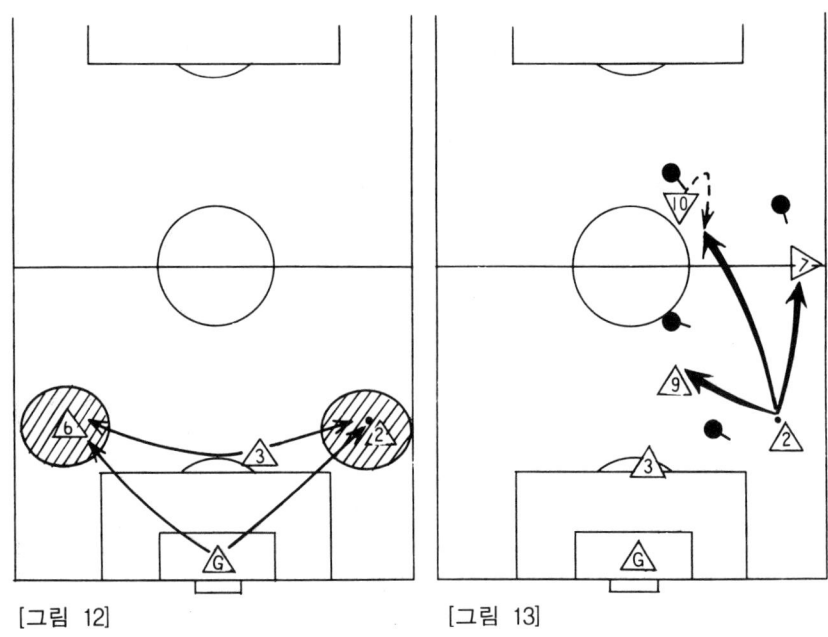

[그림 12]   [그림 13]

② 빠른 타이밍으로 자기편의 발끝에 닿도록 볼을 패스해야 한다
  터치라인 부근 지역에서 볼을 받게 되면 자기 앞에 가로막는 상대 선수가 없어도 볼을 오래 갖고 있어서는 안 된다. 하프(7번), 투톱의 한 사람(10번), 하프진의 게임 메이커 9번이 가로막는 상대 선수가 없을 때는 되도록 빨리 볼을 패스해 주고, 자기는 다음 번 볼을 받을 수 있는 위치로 움직이는 것이 중요하다. [그림 13]
③ 포워드진의 톱 선수가 움직이는 공간에 볼을 보낸다
  상대 선수의 마크가 있어 볼을 발끝을 향해 보낼 수 없을 때에는 최전방의 공간을 향해 움직이는 톱에게 볼을 보낸다. [그림 14]에서처럼 터치라인을 따라 상대 선수의 머리 위로 볼을 띄워 앞쪽으로 보낸다.
④ 패스할 코스가 눈에 들어오지 않을 때는 하프진의 선수와 자리 바꿈을 하며 국면 타개를 한다
  [그림 15-1, 15-2]처럼 7번이 볼을 몰고 달리는 2번을 향해 달리고, 거기서 자리를 바꾸어 사이드나 역사이드로 전개한다.

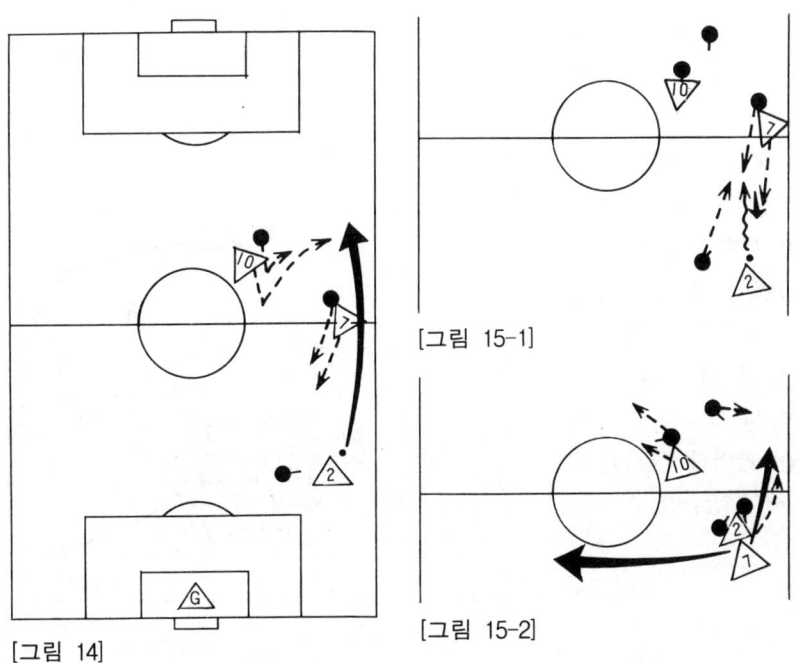

[그림 14]   [그림 15-1]

[그림 15-2]

(2) 중앙에서 전방을 향한 공격

① 하프라인을 넘어 선 위치에서 볼을 잡고 있으면 되도록 빨리 게임 메이커를 이용토록 한다

하프라인을 넘어 선 위치에서 볼을 잡았을 때 게임 메이커가 다가오면 빠른 타이밍으로 볼을 보낸다.

② 자기편이 상대 골문을 향해서 볼을 갖고 있을 때는 적극적으로 오버랩(overlap)을 한다

자기편 선수에게 볼을 건네주고서는 그 곳에 멈춰 서서는 안 된다. [그림 16]에서처럼 7번이 볼을 갖고 있을 때라든가, [그림 17]에서처럼 7번이 움직여 전방에 공간이 생겼을 때는 볼을 주고 다시 받는 겹치기 플레이, 즉 오버랩을 한다. 다만 오버랩 플레이를 하게 될 때에는 볼을 갖고 있는 선수 [그림 16]에서는 7번, [그림 17]에서는 9번 선수가 오버랩을 하게 될 때 볼을 자기에게 되돌려 줄지 어떨지를 확인하고 플레이를 해야 한다.

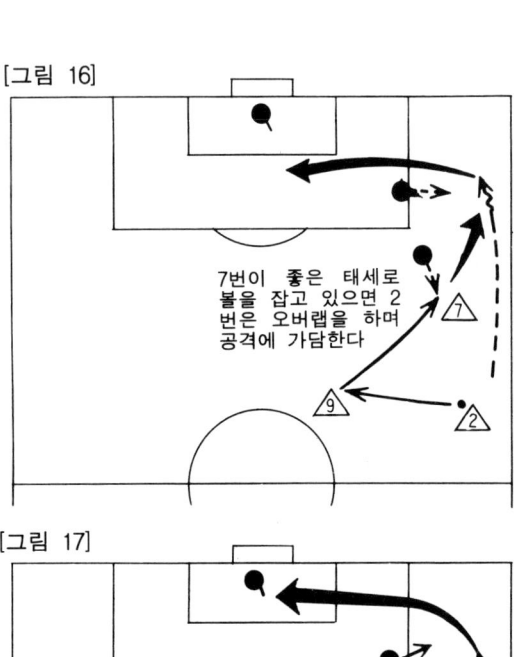

[그림 16]

7번이 좋은 태세로 볼을 잡고 있으면 2번은 오버랩을 하며 공격에 가담한다

[그림 17]

9번에게 패스를 하고 7번이 공지를 만들어줌으로써 2번이 공격에 뛰어든다

③ 적진 골문 가까이 있을 때 앞으로 향하여 뚫고 나가느냐, 아니면 뒤로 돌아 나오느냐이다

[그림 18]에서처럼, 오버랩이 되어 패스를 받을 때 상대 선수와 1 대 1이 되었을 때는 먼저 드리블로 적극적으로 뚫고 나가 찬스 메이커(슛 기회를 엮어내는 선수)로서 골문 앞으로 볼을 띄워 보내는 것이 가장 바람직하다. 상대방 선수의 커버링(covering)이 좋아 앞으로 전진도 옆으로 빠져나가기도 어려울 때는 같은 사이드쪽의 하프진이 뒤에 위치하고 있으면 뒤로 백 패스를 했다가 다시 돌파할 기회를 엿보게 된다.

④ 드리블로 적진 속으로 뛰어들면서 공격 선수와 볼을 주고받는 원·투 패스(one-two pass)를 한다

상대 선수가 앞에서 공격 방향을 막고 있을 때는 [그림 19]에서처럼 적진의 한복판을 뚫고 들어간다. 이 때 골문 앞에 있는 10번은 2번으로부터 볼을 받기 위해 약간 뒤로 처져 있게 된다. 이런 움직임으로 상대 선수가 맞서려고 뛰어나오면 상대진의 뒤쪽 수비가 그만큼 엉성해져 원·투 패스로 적진을 돌파하게 될 확률이 커진다. 만약 상대방이 원·투 패스로 돌파를 못하도록 경계하는 나머지 후방에서 앞으로 나오지 않을 때는 10번은 곧바로 골문을 향해 슛을 날린다.

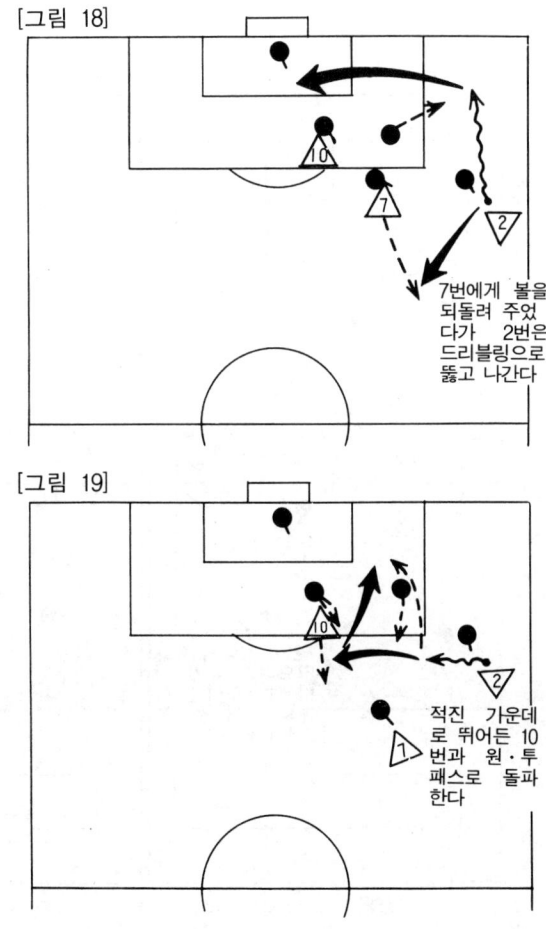

[그림 18]
7번에게 볼을 되돌려 주었다가 2번은 드리블링으로 뚫고 나간다

[그림 19]
적진 가운데로 뛰어든 10번과 원·투 패스로 돌파한다

(3) 수비의 기본

① 하프라인 부근에서 옆쪽으로 볼이 올 때 이를 막는 수비

사이드 백을 맡고 있는 선수는 기본적으로 누구를 마크할 것인가를 미리 정해 놓고 있는 것이 현명한데, 공격에 나서는 횟수가 많기 때문에 같은 수비수인 다른 사이드 백과 협동으로 자기쪽을 향해서 공격해 오는 상대 선수를 막지 않으면 안 된다.

[그림 20]에서는 하프진의 7번이 볼을 갖고 있는 상대 선수에게 압박을 가해 다른 사이드 백인 2번은 뒤쪽에서 앞으로 뚫고 나오는 상대 선수를 막는다. [그림 21]은 2번이 수비를 위해 볼을 향해 달려갔을 때는 7번이 후방의 공간을 맡아 방어한다.

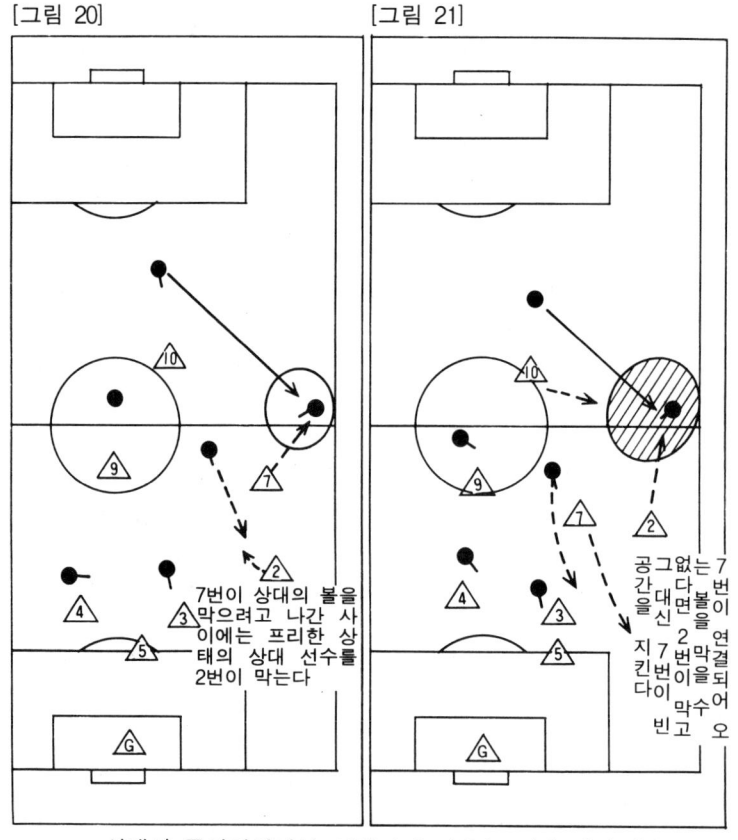

상대가 중앙지역에서 연결되어 나오는 것에 대한 수비

② 아군의 골문 근처에서 2 대 2, 1 대 1의 수비

　아군의 골문에 가까운 지역에서의 수비는 중앙선 지역에서의 수비와는 다르다. 상대 선수에 대한 마크는 한층 엄격해야 하고, 또 쉽게 센터링(centering)을 허용하거나 한복판에서 수비진을 뚫고 들어와 슛을 날릴 수 있도록 느슨해서는 안 된다.

　[그림 22-1, 2]에서는 상대방 옆줄쪽에서 오버랩으로 공격해 들어올 때 2번과 7번이 어떻게 대응해야 할지를 표시하고 있다. [그림 22-1]은 마크하는 상대를 바꾸지 않고 수비하는 경우이고, [그림 22-2]는 마크하는 상대를 바꾸어 수비하는 방법이다. [그림 23-1]은 1 대 1 수비로 상대를 옆줄 가로 몰아붙여 볼을 뺏는 것을 표시한 것이고, [그림 23-2]는 상대가 원·투 패스를 꾀하려 할 때 상대보다 한 발 앞서 골 에어리어(goal area)에 들어가 있는 수비를 표시한 것이다.

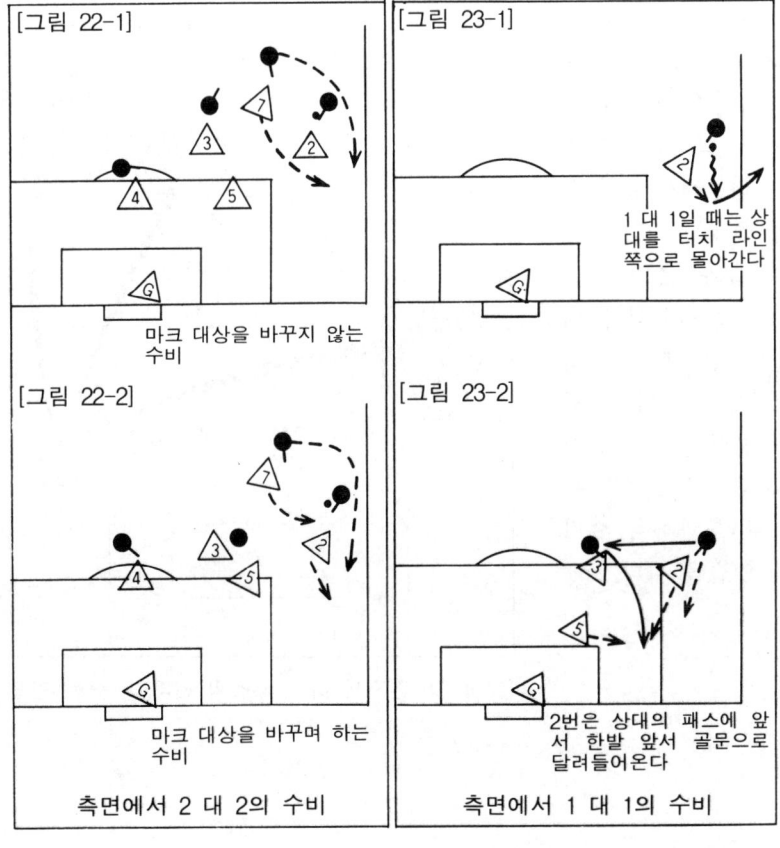

(4) 기본적인 연습법

① 자기 진영에서 전방 또는 반대 측면으로 패스하는 연습

　사이드 백(side back ; 측면 수비수)이 [그림 18]에서처럼 자기 진영에서 볼을 갖고 있을 때는 정확하게 전방 아니면 반대쪽 옆줄 방향으로 볼을 패스하는 것이 중요하다.

　오른쪽 사이드 백이 2번이라면 오른발의 인프론트 킥(infront kick ; 발등의 안쪽에 대고 볼을 차는 것)이나 인스텝 킥(instep kick ; 볼을 발등에 대고 차는 것)으로, ①은 우군 공격의 최선봉인 톱이 움직이는 공간에 볼을 패스, ②는 우군의 최선봉인 톱의 발끝에 이르도록 하는 패스, ③은 반대편 사이드의 하프나 사이드 백에게 정확하게 볼을 찰 수 있도록 연습을 해둔다.

② 드리블에서 센터링과 슈팅의 연습

　상대 진영 깊숙한 곳에서 [그림 24]의 ①처럼 드리블해서 골문 앞으로 볼을 띄우는 센터링 연습과, ②처럼 중앙으로 드리블해서 뛰어들어 왼발로 슈팅하는 연습을 한다. ②의 경우 중앙에 자기편 선수를 세워 두고 원·투 패스로 돌파하여 슈팅하는 연습을 한다.

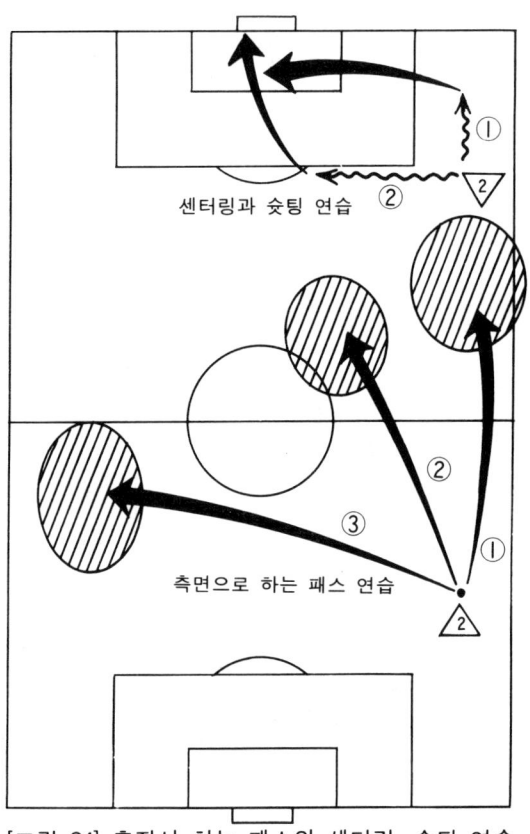

[그림 24] 혼자서 하는 패스와 센터링, 슈팅 연습

③ 측면을 이용한 동작과 아군 상호간의 콤비 연습

㈎ [그림 25]에서처럼, 중앙으로부터 볼을 이어받은 지점에서 상대방 수비선수와 1 대 1로 맞선다.

㈏ [그림 26]에서처럼, 사선으로 표시한 공간을 활용, 측면의 하프진과 콤비 플레이로 상대방의 후방을 돌파한다.

㈐ [그림 27]에서처럼, ㈏와 똑같은 공간에서 이번에는 2 대 2의 상황으로 돌파를 꾀한다. ㈏의 상황에 비해 돌파가 어렵다.

㈑ [그림 28]에서처럼, 오른쪽 측면의 백 하프, 톱의 세 명이 적의 수비를 맡고 있는 세 명과 3 대 3으로 연습을 한다. 이용하는 공간은 사선 부분에서처럼 넓게 활용한다.

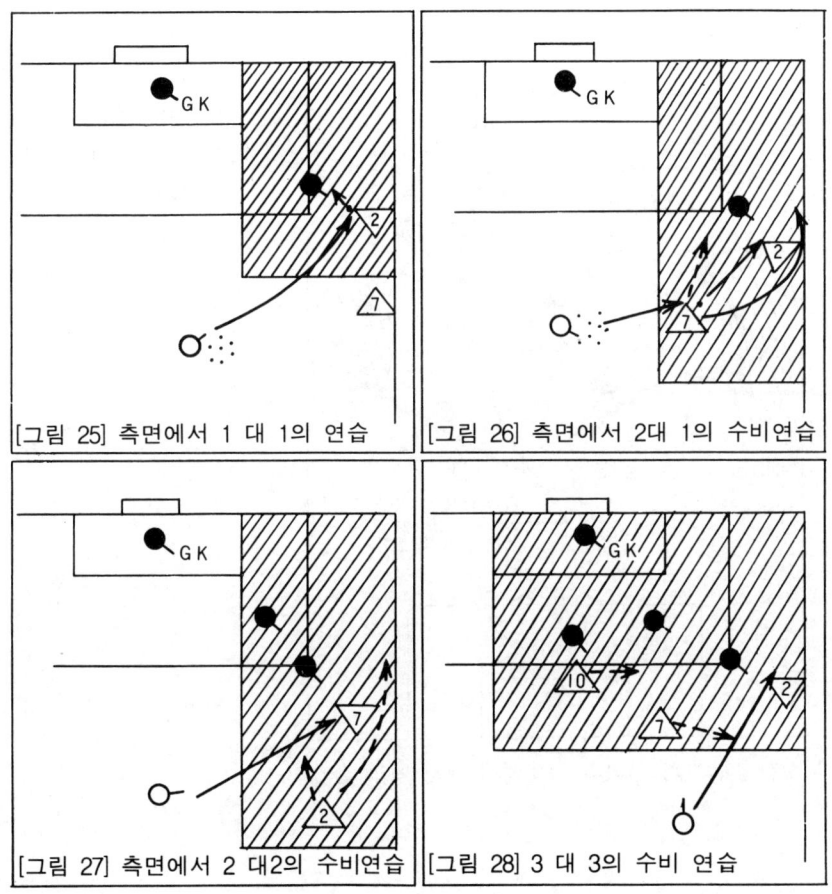

[그림 25] 측면에서 1 대 1의 연습
[그림 26] 측면에서 2대 1의 수비연습
[그림 27] 측면에서 2 대2의 수비연습
[그림 28] 3 대 3의 수비 연습

II. 센터 백(center back)의 플레이
(1) 자기 진영에서 중반에 걸치는 공격
① 센터 백의 위치에서 측면 또는 전방에 정확하게 패스한다

 센터 백(중앙 수비수 3·4·5번)이 자기 진영에서 볼을 갖고 있을 때 상대의 공격 선수한테 볼을 빼앗기지 않으려고 센터 백 상호간에 일정한 거리를 두고 볼을 연결시켜야 한다.

 또 [그림 29]에서처럼, 센터 백으로부터 측면 수비수(2·6번)에게 볼을 건네주어 그 곳으로부터 공격을 하도록 한다. 어느 측면이 공격에 유리할까, 상대방 수비가 엷은 곳을 택하여 공격한다.

 자기편의 최전방(10·11번) 선수의 발 끝에 볼을 연결시키는 것도 센터 백의 중요한 역할이다. 상대 수비진 깊숙이에 볼을 보내어 그 지점에서 공격의 기점으로 삼으면 좋다.

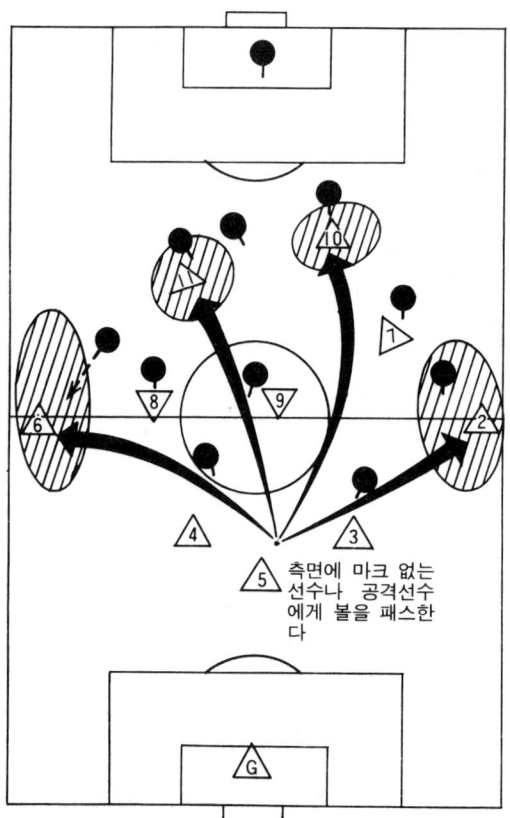

[그림 29] 자기 진영의 중앙에서 센터 백의 플레이-①

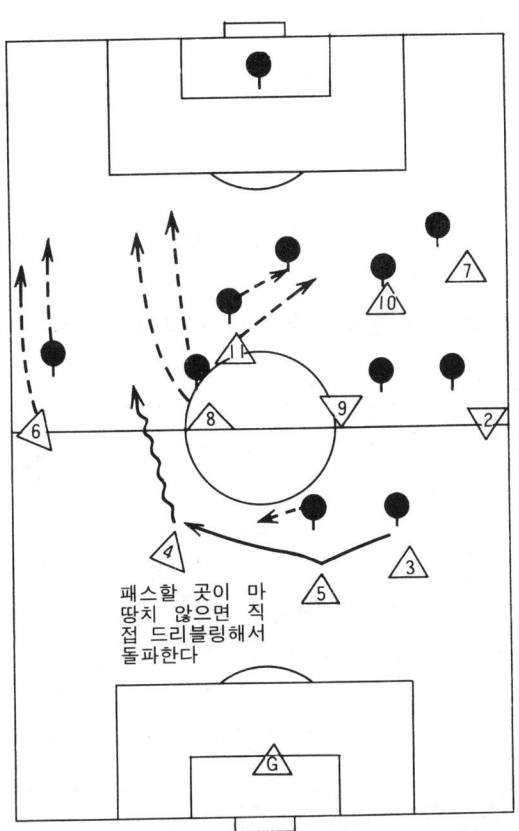

② 패스로 적진의 쐐기를 깨뜨리지 못하면 드리블을 해서 깬다

센터 백이 자기 진영에서 너무 오래 볼을 갖고 있는 것은 바람직하지 못하다. 되도록 빨리 자유로운 위치에 있는 자기편 선수에게 볼을 연결시켜야 한다.

만일 패스가 어려우면 [그림 30]에서처럼 전방의 공간을 향해 과감히 뚫고 나가도록 한다.

패스할 곳이 마땅치 않으면 직접 드리블링해서 돌파한다

[그림 30] 자기 진영의 중앙에서 센터 백의 플레이-②

(2) 전방에의 공격 참가

① 상대방의 볼을 가로챘을 때는 그대로 볼을 몰고 앞으로 달려나가 공격에 가담한다

중앙에서 상대방의 볼을 가로챘을 때야말로 전방 공격을 해야 할 절호의 기회인 것이다.

② 코너 킥이나 프리 킥이 있을 때는 적의 골문 앞으로 달려들어 슛을 한다

코너킥이나 상대 골문 앞에서 있게 되는 프리 킥은 골문 앞으로 뛰어들어 적극적으로 슈팅을 노린다.

(3) 중앙 수비지역에서의 수비 (zone defence)

① 상대진의 센터 포워드 2명 중 어느 하나를 택하여 막는다

중앙 수비가 2명, 측면 수비 2명 등 4명의 수비진을 구성하고 있는 경우 중앙 수비 지역에서의 수비 방법을 익혀 두면 수비는 한층 안정감을 얻게 된다.

[그림 31-1, 2]에서처럼, 중앙 수비지역에 상대방의 공격수가 한 사람밖에 없을 때는 막는 방법이 비교적 간단하다.

[그림 31-1]에서처럼, 자기 진영의 오른쪽 측면에서 상대방 공격수 b가 볼을 갖고 있는 경우 먼저 오른쪽의 2번이 볼을 갖고 있는 b에게 압박을 가한다. 여기서 압박을 받은 b로부터 패스를 받기 위해 점선 쪽으로 움직이는 a에 대해서는 3번이 이를 막고 4번이 커버한다.

[그림 31-2]에서처럼, [그림 31-1]의 경우와 반대되는 지역에서 적의 공격수 a가 볼을 갖고 있을 경우에는 a에 대하여 4번이 이를 막고 3번이 커버하게 된다.

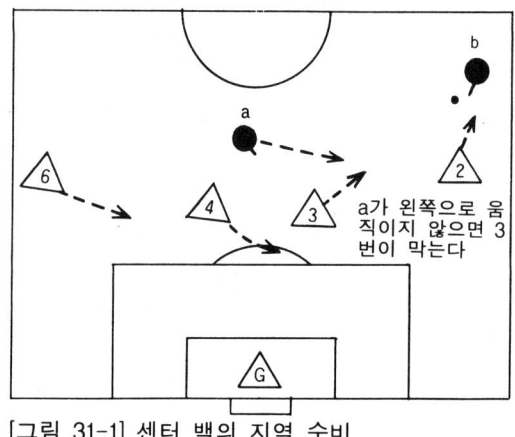

[그림 31-1] 센터 백의 지역 수비

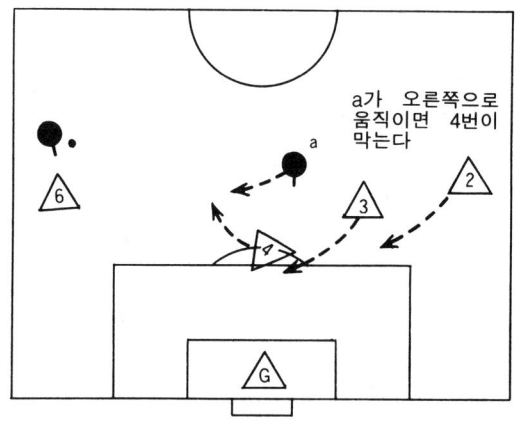

[그림 31-2] 센터 백의 지역 수비

② 중앙 지역에 상대 공격수가 2명이 있을 때에는 서로 상대방을 하나 씩 맡으며 커버를 한다

[그림 32]에서처럼, 상대 공격수 2명이 한가운데에 나와 있어 2 대 2 상황이 되었을 때는 상대 공격수 a와 b의 자리바꿈에 대해서는 3번과 4번은 위치 변경은 않고 맡은 상대방만을 바꿔 대응한다. 이러한 상황에서는 볼을 갖고 있는 b에 대해서 3번이 압박을 가하고 4번은 a를 막으면서 3번이 돌파당했을 때 커버링을 할 수 있는 위치 선정을 해야 한다.

③ 센터 백이 3명으로 짜여 있을 때의 지역 수비

[그림 33]에서처럼, 센터 백이 3명일 때는 그 3명 중 누군가 한 사람이 스위퍼(sweeper ; 마지막 수비선에서 공격해 들어오는 볼을 멀리 차내는 최종 수비수)로서 맨 뒤에 처져 있지 않으면 안 된다.

[그림 33]에서 a와 b가 방향을 돌려 움직이면서 c가 갑자기 치고 올라오는 경우에는 볼과의 거리가 가장 가까운 4번이 막고 5번은 상대방 a를 막는다.

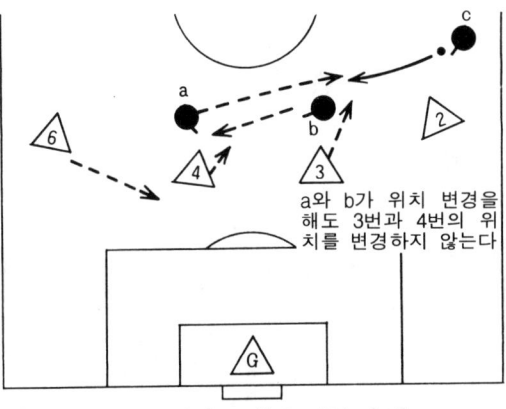

[그림 32] 센터 백의 2 대 2 지역 수비

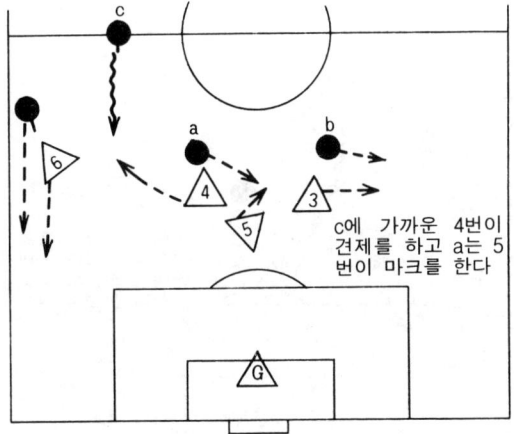

[그림 33] 센터 백이 3인일 때의 지역 수비

(4) 스토퍼(stopper), 스위퍼(sweeper)의 수비
① 상대 공격수를 1 대 1로 막는다

센터 백의 수비 방식은 막고 있던 상대를 다른 동료 선수에게 받아 넘겨 주는 수비 방식과, 한 수비수가 한 공격수를 1 대 1로 막으며 그 후방에서 다른 한 선수가 커버링을 하는 수비 방식이 있다. 1 대 1로 막는 방식은 기본적으로 자기가 맡을 선수를 미리 정해 놓고 그 선수가 움직일 때마다 놓치지 않고 따라다니는 수비 방식을 말한다.

[그림 34]에서처럼 3번이 상대 공격수 a를 막고 4번은 후방에서 이를 커버링한다든지, [그림 35]에서처럼 상대방 하프 진의 c가 드리블링을 하며 치고 올라올 때에는 앞으로 뛰어나가 이를 저지한다. 이상과 같은 수비 방식에서 3번을 스토퍼(stopper)라 하고, 후방에 있는 4번을 스위퍼(sweeper)라 부른다.

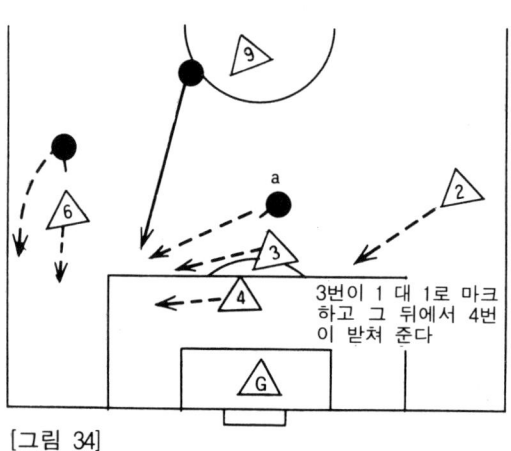

[그림 34]

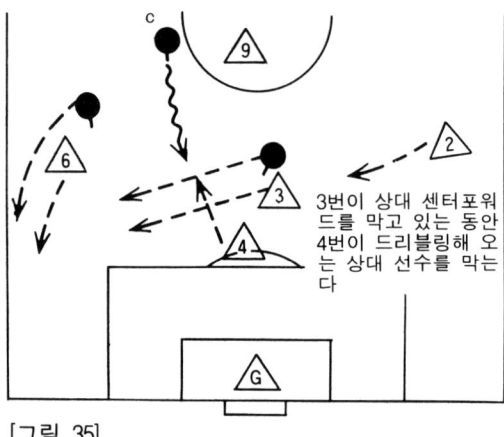

[그림 35]

정의하자면, 스토퍼는 상대방의 중심 공격수를 철저히 막아 공격을 앞에서 실패케 하는 센터 백을 말한다. 스위퍼는 맨 뒤에서 공격해 들어오는 적을 최종적으로 저지시키는 센터 백을 가리킨다.

② 센터 백이 3명이라면 2명은 스토퍼로서 역할을 담당한다

3-5-2 시스템에서 센터 백이 3명인 경우 이 가운데 2명은 스토퍼로서 상대방의 투톱(최전방 2인 공격수)을 1 대 1로 막도록 한다. [그림 36]에서 3번과 4번의 수비수가 상대방의 투톱인 a와 c를 1 대 1로 막고 있다. 그리고 후방에서 5번이 스위퍼로서 커버를 하고 있다.

3번과 4번은 스토퍼로서 상대방 공격의 시작이 되는 전방 공격수를 막는 역할을 하기 때문에 중앙에서 물러나 있어도 볼을 받을 태세를 갖고 있으면 달려가 꽁꽁 묶어 놓아야 한다.

측면 수비를 맡고 있는 2번과 6번의 선수는 측면 공간에서 상대방의 측면 공격에 대하여 대비를 하고 있어야 한다.

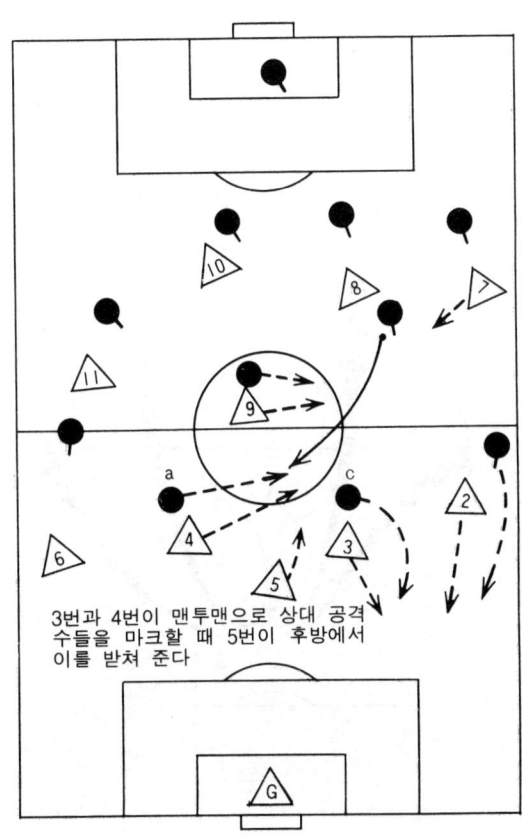

3번과 4번이 맨투맨으로 상대 공격수들을 마크할 때 5번이 후방에서 이를 받쳐 준다

[그림 36]

(5) 기본적인 연습 방법

① 자기 진영에서 측면 또는 전방으로 정확하게 패스하는 연습

센터 백이 볼을 갖고 있을 때는 되도록 단순한 플레이를 할 것을 마음에 두도록 하지 않으면 안 된다. 볼을 너무 오래 갖고 있다가 상대방 선수에게 빼앗김을 당하면 실점을 맞이하게 될 확률이 매우 높다. 볼을 갖게 되면 되도록 빨리 자유로운 상태에 있는 선수에게 보내도록 한다. 이것이 센터 백의 중요한 임무다.

[그림 37]에서처럼, 센터 서클(center circle)에서 볼을 차도록 하여 그 볼을 받아 컨트롤한 뒤에 측면 또는 전방으로 패스하는 연습을 해 두지 않으면 안 된다.

연습에 있어서는 다음과 같은 점을 주의할 필요가 있다.

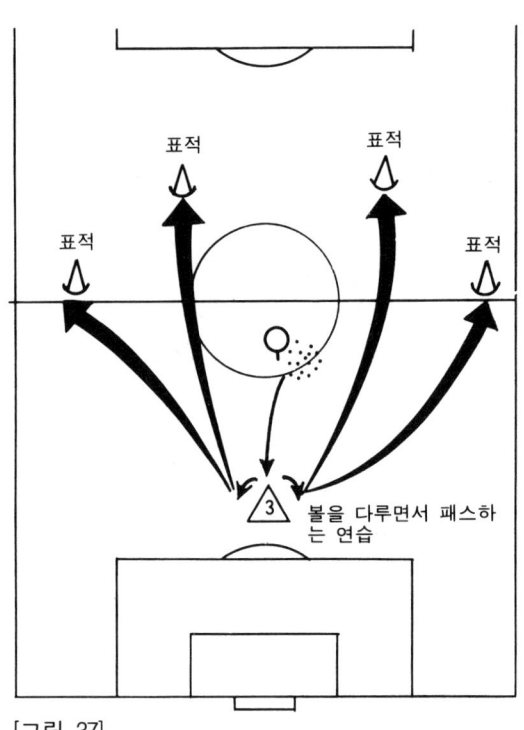

[그림 37]

㈎ 여러 가지 높이와 스피드의 볼을 차 주도록 하여 그 볼을 되도록 한번의 동작으로 자기가 생각하고 있는 방향에서 잡도록 한다.

㈏ 땅볼을 차는 연습, 공중에서 날아오는 볼을 땅에 떨어뜨리지 않고 그대로 차는 연습을 아울러 하도록 한다.

㈐ 패스는 언제나 강하게 해야 한다고 마음먹고, 가슴 아래 높이로 상대방에 이르도록 볼을 찬다.

② 상대방의 볼을 가로채 공격에 가담하는 연습

[그림 38]에서처럼, 앞으로 뛰어나가 볼을 가로채 곧바로 드리블해서 전진하는 가운데 측면으로 달려드는 선수에게 패스를 한다. 측면 공격수는 곧바로 적의 문전을 향해 볼을 센터링, 이를 받아 슛을 하는 연습. 시합 중에 이런 경우가 자주 있는 것은 아니지만, 볼을 가로챘을 때는 언제나 이런 수순을 머리 속에 넣어 둘 필요가 있다.

③ 골문 앞으로 양측면에서 날아오는 볼이나, 골문 앞으로 띄워 올린 볼을 걷어내는 연습

수비연습에 있어서 [그림 39]처럼 측면에서 날아오는 볼, 골문 앞으로 띄워 올린 볼을 걷어내는 일은 매우 중요하다. 높은 볼, 곧바로 날아오는 볼, 땅바닥을 굴러 오는 볼 등 여러 가지 볼을 차내도록 연습을 한다.

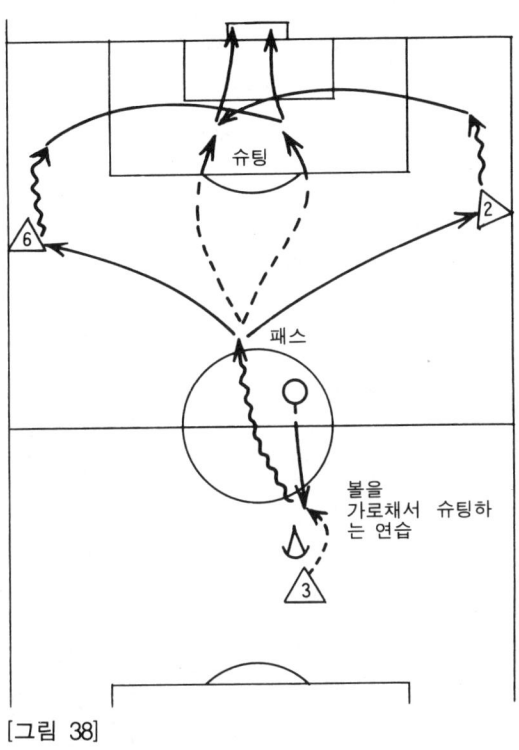

[그림 38]

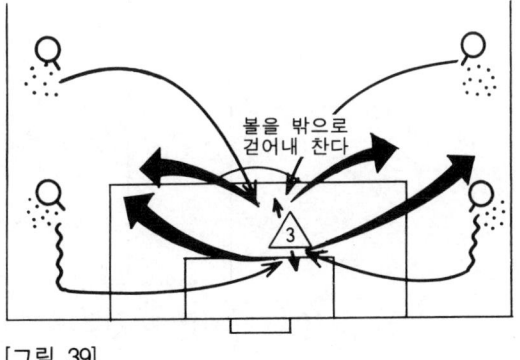

[그림 39]

III. 센터 하프(center half)의 플레이
(1) 게임 메이커로서 활동한다
① 되도록 경기장의 중앙 지역에서 활동한다

센터 하프(center half ; 수비진과 공격진의 중간 지역에서 연결고리를 하는 미드필드)의 일은 팀의 중앙에 위치하면서 측면에서 볼을 중앙으로 보내거나, 반대쪽 측면 또는 전방으로 볼을 보내는 게임 메이커(game maker)의 역할을 한다. [그림 40]에서 빗금으로 표시된 지역을 중심으로 활동한다. 측면을 통해 오버랩을 하지 않는다.

② 볼을 갖고 있는 선수에 다가가서 볼을 받아 게임을 전개한다

[그림 41]에서처럼, 게임 메이커는 볼을 갖고 있는 선수에 다가가 볼을 받는다. 2번 선수가 자유로운 위치에 있으면 그쪽 측면으로 볼을 보내되, 볼을 보내고저 하는 측면을 활용할 수 없는 사정이라면 그 반대측면으로 보낸다.

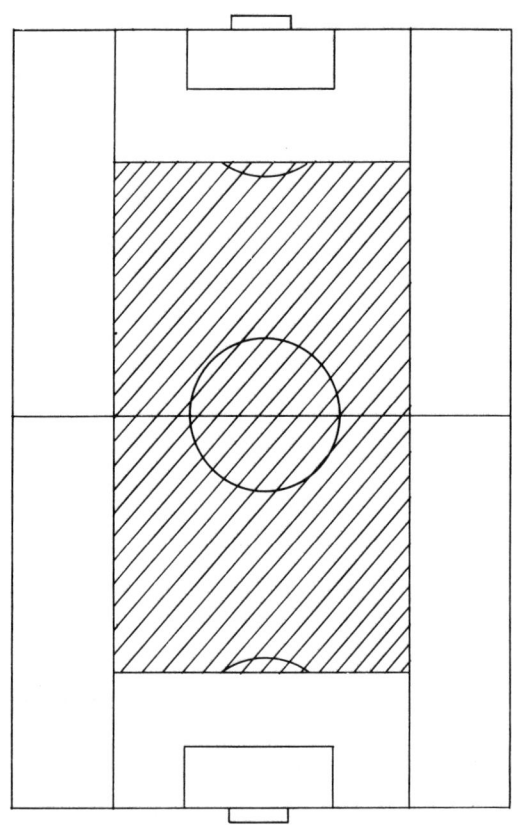

[그림 40] 게임 메이커의 활동 지역

제2장 포지션(position)별 플레이 55

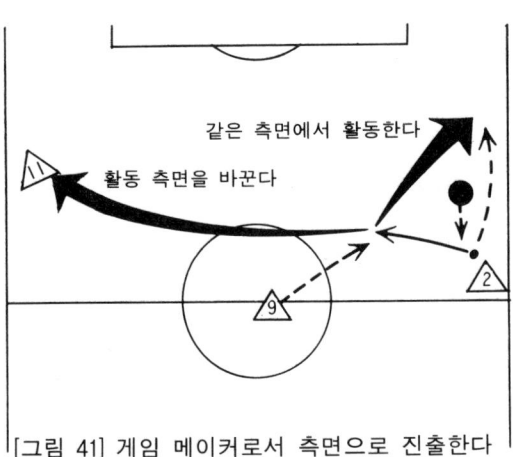

[그림 41] 게임 메이커로서 측면으로 진출한다

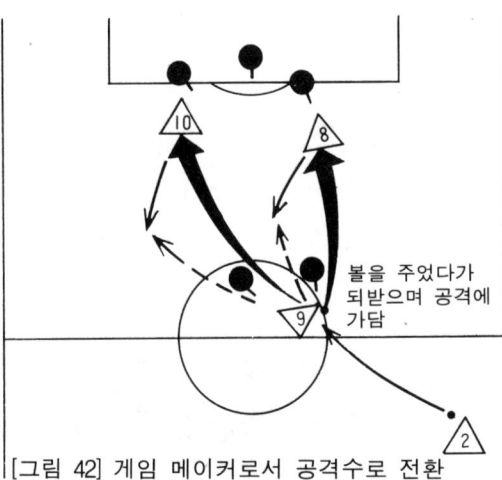

[그림 42] 게임 메이커로서 공격수로 전환

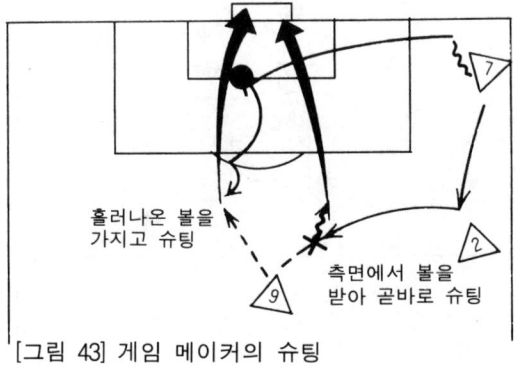

[그림 43] 게임 메이커의 슈팅

③ 공격수를 벽으로 삼아 볼을 찬 다음 볼을 되받는다

[그림 42]에서처럼, 수비진으로부터 볼을 받아 상대 골문쪽을 향하여 볼을 잡고 있을 때는 상대 진영의 깊숙한 곳으로 보낼 곳을 찾는다. 공격수가 볼을 받기 위해 다가오면 거기에 볼을 보냈다가 되받는 플레이가 필요하다. 이로 인해 상대 수비진의 균형이 허물어지게 된다.

④ 골문 앞에서 자유로워졌을 때는 적극적 슈팅을 한다

상대방 진영 깊숙이 뛰어들어 있을 때라면 슈팅 기회를 놓쳐서는 안 된다. 자기가 볼을 잡아 직접 슈팅을 하기도 하고, 옆줄로부터 띄워 올라온 볼이 흐르는 볼이 되었을 때에도 이를 잡아서 직접 슈팅을 한다. [그림 43]

(2) 디펜십 하프(defensive half)로 활동한다

① 자기편이 공격해 들어갈 때 골문 앞으로 너무 깊숙이 들어가지 않는다

센터 하프의 큰 역할은 뭐니뭐니 해도 중앙 지역에서 공격 대형을 조립하는 일인데, 수비에 있어서는 수비의 균형을 유지하도록 하는 디펜십 하프, 즉 방어적인 역할을 하지 않으면 안 된다.

상대편이 공격해 왔을 때 공격해 들어오는 공격수의 스피드를 약화시키고 공격을 방해한다. 다른 한편으로는 수비진으로부터 볼이 인계되면 공격진에 도움을 준다. 수비역할 때문에 미드필드에서도 뒤쪽에 처져 있게 된다.

그런데 하프진에서 수비의 균형을 취하기 위해서는 사이드 하프(side half)가 적진 깊숙이 들어가 있을 때 [그림 44-1]에서처럼 페널티 에어리어까지 쳐들어가 자기의 등뒤에 상대방 선수가 있지 않도록 주의를 해야 한다. 왜냐하면 [그림 44-1]은 상대방의 속공을 허용할 수 있는 절호의 전형이기 때문이다.

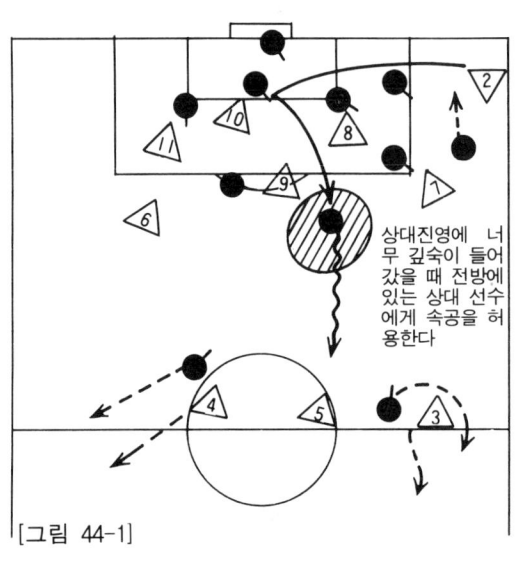

상대진영에 너무 깊숙이 들어 갔을 때 전방에 있는 상대 선수에게 속공을 허용한다

[그림 44-1]

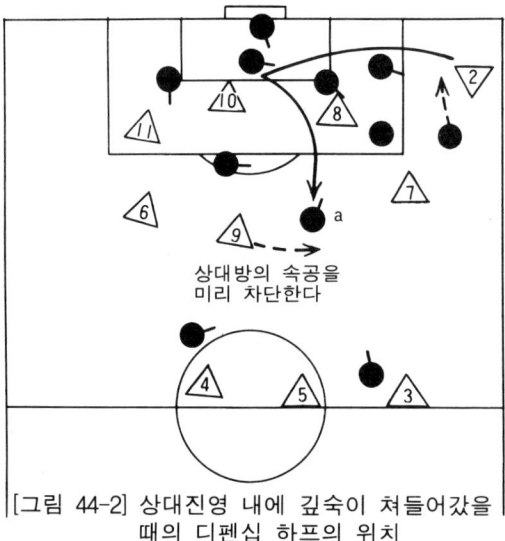

상대방의 속공을 미리 차단한다

[그림 44-2] 상대진영 내에 깊숙이 쳐들어갔을 때의 디펜십 하프의 위치

이와 같은 때는 [그림 44-2]와 같은 위치 선정을 하여 자기가 상대방의 흐르는 볼을 잡아 직접 슈팅을 하기도 한다. 그리고 상대편의 하프인 a에 볼이 갔을 때에는 곧바로 a에 달려들거나, 볼을 가진 a를 배후에서 압박을 가하여 종(세로)패스가 안 되도록 방해한다. 그 사이를 이용하여 우군의 하프진인 6번과 7번이 재빨리 자기 진영으로 돌아오면 상대방의 속공은 지연된다. 그리고 상대방의 볼을 가로챌 수 있다면 바로 공격으로 연결된다.

다만 2번이 센터링을 하려는데 골문 앞에 우군 선수가 보이지 않고, 자기가 골문에서 가장 가까운 위치에 있다면 과감히 골문 앞에서 슈팅을 하는 것이 바람직하다. 이 때에는 다른 선수가 디펜십 하프의 위치로 빨리 돌아와 있어야 한다.

② 중앙 지역에서 공격의 시작이 될 만한 상대 선수에게 압박을 가한다

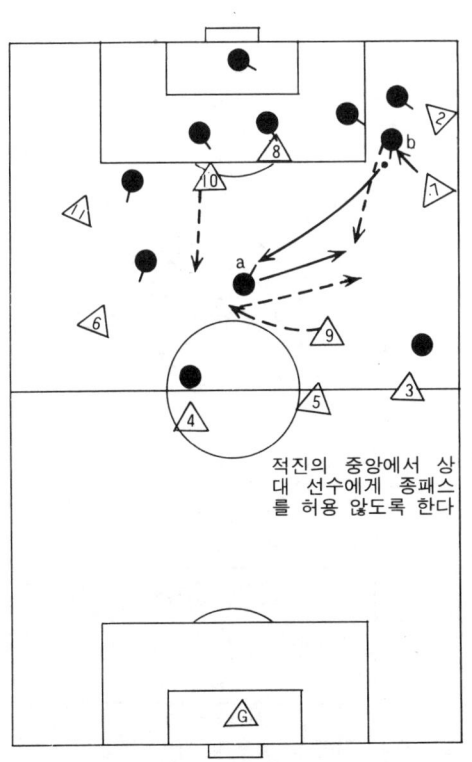

적진의 중앙에서 상대 선수에게 종패스를 허용 않도록 한다

[그림 45] 디펜십 하프의 위치

우군이 상대 진영 깊숙이 쳐들어갔을 때에는 되도록 수비진도 쳐올라가는 것이 필요하다. 이 때 디펜십 하프는 수비진의 센터 백 앞에 위치를 택해 삼각형을 이루는 것이 바람직하다.

[그림 45]에서처럼, 우군 선수가 상대방의 b한테 볼을 빼앗겨 a에게 볼이 패스되었을 때 9번은 먼저 a의 배후에서 달려들어 볼이 다시 횡(가로)패스될 때 달려가 이를 막도록 한다.

(3) 수비의 균형을 취한다

① 하프진만이 아니라 수비 전체의 균형을 취하도록 한다

센터 하프의 수비 역할은 하프진 가운데서만 균형을 유지하도록 힘쓰는 것이 아니라, 팀 전체의 수비에 균형을 취하는 역할을 한다. [그림 46]에서처럼 3-5-2 시스템이라면 되도록 최종 수비진의 센터 백 앞에 위치를 잡고, 거기서부터 전후 좌우로 상황에 따라 넓은 범위에서 활동하도록 한다.

자기가 볼을 갖고 있을 때는 경기장 전체를 보고 자기가 어느쪽으로 치우치는 게 좋을까, 다른 선수가 비워 둔 공간을 메울 것인가 등을 생각하지 않으면 안 된다.

② 사이드 하프(side half)나 사이드 백(side back)이 치고 올라갔을 때 그 후방을 커버한다

[그림 47]에서처럼, 우군의 사이드 하프와 사이드 백이 치고 올라가다가 볼을 빼앗겼을 때는 상대방 a와 같은 움직임에 대해서는 먼저 센터 하프인 9번이 커버링을 한다. 이처럼 상대가 공격으로 전환할 때에는 상대방의 공격에 여유를 주지 않도록 하는 것이 센터 하프의 크나큰 역할이다.

만약 상대가 [그림 47]보다 더 긴 종(세로)패스를 했을 경우에는 센터 백인 5번이 그 커버링을 하도록 한다.

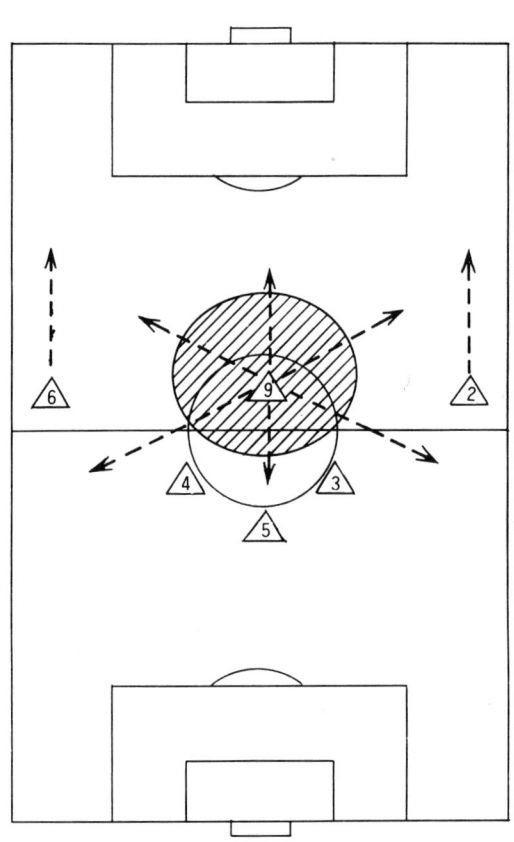

[그림 46] 디펜십 하프의 커버링

제2장 포지션(position)별 플레이 59

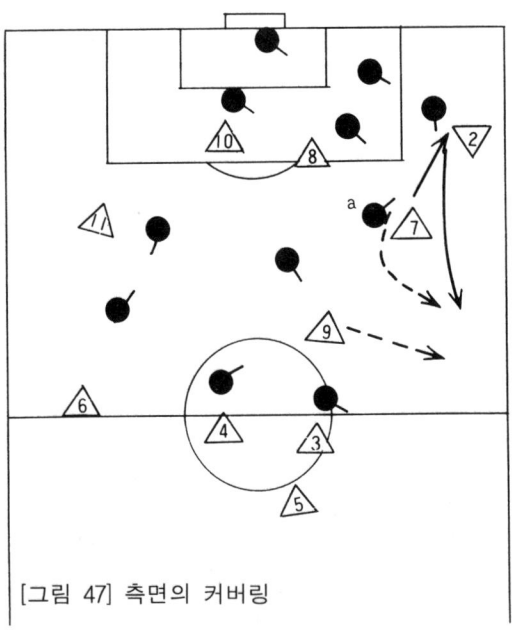

[그림 47] 측면의 커버링

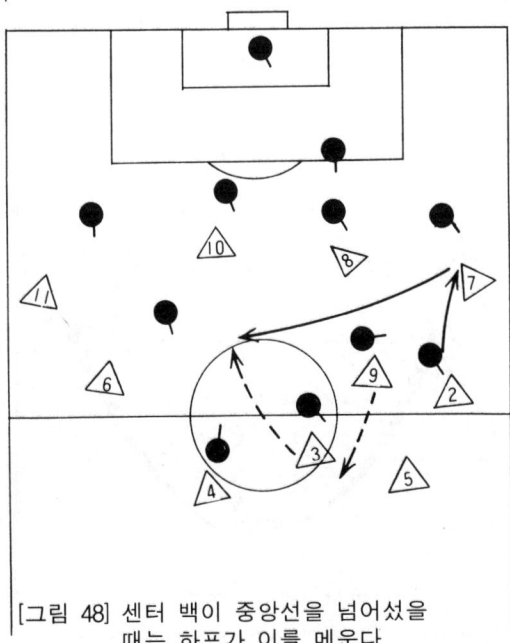

[그림 48] 센터 백이 중앙선을 넘어섰을
때는 하프가 이를 메운다

③ 센터 백이 전방으로 나와 있을 때는 그 빈자리에 센터 하프가 들어가 전체적인 수비의 균형을 유지한다

[그림 48]과 같은 상황일 때는 센터 백이 전방의 빈 공간으로 나와 볼을 잡으면 우군의 공격은 훨씬 유리하게 전개할 수 있기 마련이다. 이처럼 센터 백이 공격 라인에 나서게 되었을 때는 센터 백 3번의 자리를 센터 하프인 9번이 지키게 된다.

(4) 기본적인 연습법

① 후방으로부터 볼을 받아 측면으로 보낸 뒤 다시 패스를 받는 연습

자기 진영으로 돌아와 볼을 받으면 이를 컨트롤한 후에 양측면에 있는 선수에게 볼을 보낸다. 볼을 보낸 후 곧바로 볼을 받은 선수로부터 리턴 패스를 받는 연습을 한다.

상대의 발끝에 정확히 볼을 보내는 연습, 패스를 받은 선수에게 다가가 다시 리턴 패스를 받는 연습을 하는 것이다.

② 측면의 빈 공간으로 뛰어가는 선수에게 긴 패스로 볼을 보내는 연습

[그림 50]에서처럼 센터 하프인 9번이 볼을 받는 순간, 측면에 있던 선수가 볼을 받기 위해 전방으로 달려간다. 센터 하프는 측면의 선수가 뛰는 스피드에 맞추어 볼을 패스한다.

뛰는 선수가 갑자기 속도를 줄이든가, 돌아 나오지 않도록 정확한 장소로 패스해야 한다.

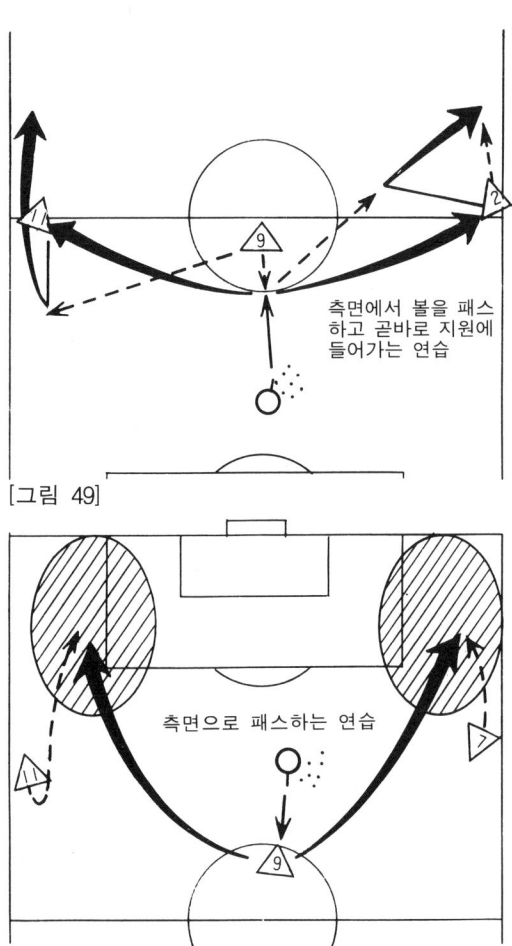

측면에서 볼을 패스하고 곧바로 지원에 들어가는 연습

[그림 49]

측면으로 패스하는 연습

[그림 50]

③ 골문 정면 또는 옆에서 볼을 받아 중거리 슛을 날리는 연습

[그림 51]의 ⓐ처럼 흘러나온 볼을 슛하는 연습. 흘러나온 볼을 골문을 향해 슛을 시도하는 연습뿐만 아니라, 튀어 오른 볼을 타이밍을 맞춰 슛하는 연습을 한다. 골문 앞에서는 적을 상정해 놓고 드리블하는 연습을 한다.

[그림 51]의 ⓑ는 횡(가로)패스를 받아 종으로 또는 횡으로 드리블하면서 타이밍을 맞춰 슛하는 연습을 한다.

[그림 51]

④ 중앙 지역에서 수적(數的)으로 불리했을 때 상대의 공격을 지연시키는 수비의 연습

[그림 52]의 빗금 지역에서의 2 대 1의 연습. 공격측 2명에 대해 센터 하프(9번)가 혼자 수비를 한다. 되도록 종패스를 막아 상대 선수가 횡 패스를 하도록 하고, 그 횡패스로부터 다시 종패스를 못하도록 재빨리 자리 이동을 한다.

양쪽으로 약 3m 간격으로 두고 골대를 세워 연습을 한다. 센터 하프는 볼을 잡으면 혼자 드리블해서 공격하는 연습을 한다.

[그림 52]

IV. 오펜십 하프(offensive half)의 플레이
(1) 측면 공지를 이용한다
① 측면 공지에서 볼을 받으면 자기 스스로 드리블로 돌파하든지, 우군 선수에 패스했다가 종으로 뛰며 다시 볼을 받는다

중앙에 위치하는 센터 하프의 전방, 측면에서 위치를 선정하는 오펜십 하프(사이드 하프)의 기본적 역할은 상대 수비를 측면에서 분쇄하는 것과 수비에 있어서는 측면의 공격에 대항하는 일이다.

공격을 할 때는 [그림 53-1, 2]와 같이 측면 위치에서 볼을 받아 스스로 드리블로 돌파, 옆에나 뒤에서 보조하는 선수의 도움으로 볼을 전방에서 받는다.

여기서 측면 수비수와 센터 하프의 움직임이 서로 겹치지 않도록 한다.

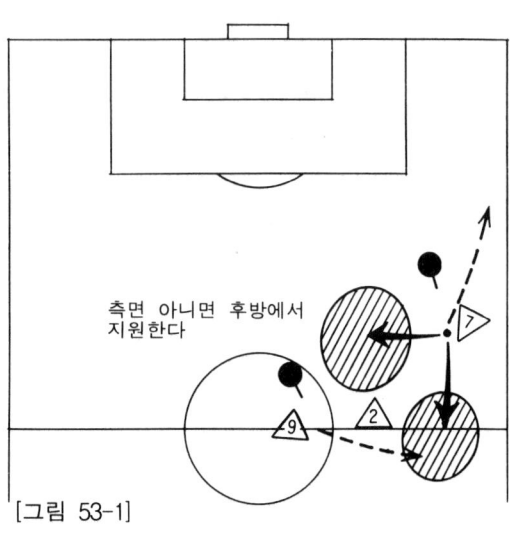

[그림 53-1]

[그림 53-2]

② 볼을 받기 위해 중앙으로 다가가서 측면 공지를 만든다

같은 측면에 있는 측면 수비수가 치고 올라오도록 공지를 확보해 둘 필요가 있다. [그림 54]에서처럼, 볼을 갖고 있는 센터 하프(9번)에 다가가 같은 측면에 있는 측면 수비수 2번이 치고 올라올 수 있도록 공지를 만든다.

③ 터치 라인(touch line) 부근에서 볼을 받는다

센터 하프가 볼을 갖고 있을 때 ②에서처럼 중앙으로 볼을 받으러 달려가기도 하지만, [그림 55]에서처럼 터치 라인 부근에서 볼을 받아 움직일 필요가 있다. 이렇듯 측면으로 움직임으로써 자기 위치가 볼을 받는 데 자유로울 수 있다. 그런데 자기가 상대방으로부터 마크당하고 있을 때에는 그림에서처럼 측면 수비수가 사이드 하프(7번)의 뒤쪽에서 치고 올라갈 수 있다. 서로의 움직임을 살피고 타이밍을 노린다.

[그림 54]

[그림 55]

(2) 측면에서 중앙으로 위치를 이동시킨다

① 드리블로 중앙으로 잘라 들어가 직접 슈팅을 한다

사이드 하프는 기본적으로 터치 라인 부근의 공지를 사용하게 되는데, 상황에 따라서는 중앙으로 위치를 이동시키기도 한다.

[그림 56]에서처럼, 상대가 한쪽으로 몰려가게 되면 드리블로 중앙으로 뛰어들며 과감히 슛을 노린다.

[그림 56] 밖으로 움직이는 척하다가 중앙으로 진출한다

② 공격수가 움직인 다음의 중앙 공지에 뛰어들며 볼을 받는다

[그림 57-1]에서처럼, 우군의 공격수 8번이 측면으로 달려가 볼을 받으려고 할 경우에는 사이드 하프(7번)는 횡으로 움직여 8번이 움직이고 난 뒤의 공지에 위치를 확보해 둔다.

횡으로 움직이면 측면 수비수(2번)로부터 공격수에게 볼을 연결할 수 있는 길이 열리게 된다. 그러나 이 코스가 상대 선수에 의해 막힐 때에는 중앙 지대에서 측면 수비수로부터 볼을 받게 된다.

[그림 57-1] 밖의 위치에서 중앙으로 위치를 변경

이와 같은 경우를 중앙에서 "뜬다"라고 표현하게 되는데, 상대 선수가 막을 수 없는 곳에 위치 선정을 하고 난 뒤에 볼을 보내달라고 소리를 지르는 일이 중요하다.

중앙에서 볼을 잡았을 때 가로막는 상대 선수가 없으면 [그림 57-2]에서처럼 상대 골문을 향해 슛을 하고, 마크가 있으면 이를 돌파하여 슛을 한다.

[그림 57-3]처럼 반대쪽 측면에서 골문으로 돌진해 오는 선수에게 볼을 패스해 주든가, 아니면 측면 수비수에게 볼을 보냈다가 다시 공격할 기회를 만들든가 한다.

[그림 57-2] 공을 정지시키며 곧바로 슛을 한다

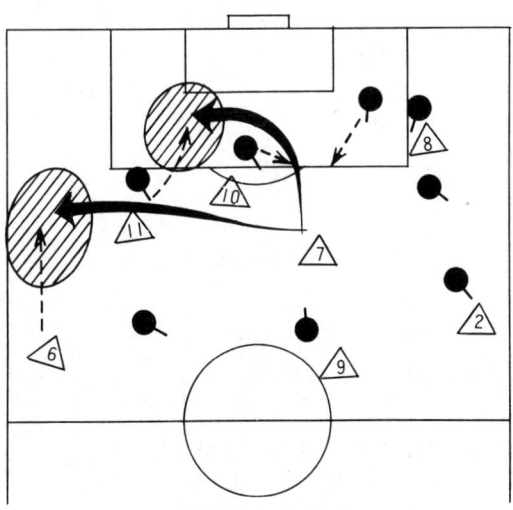

[그림 57-3] 반대 측면에서 달려오는 선수에게 패스한다

(3) 중앙에서 위치를 확보했을 때의 플레이
① 중앙에서 측면 공지로 달려가며 볼을 받는다

사이드 하프(7번)의 공격 역할은 되도록 터치 라인 가까운 곳에서 볼을 받아 상대 수비진을 바깥에서 무너뜨리는 일이다. 이를 위해서는 먼저 터치 라인 부근에서 볼을 받을 수 있도록 위치 선정을 잘하고 있어야 한다. 시합의 흐름을 생각하여 우군의 공격에 변화를 주기 위해 의도적으로 위치를 변경해 보도록 한다. 물론 이 경우에도 측면 수비수와의 짝맞추기가 좋아야 한다.

[도표 58]에서처럼 센터 백이 볼을 갖고 있을 때에는 측면 수비수(2번)가 아래쪽으로 내려가 볼을 받도록 움직이게 되면 사이드 하프(7번)은 볼을 받기 쉽도록 움직인다. 센터 백은 되도록 앞으로 내달리게 되는 사이드 하프쪽으로 볼을 보내도록 한다.

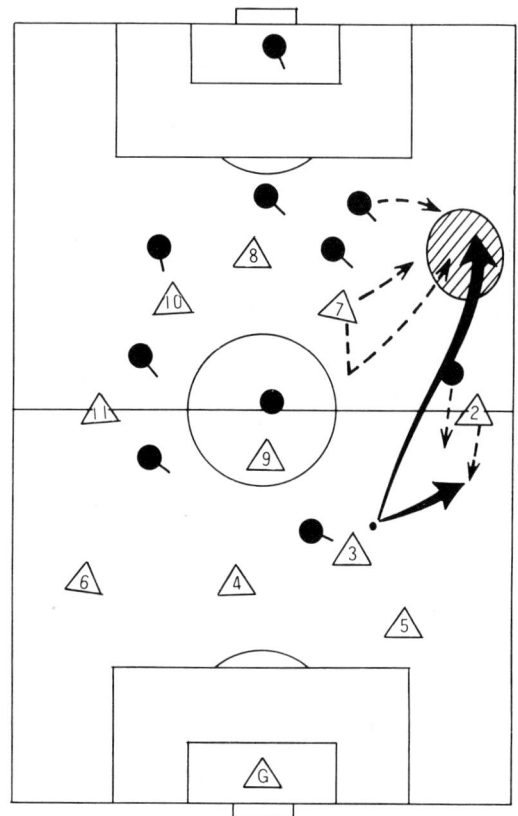

[그림 58] 측면 공간에서 후방으로부터 오는 패스를 받는다

② 중앙에서 곧바로 뒤쪽으로 후진하여 볼을 받는다

①에서는 중앙으로부터 전방으로 달려가 볼을 받았는데, 측면 수비수의 위치 여하에 따라 자기가 측면을 이용, 앞으로 내닫지 않고 뒤쪽으로 처지면서 볼을 받는 경우가 유리할 때도 있다.

[그림 59]에서처럼, 사이드 하프(7번)가 센터 백(3번)으로부터 볼을 받기 위해 뒤쪽으로 물러나는 경우에 있어서는 측면 수비수(2번)가 사이드 하프와는 반대로 앞으로 전진하여 볼을 받을 기회가 된다.

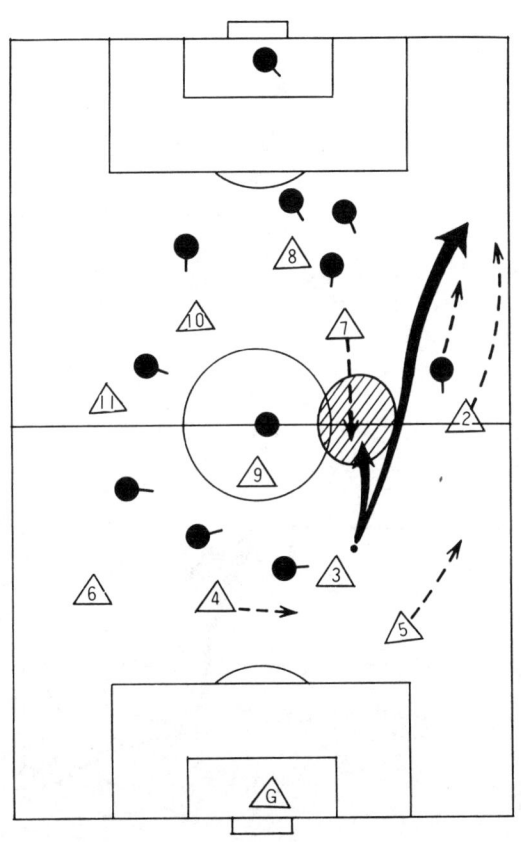

사이드 하프(7번)가 자유롭게 볼을 받지 못하도록 상대의 마크가 7번을 꽁꽁 묶어 놓고 있을 때에도 센터 백은 한번쯤 볼을 건네주었다가 리턴 패스(되돌려 받는 패스)를 받아도 좋다. 좋은 타이밍으로 움직이고 있는 우군 선수에게 반드시 볼을 보내야 한다.

측면 수비수인 2번은 7번과 3번의 움직임을 살피면서 전방 공지에 볼을 보내는 타이밍을 노린다. 2번이 타이밍 좋게 뛰었다면 그 속도를 살릴 수 있는 코스에 볼을 보낸다.

[그림 59] 후방으로 물러나며 볼을 받는다

(4) 기본적인 연습법

① 터치 라인 근처에서 볼을 받아 드리블로 돌파하는 연습

사이드 하프는 중앙에서 볼을 받았을 때 자기가 드리블로 적진을 돌파하는 경기를 갈고 닦아야 한다. [그림 60]에서처럼, 센터 서클(center circle ; 중앙에 그려진 둥그런 지역)로부터 볼을 패스받아 그것을 원터치로 자기 발끝으로 볼을 컨트롤한다.

수비수는 사이드 하프가 볼을 잡는 순간 그 볼을 빼앗기 위해 달려간다. 사이드 하프가 종으로 빠져 나가게 되면 골문 전면으로 센터링을 하거나, 아니면 드리블을 하면서 곧바로 슈팅하는 연습을 한다.

② 측면에서 중앙으로 움직이면서 볼을 받아 곧바로 슛으로 연결하는 연습을 한다

[그림 61]에서처럼, 측면으로부터 중앙으로 뛰어들며 볼을 받아 곧바로 골문을 향한다. 그대로 슈팅을 해도 좋고, 드리블을 한 끝에 슈팅을 해도 좋다.

측면에서 볼을 받아 센터링을 하든가 슈팅하는 연습

[그림 60]

중앙으로 위치를 변경하며 슈팅하는 연습

[그림 61]

③ 1/4 경기장에서 2 대 1의 연습

[그림 62]에서처럼, 사이드 하프와 측면 수비수가 한 조가 되어 상대방 수비수 한 사람을 상대로 측면에서 슈팅을 하는 연습.

사이드 하프가 전방으로 달려가며 2 대 1의 패스를 한다. 수비수가 볼을 잡으면 볼을 보내온 선수에게 볼을 다시 보낸다.

④ 1/4 지역에서 3 대 2의 연습

[그림 63]에서처럼, 사이드 하프·측면 수비수·센터 하프가 3인 1조가 되어 상대방 수비 2명을 돌파한다.

사이드 하프가 뒤로 돌아 볼을 받아 센터 하프에 백 패스를 하는 순간부터 3 대 2의 공방을 시작한다.

사이드 하프와 측면 수비수가 서로 같이 움직이고 타이밍을 맞추는 연습을 한다. 센터 하프는 측면으로 나오지 않고 중앙에 머물도록 한다.

[그림 62]

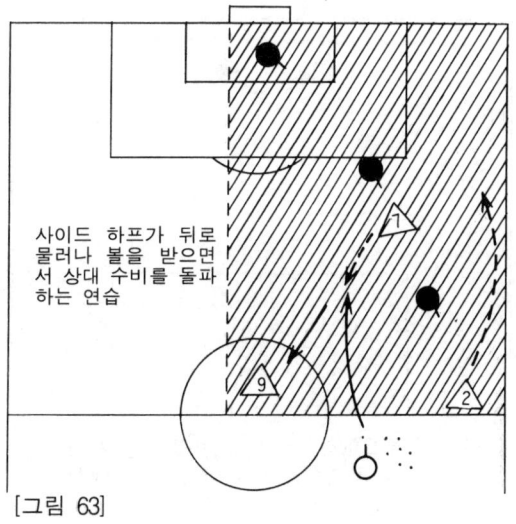

[그림 63]

V. 포워드(forward)의 플레이
(1) 볼을 받는다
① 후방에서 패스를 받아 공격의 시발점이 된다

우군의 선수가 후방에서 볼을 갖고 있을 때 포워드(공격수)의 역할은 타이밍이 좋게 패스의 길목으로 움직여 우군으로부터 종패스를 받는 일이다. [그림 64]처럼 센터 백(5번)으로부터 최전방 공격수(10번)에 보내는 패스는 이를 받는 선수에게 상대방의 밀착 수비가 따라붙는다. 이럴 때 볼을 빼앗기지 않으려고 굳게 볼을 지키든가, 아니면 우군 선수에게 직접 볼을 패스하든가를 택한다.

센터 백이 한번에 최전방 공격수에게 볼을 전달하고, 이를 공격수가 받을 때는 주변상황을 잘 살펴야 한다.

② 받은 볼을 우군 선수에게 잘 넘겨 준다

[그림 65]에서처럼, 공격수 8번이 볼을 받았을 때는 8번은 우군의 사이드 하프(7번)나 또 다른 공격수인 10번, 또는 반대쪽에 있는 사이드 하프 11번의 동태를 잘 살피도록 한다. 막힘을 당했을 때 직접 패스해 온 선수를 이용하면 찬스가 생기기 때문이다.

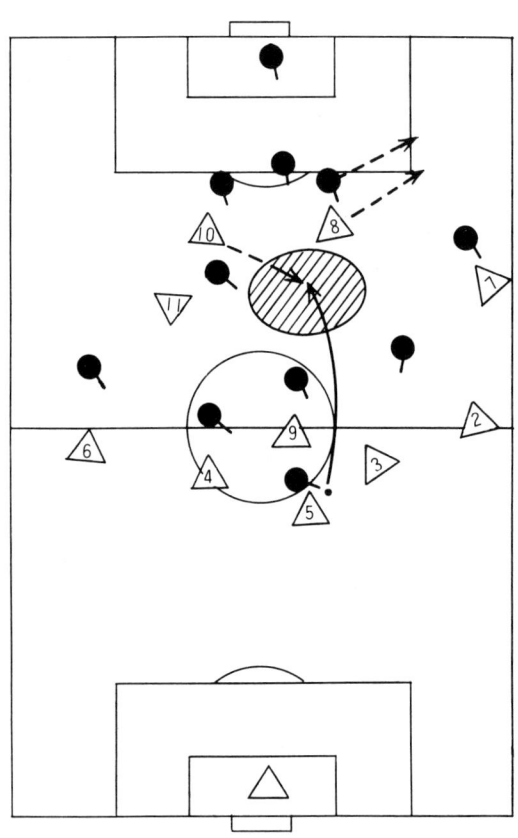

[그림 64] 투톱(two top) 시스템에서 한 사람의 공격수가 만들어 낸 공지에서 다른 공격수가 볼을 받는다

제2장 포지션(position)별 플레이 71

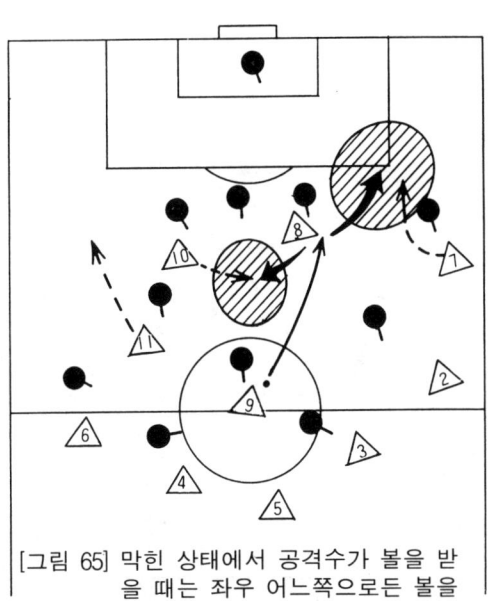

③ 상대방의 배후 공간에서 볼을 받는다

발끝에서만 볼을 받지 않고 [그림 66]처럼 상대진의 배후로 뛰어들어가 볼을 받는 플레이도 필요하다.

이와 같은 플레이는 센터 하프와 의지가 상통하지 않으면 안 되는 플레이다.

[그림 65] 막힌 상태에서 공격수가 볼을 받을 때는 좌우 어느쪽으로든 볼을 내준다

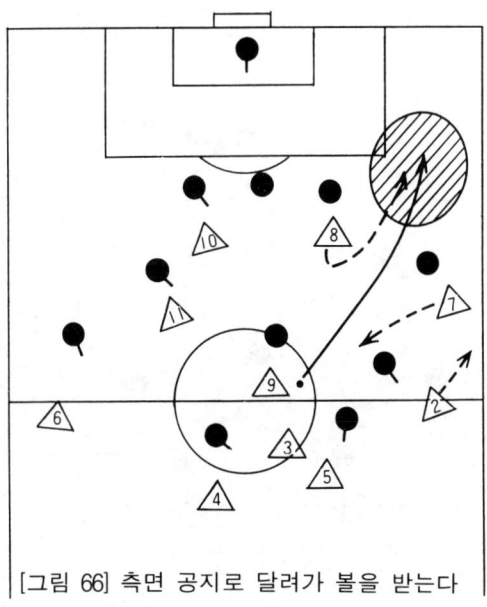

[그림 66] 측면 공지로 달려가 볼을 받는다

(2) 찬스 메이커가 된다

① 모퉁이에서 볼을 받아 우군에게 확실히 연결해 준다

[그림 67]에서처럼, 상대 진영 깊숙한 곳에서 볼을 받는 것은 상대 수비진을 혼란시키기 위해 중요하다. 상대방의 마크가 심해 센터링이 어려운 상황에서는 뒤에서 지원차 달려드는 선수에게 볼을 확실하게 연결시켜 주어야 한다.

이 지역에서 볼을 다루는 솜씨를 익혀 둘 필요가 있다.

② 모퉁이 근처에서 볼을 받아 종으로 돌파하여 센터링을 띄워 올린다

[그림 68]에서와 같은 상황에서, 사이드 하프로부터 볼을 받게 되었을 때에는 마크하고 있는 상대방을 완전히 제치지 못할지라도 센터링을 띄워 올릴 기회는 있게 된다.

[그림 67] 측면 공지에서 볼을 잡아 확실하게 우군 선수에게 전진 패스시킨다

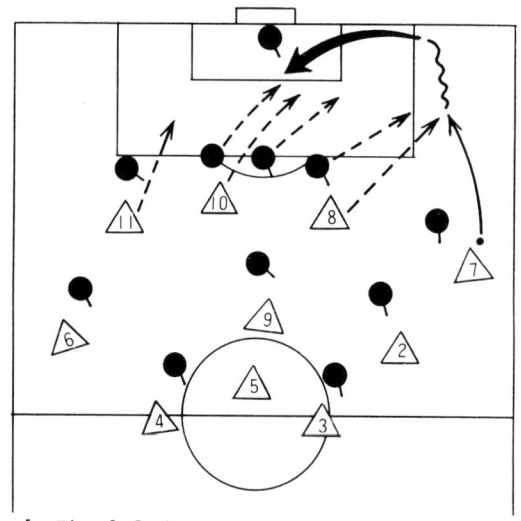

[그림 68] 측면을 돌파하여 상대편 골문 앞으로 센터링을 한다

③ '벽(壁) 패스'로 적진을 돌파한다

공격수는 골문 앞에서 상대 선수로부터 마크를 당하는 경우가 많은데, 이럴 때는 오히려 상대 수비를 뚫을 수 있는 기회이기도 하다.

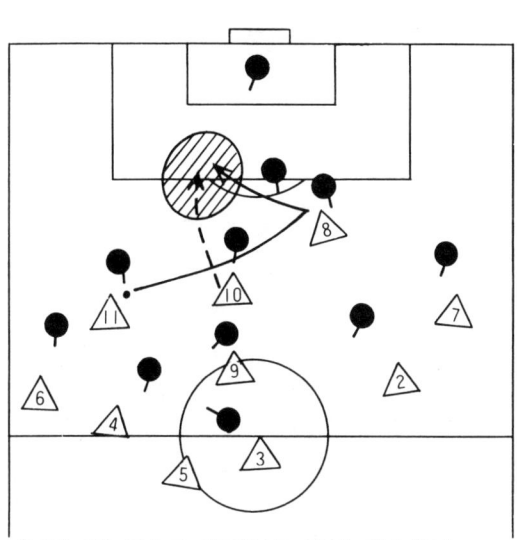

[그림 69] 포스트 플레이로 헤딩 패스한다

[그림 69]에서처럼, 사이드 하프(11번)가 볼을 갖고 있을 때 골문 앞에서 말뚝처럼 서 있다가 전방에서 뛰어 들어오는 선수(10번)에게 볼을 떨어뜨려 준다. 이것이 자기편 선수를 '벽'으로 삼아 볼을 주고받는 패스인데, 상대 선수가 볼을 가로채려 할 때 효과가 있다.

④ 골문 앞에서 포스트(post) 역할을 해 머리로 볼을 차 넣는다

공격진의 8번과 10번의 위치가 [그림 70]과 같은 상황에 있다면 8번이 볼을 머리로 받아 10번 앞에 떨어뜨려 10번이 슈팅을 노린다.

볼을 전진 패스하는 7번의 선수는 8번이 머리로 볼을 잘 받아낼 수 있도록 패스해야 한다.

[그림 70] 헤딩으로 볼을 뒤쪽으로 흘려 보낸다

(3) 점수를 내기 위해 슈팅을 한다

① 우군 선수의 패스를 받아 슈팅을 날린다

[그림 71]에서처럼, 공격수가 상대의 골문을 향하고 있을 때 상대 수비진에서 볼을 빼앗으려 달려드는 순간 옆에 있던 우군 선수에게 볼을 패스, 볼을 받은 선수가 앞으로 밀어줄 때 골 찬스가 생긴다. 이를 '벽 패스'로 돌파한다고 하는데, 상대방 수비진이 얇은 대형을 취하고 있을 때 특히 효과적이다.

② 공격수가 옆으로 움직이면서 후방에서 넘어오는 종패스를 받아 슈팅을 한다

[그림 72]에서처럼, 센터 하프가 언제나 볼을 앞으로 찰 자세로 볼을 갖고 있을 때에는 공격수 8번이 앞으로 달려 나가고, 달려 나간 자리에 10번이 들어와 볼을 받아 슈팅을 한다.

[그림 72] 옆으로 움직이면서 종패스해 오는 볼을 잡는다

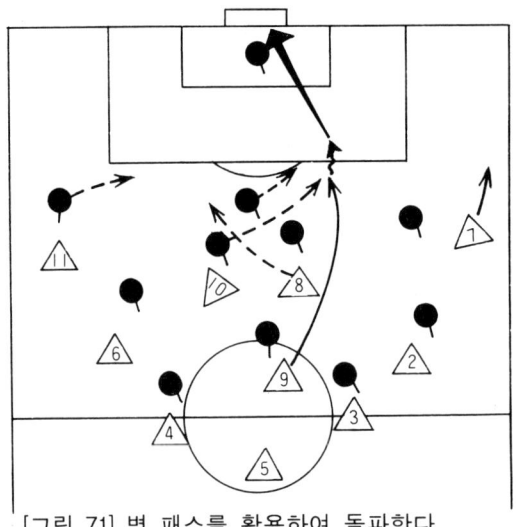

[그림 71] 벽 패스를 활용하여 돌파한다

③ 상대의 최종 수비진 앞에서 볼을 받아 그 앞에서 슈팅을 한다

공격수가 슈팅을 하게 될 때는 상대방 수비진을 돌파했을 때만 가능한 것은 아니다.

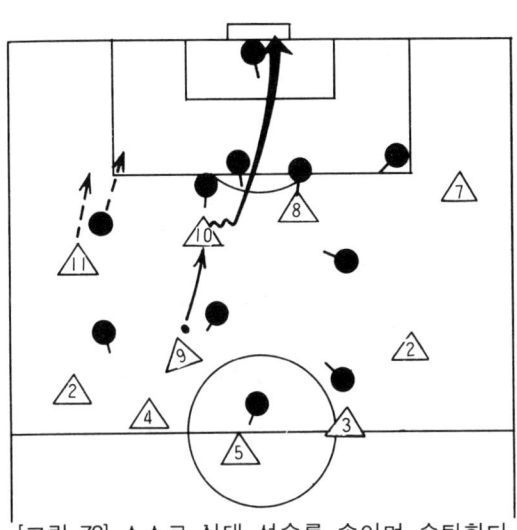

[그림 73] 스스로 상대 선수를 속이며 슈팅한다

[그림 73]에서처럼, 10번이 후방에서 볼을 받아 상대방 골문을 향하고 있을 때는 상대 수비진이 바로 눈앞에 있을지라도 슈팅 코스가 뚫려 있으면 적극적으로 슈팅을 노린다.

슛을 한 볼이 상대방 수비진의 몸에 맞고 볼의 방향이 틀어지며 골인되는 경우는 축구시합에서 종종 있다.

④ 측면에서 띄워 올린 센터링을 받아 곧바로 슈팅을 한다

공격수가 공격수다우려면 뭐니뭐니 해도 상대의 골문 앞에서 실력을 발휘해야 한다.

센터링된 볼에 맞추려고 뛰어들었을 때 공격수 한 사람은 골문 바로 앞으로, 다른 공격수는 골문에서 약간 떨어져 있는 지점을 향해 뛰어든다. [그림 74]

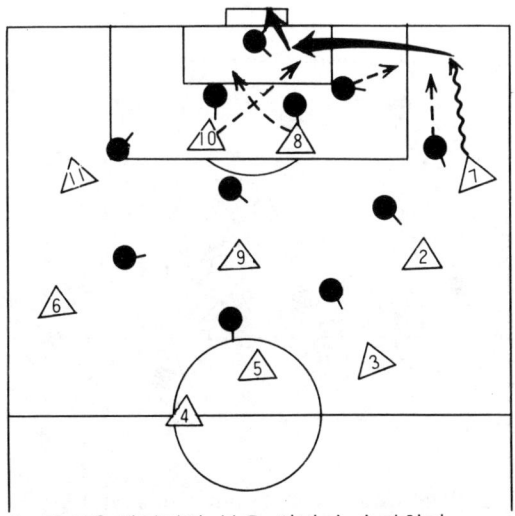

[그림 74] 센터링된 볼을 맞받아 슈팅한다

(4) 공격수의 수비

① 볼을 상대 수비수에게 빼앗겼을 때는 뒤쫓아 수비로 전환한다

공격수에 대한 마크는 심하다. 상대방 수비진을 돌파하지 못하고 볼을 빼앗겼을 때에는 빼앗긴 볼을 단념하지 말고 뒤쫓도록 해야 한다.

[그림 75]처럼, 자기에게 오는 볼을 상대방 수비진이 가로챘을 때 곧바로 볼을 뒤쫓아 되빼앗을 기회를 만들도록 한다.

또 [그림 76]처럼, 상대 수비가 자기 하프진에 볼을 연결하고 이를 우군의 하프진이 막으려 할 때에도 공격수는 상대방의 하프진에 압박을 가해야 한다.

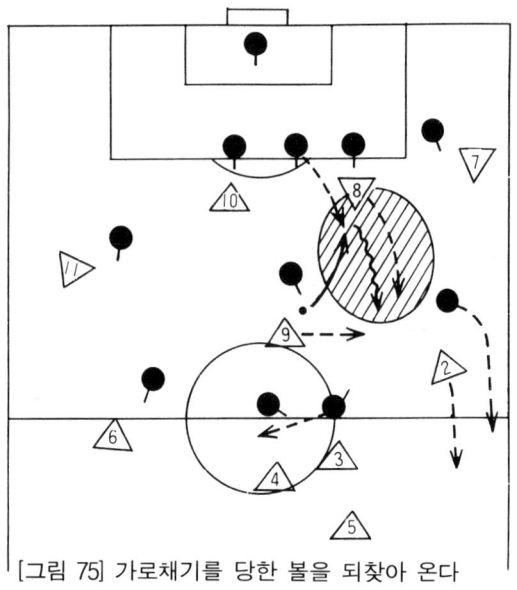

[그림 75] 가로채기를 당한 볼을 되찾아 온다

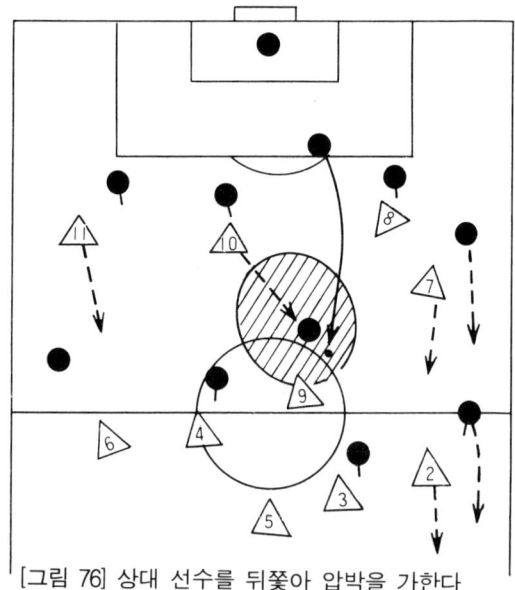

[그림 76] 상대 선수를 뒤쫓아 압박을 가한다

② 수비 라인을 정해 두고, 그 위치에서부터 수비를 한다

수비는 1 대 1에서 밀리지 않아야 하는 것이 기본인데도 혼자 힘으로 수비는 되지 않으며, 팀 전체가 조직적으로 수비에 임해야 한다. 조직적으로 수비를 하게 될 때는, 공격수는 어느 위치에서 수비를 해야 하는지를 먼저 정해 놓아야 한다.

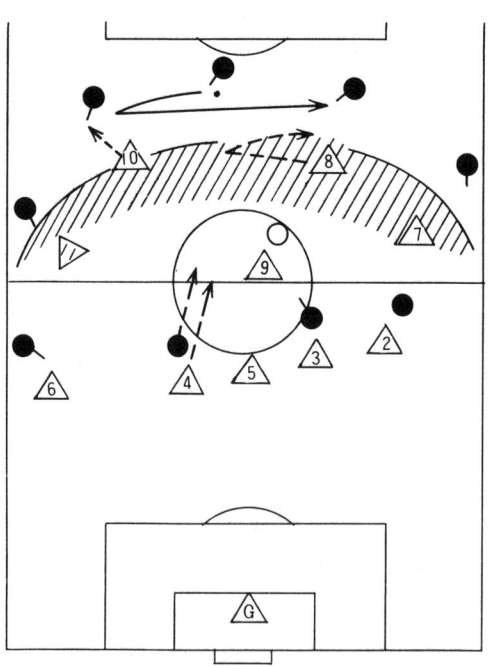

[그림 77] 상대 진영의 중앙에서부터 압박 수비를 한다

[그림 77]에서는 공격수가 상대 진영의 중앙 부근에서부터 수비를 시작하고 있는데, 이 때 수비선이 뒤로 밀려 나가지 않도록 주의해야 한다. 공격수와 수비진의 간격은 25~35m 정도가 되도록 수비 라인을 앞으로 당겨 놓아야 한다. 또 [그림 78]처럼, 자기 진영에서 공격해 들어온 상대 선수를 압박하게 될 때에는 상대 선수에게 공간을 허용해서는 안 된다.

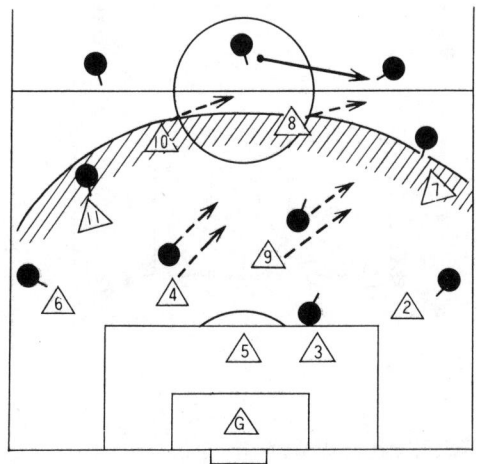

[그림 78] 자기 진영으로 끌려 나오면서도 압박을 가한다

5. 골을 넣기 위한 슈팅 연습

(1) 여러 방향에서 드리블링을 하며 슈팅하는 연습

골을 넣기 위한 슈팅 연습은 여러 상황을 고려하여 행하지 않으면 안 된다. 이 가운데서도 드리블링하면서 슛을 날리는 연습이야말로 가장 기본적인 연습으로서 반복할 필요가 있다.

[그림 79]에서 [그림 82]에 걸친 연습은, 슛을 하기 전에 지그재그로 드리블을 하며 상대 수비를 제쳐 슈팅을 한다. 드리블 연습도 아울러 되는데, 드리블링은 되도록 리듬을 타야 하며, 최후의 연습용 장애물을 벗어나자마자 곧바로 슈팅을 한다.

[그림 81]과 [그림 82]에서는 슈팅을 하게 될 때 허리의 회전이 필요한데, 처음에는 느린 스피드로 드리블을 하다가 슈팅이 확실히 골문 안으로 들어갈 것 같은 지점에 이르면 스피드를 낸다.

슈팅은 양쪽 모서리를 노려야 하는데, 덮어 놓고 차 넣기만 하면 골이 되는 것은 아니다.

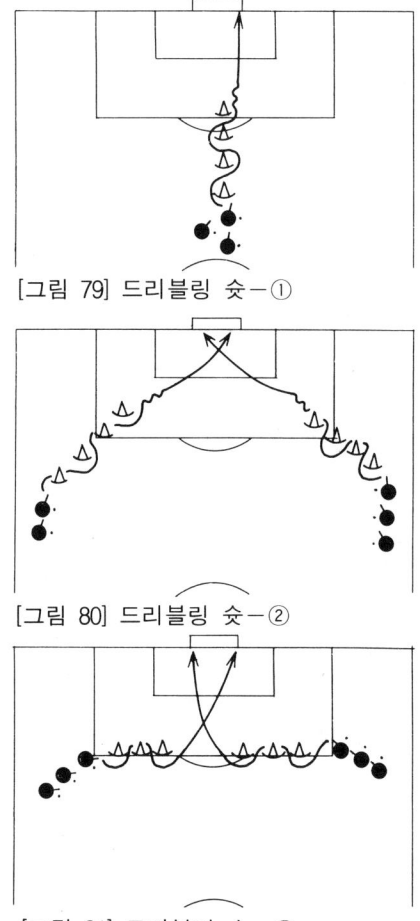

[그림 79] 드리블링 슛-①

[그림 80] 드리블링 슛-②

[그림 81] 드리블링 슛-③

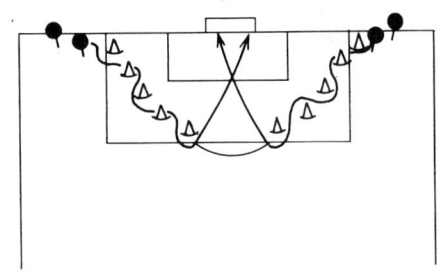

[그림 82] 드리블링 슛-④

(2) 골키퍼와 1 대 1로 맞섰을 때의 슈팅 연습

상대방의 수비선을 돌파하여 골키퍼와 1 대 1로 맞서 슈팅을 날리는 장면은 축구시합에서 종종 있다. 이와 같은 경우는 골이 되는 게 당연한 것처럼 생각하기 쉬우나 사실은 뜻밖의 골이 되기란 여간 쉽지 않다.

이와 같은 상황에서 슈팅이 확실하게 골이 되기 위한 연습이 필요한 것이다. [그림 83]은 페널티 킥 마크가 있는 곳에 연습용 장애물을 설치, 이 근처에서 공을 받아 조금 드리블하며 정확하게 골문 안으로 볼을 차 넣는 연습을 한다. [그림 84]는 앞으로 볼을 밀어넣어 준 상황에서 볼을 받아 드리블해 가며 하는 슈팅 연습이다.

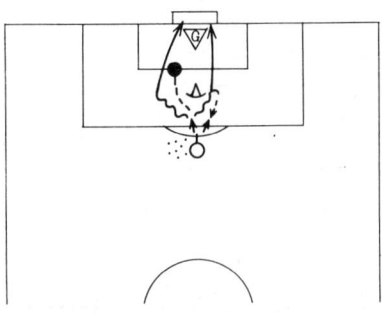

[그림 83] 골키퍼와의 1 대 1-①

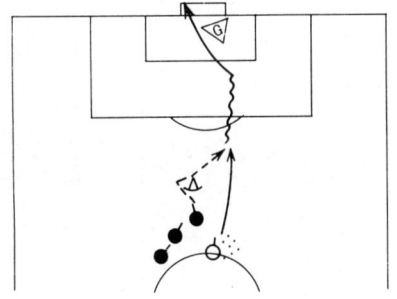

[그림 84] 골키퍼와의 1 대 1-②

(3) 볼을 멈춘 뒤에 하는 슈팅

볼을 멈췄다가 마크해 오는 상대방을 제치며 슈팅하는 연습을 한다. 이 연습도 공격수들에게는 없어서는 안 될 연습이다.

[그림 85]는 골문을 등지고 측면으로부터 패스를 받아, 우선 정지시켰다가 볼을 옆으로 내밀며 슈팅하는 연습이다. [그림 86]도 같은 상황에서 행하는 연습인데, 실제로 상대방 수비수가 있는 경우에 슈팅을 한다. 수비수는 너무 압박을 가하지 않고 느슨하게 수비를 하는 가운데 공격수로 하여금 슈팅을 하도록 한다.

상대 수비 라인에 뛰어들어 공중 볼을 받아 이를 발끝으로 컨트롤한 뒤에 슈팅하는 연습을 하는데, [그림 87]과 같다. 공격수는 속이는 동작을 취했다가 앞으로 볼을 몰고 간다.

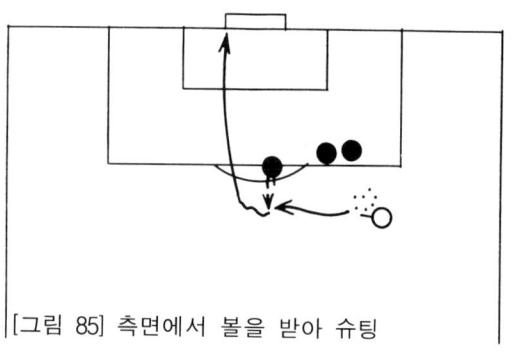

[그림 85] 측면에서 볼을 받아 슈팅

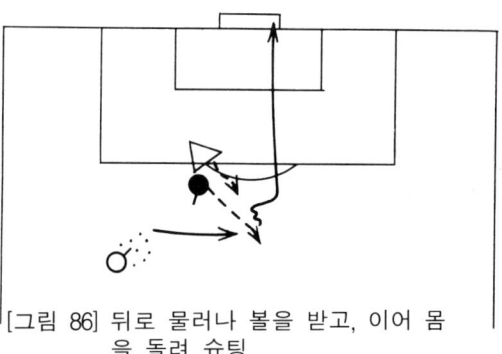

[그림 86] 뒤로 물러나 볼을 받고, 이어 몸을 돌려 슈팅

[그림 87] 횡패스로 길게 넘어온 볼을 컨트롤하여 슈팅

(4) 다이렉트 슛(direct shoot ; 직접 슛)

① 골문 가까이에서 하는 발리 슛(volley shoot), 헤딩 슛(heading shoot)

[그림 88]처럼, 양쪽 사이드 라인에서 손으로 볼을 던지게 한 다음 그 볼에 달려가 헤딩으로 슈팅을 하거나, 아니면 볼이 땅에 닿기 전에 차서 골문으로 넣는 연습을 한다. 후자를 이른바 발리 슛(volley shoot)이라고 한다.

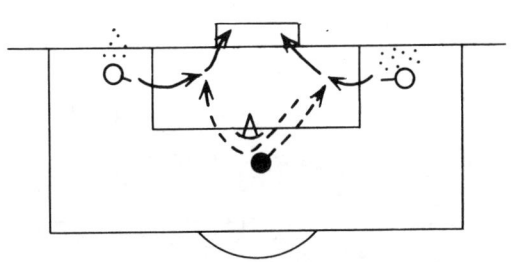

[그림 88] 공중 볼을 땅에 닿기 전에 슈팅

연습할 때는 골 에어리어의 중앙에 연습용 장애물을 세워 놓고 그 장애물을 가운데로 좌우로 한 바퀴씩 돌며 슈팅을 한다.

다음으로는 센터링되어 오는 볼을 받아 슈팅한다. 다이렉트 슈팅은 머리로 슈팅을 하거나, 발로 슈팅을 하거나 모두 볼이 땅에 떨어지기 전에 골문을 향해 차 넣는 것을 말한다.

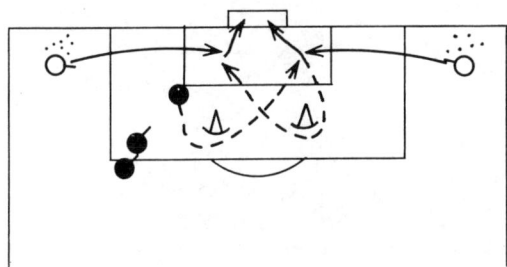

[그림 89] 골문 근처에 대기했다가 직접 슈팅

② 파 포스트(far post)에서 발리 슛, 헤딩 슛

공격수는 골대에 가까운 곳에서 슛을 할 뿐만 아니라, 골대에서 떨어진 지점, 즉 파 포스트(far post)에서도 [그림 90]에서처럼 슛을 하는 연습도 꼭 필요한 연습이다.

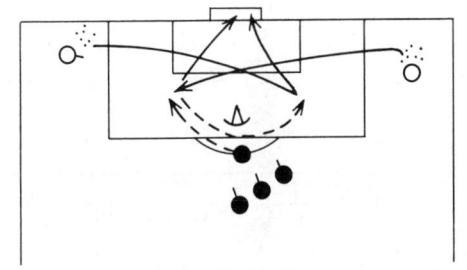

[그림 90] 골문에서 멀리 떨어진 곳에서 슈팅

6. 위기에서 벗어나는 수비 연습

A. 어깨 밀치기(shoulder charge)로 볼을 자기 것으로 만드는 연습

어깨 밀치기(shoulder charge)는 볼을 다툴 때 사용하는 힘 겨루기이다. 자기 어깨로 상대방의 어깨를 밀쳐 [사진 1]처럼 어깨와 어깨간에 밀쳐내기도 하고, [사진 2]처럼 어깨와 허리를 아울러 쓰면서 상대방을 밀쳐낸다.

[사진 1] 어깨만으로 맞부딪친다

[사진 2] 어깨와 허리를 아울러 맞부딪친다

<연습법>

어깨 밀치기는 [그림 91]처럼 볼을 몰고 오는 선수에게 부딪치기도 하고, [그림 92]처럼 볼을 빼앗는 과정에서도 있게 되는데, 두 경우를 모두 생각해서 연습한다.

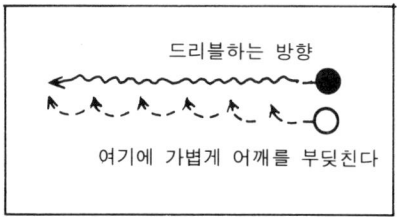

[그림 91] 어깨를 맞부딪치는 연습

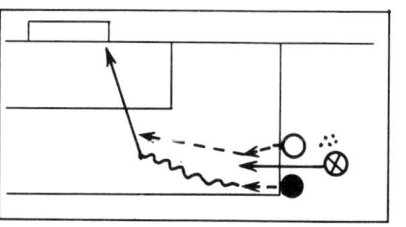

[그림 92] 흐르는 볼을 서로 다투는 연습

B. 슬라이딩 태클로 볼을 빼앗는 연습

슬라이딩 태클(sliding tackle)이라 함은 상대가 드리블이나 패스로 공격해 올 때 자기 몸을 상대 선수에게 던져 저지하는 수비 방법이다. 이 수비 방법은 수비하는 선수뿐만 아니라, 하프진이나 공격진의 선수들도 몸에 익혀야 할 기술이다. 몸을 날려 슬라이딩으로 볼을 가로막은 다음 곧바로 몸을 일으켜 그 볼을 자기 것으로 만들거나 자기편으로 패스한다. 어떤 경우에도 무릎을 크게 굽혀 낮은 자세로 슬라이딩해야 한다.

[그림 93]은 4명이 4각 패스를 하면서 그중 한 사람이 슬라이딩하며 볼을 가로채는 연습을 한다.

 ⇒  ⇒

몸을 던져 볼을 차낸다

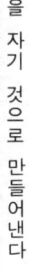

볼을 자기 것으로 만들어낸다

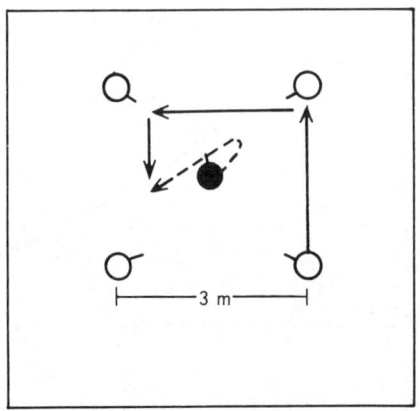

[그림 93] 4 대 1의 상태에서 슬라이딩 태클하는 연습

C. 가로채기 (intercept) 연습

수비를 할 때 가장 이상적으로 볼을 갖는 방법은 상대방이 갖고 있는 볼을 가로채는 일이다.

먼저 가로채기를 노리다가 잘 안 되면 상대방이 자유롭게 볼을 몰고 나오지 못하도록 압박을 가하면서 가로챌 기회를 만든다.

[그림 94]는 특히 중앙 수비수에게 필요한 가로채기 연습이다. 연습용 장애물을 두 곳에 세워 놓고, 후방에 있다가 상대방이 전진 패스로 나올 때 순간적으로 돌진하여 볼을 빼앗는다.

이런 연습을 되풀이한다.

[그림 95]는 측면 수비수의 가로채기 연습이다. 상대방은 장애물을 향해 볼을 패스하고, 수비수는 그 볼을 도중에서 차단, 앞서 달려가는 우군 선수에게 전진 패스한다.

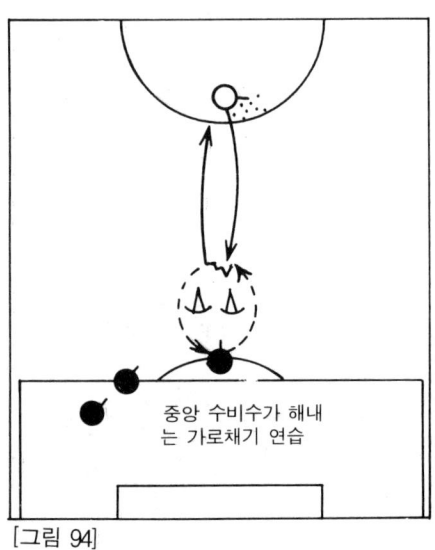

중앙 수비수가 해내는 가로채기 연습

[그림 94]

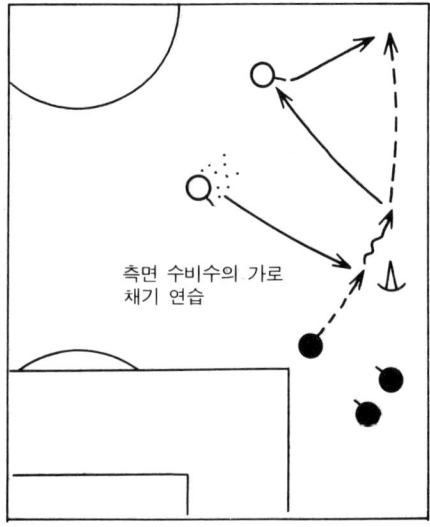

측면 수비수의 가로채기 연습

[그림 95]

제3장
훈련 계획을 세운다

축구는 어린아이를 어른으로, 어른을
신사로 만드는 스포츠이다.

독일의 속담

1. 계획의 필요성

A. 하루 아침에 잘되는 사람 없다

축구뿐만 아니라 자기가 목표로 한 것을 상대로 성공을 거두려면 덮어놓고 노력만 해서도 안 된다. 우선 자기의 목표를 정한 다음 그것을 달성하기 위한 방책, 즉 계획을 빈틈없이 세우지 않으면 안 된다.

축구를 처음 시작할 때에는 누구든 슈퍼 스타의 경기, 자기가 목표로 하는 선수의 경기에 동경을 하게 되고, 자기도 빨리 그러한 경기를 하고 싶어 한다. 그러나 아무리 훌륭한 선수일지라도 처음부터 잘했던 선수는 없다. 하루 동안의 연습으로 갑자기 잘하게 된 예란 없는 것이다. 연습에 연습을 거듭하면서 조금씩 성장하는 것이다.

B. 발전은 목표를 세우는 것에서부터 비롯된다

성장이나 발전은 먼저 자기가 목표를 정해 놓고 그것을 달성하기 위하여 어떤 계단을 밟아가야 할 것인가를 생각하는 데서 시작된다. 죽을 힘을 다해 연습을 거듭하고 있으면서도 노력하는 만큼 잘되지 않는 까닭은 자기의 목표를 명확히 세우지 않는 경우가 의외로 많기 때문이다.

자기가 이렇게 되고 싶다, 자기가 이렇게 목표를 세워 놓고 있다는 등으로 목표를 좀더 구체화하는 것이 중요하다. 다만 너무 큰 목표를 세우는 것보다 현재의 수준을 잘 생각해 보며 연습을 쌓아가도록 목표를 세우는 것이 바람직하다.[그림 1]

| 현상의 파 악 (선수의 평가) | → | 연습에 의해 기대되는 성과 | → | 목표의 결 정 |

[그림 1]

C. 목표를 세울 때 생각해 둘 일

선수 스스로 자기의 목표를 세우든가, 지도자가 선수의 목표를 정해 줄 때에는 그 선수의 정신적 육체적 발육의 단계를 고려하지 않으면 안 된다. 이러한 요소들을 무시하고 너무 지나친 목표를 정해 주면 정신적인 좌절감이나 육체적 장애를 가져오기 때문에 주의를 요한다.

아래의 [그림 2]는 발육 곡선을 나타내는 것인데, 이같은 일반적인 성장과정을 이해해 두는 것은 선수에게나 지도자에게 매우 중요한 자료가 된다.

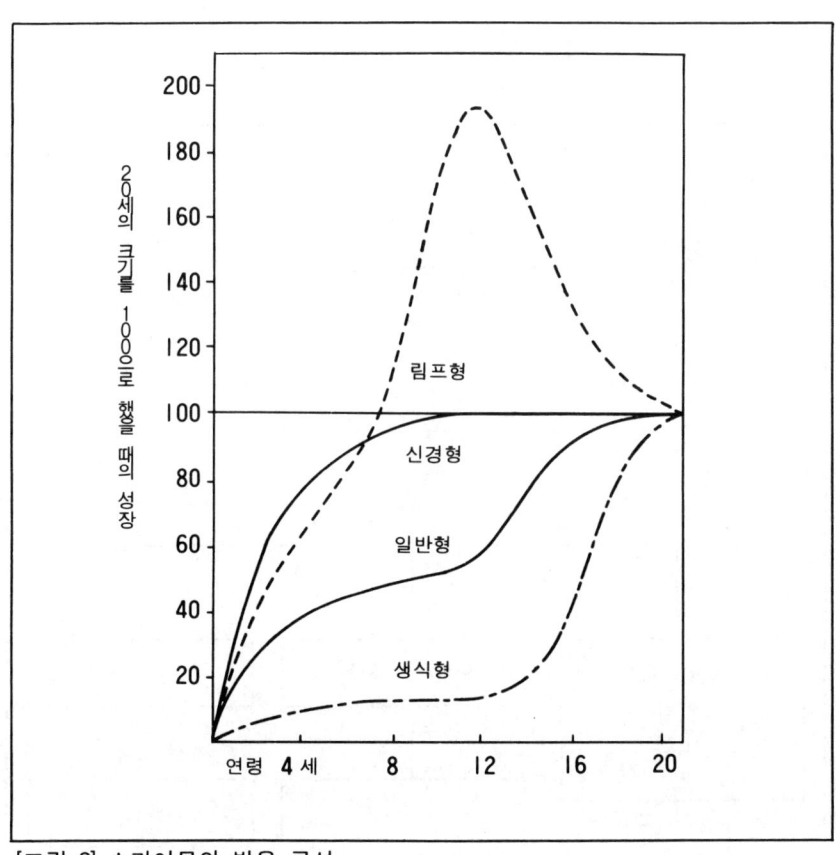

[그림 2] 스키야몬의 발육 곡선

D. 선수는 어떤 면을 살려야 하는가

[그림 3]에 훈련의 구성 요소를 열거해 놓았다. 체력·기술·전술(정신력·지성)의 3대 요소로 분류되는데, 계획을 세울 때는 선수의 어떤 요소를 더욱 살려야 할 것인가를 확실히 하고, 연령에 따른 각 요소의 연습시간이 차지하는 비율을 적절히 배분해야 한다.

E. 훈련 계획을 구체화할 때 고려해야 할 일

① 팀의 전체 목표와 선수의 개별 목표를 정해야 한다

훈련 계획을 짤 때에는 팀의 목표를 정해야 한다. 어떤 대회에 출전할 것인가, 어느 시기가 가장 팀의 전력이 절정에 이를 수 있는가, 이런 것들에 알맞도록 훈련 계획을 세워야 한다.

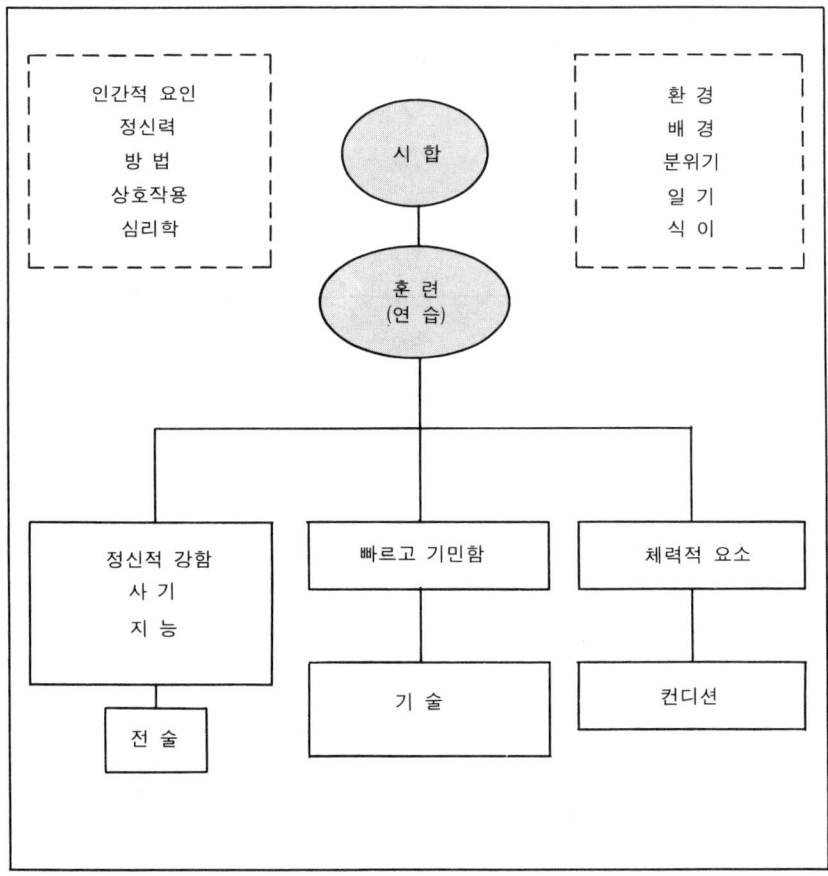

[그림 3] 훈련의 구성 요소

또한 팀의 목표와 함께 선수 개개인에게 개별적인 과제와 목표를 제시해 주는 것도 필요한 것이다. 이런 경우 보다 장기적인 시야에서 무엇을 해야 할 것인가를 생각해야 한다.

② 훈련 내용은 쉬운 것부터 시작하여 어려운 것으로 옮겨 간다

어떤 기술, 어떤 플레이를 익히기 위해서는 처음에는 부드럽고 간단한 것부터 시작하여 서서히 어려운 것으로 도전해 간다. 체력적인 것에 있어서도 운동의 짐이 가벼운 것부터 시작하여 점점 무거운 것으로 이행토록 한다.

③ 기본적인 것은 반복 훈련을 한다

훈련 내용에서 변화를 있게 하는 것이 중요한데, 축구선수로서 몸에 익혀 두어야 할 기본적 요소, 이를테면 킥(공 차기)와 헤딩(머리 받기) 같은 기술은 어느 정도 수준에 올라 있어도 반복 연습이 필요하다. 계획을 세울 때에는 이러한 기본 연습이 누락되어서는 안 된다.

F. 1년 간을 하나의 사이클(cycle)로 생각한다

계획을 세울 때는 장기계획(6~10년), 중기계획(3~5년), 단기계획(1~2년)으로 나눌 필요가 있다. 그런데 학교 체육은 장기간에 걸쳐 팀을 만들고 선수를 육성할 수 없기 때문에, 3년 정도의 중기계획을 세워 기본적으로 1년을 1사이클로 계획을 세워 나가는 것이 일반적이다.

1년 간은 운동 시즌이 끝난 기간, 시즌을 앞둔 기간, 운동을 하는 시즌, 그리고 각 시즌의 이행기 등 4분기로 나눌 수 있는데, 각 분기마다 훈련 내용에 관한 계획을 짠다.

2. 합숙의 훈련 계획

A. 합숙의 목적

합숙이라는 것은 경비나 시기의 문제가 있기 때문에 언제나 가능한 것은 아니지만, 팀을 만든 이상 없어서는 안 될 훈련이다. 팀의 구성원 전원이 한 곳에 모여 훈련뿐만 아니라 일상생활을 같이하는 경험은 여러 가지 효과를 기대할 수 있어 꼭 실시할 필요가 있다.

일반적으로 합숙은 어느 시기를 택하느냐에 따라 그 목적하는 바를 달리한다. 경기 휴지 기간이 끝나고 훈련을 재개할 때에는 몸 만들기에 주력할 것이며, 시합에 나갈 일정을 눈앞에 두고 있을 때에는 전술적인 것들을 다듬는 훈련을 하고, 연습 시합은 합숙을 하며 시행한다. 경기 시즌이 모두 끝나고 짧은 합숙을 할 때가 있는데, 이 때는 경기를 했던 한 시즌을 반성하며 다음 연도를 향한 과제를 선수 전원이 확인하고, 시즌중의 피로를 푸는 것을 목적으로 한다. 또 선수 사이의 의사 소통을 한층 두텁게 하기 위해서도 합숙은 필요하다.

B. 팀의 사기를 높인다

합숙에 있어서는 축구선수에게 필요한 기술, 체력, 전술적 능력을 높일 뿐만 아니라 선수 동료, 또는 선수와 지도자 사이의 연대감을 높여 주기도 한다.

선수가 훈련 시간 외의 시간을 같이 보냄으로써 지금까지 이해되지 않았던 점을 상호 이해하게도 된다. 또 지도자가 미팅 시간에 팀의 목표를 재확인시켜 주고, 그 목표를 달성하기 위하여 한 사람 한 사람이 어떻게 행동하지 않으면 안 되는가를 설명해 준다. 선수 개인의 역할이 명확해짐에 따라 팀의 사기는 올라가기 마련이다.

C. 과로하지 않도록 한다

합숙의 훈련 계획을 세울 때 이것도 해야 하고, 저것도 해야 한다고 연습 시간이나 연습 내용이 너무 많아서는 곤란하다. 오로지 축구에만 집중할 수 있도록 욕심내는 것까지는 좋으나, 선수가 피곤하여 지칠 때까지 훈련을 시켜서는 안 된다.

언제나 발랄한 기분으로 운동장에 설 수 있도록 하고, 피로로 인한 장애 방지를 위해서도 휴식 시간을 충분히 갖도록 훈련 계획을 짜 둘 필요가 있다. 선수가 몹시 피로를 느낄 때는 과감히 계획을 변경토록 한다.

D. 합숙을 위한 준비

합숙을 하게 될 때에는 여러 가지 절차나 준비가 필요하다. 먼저 합숙 장소를 어디로 할 것인가, 어떤 시기를 택할 것인가를 먼저 결정해야 한다.

또 다음과 같은 준비 절차도 잊어서는 안 된다.

① 학교 당국(또는 직장)에 합숙 계획서의 제출
② 참가하는 선수의 건강 진단
③ 보호자의 참가 승낙서
④ 필요 경비, 예산의 확보
⑤ 합숙지의 환경 점검
⑥ 합숙지까지의 교통수단 확보
⑦ 합숙지에서의 구급시설 확보

이상과 같은 준비·절차 외에 합숙의 목적, 일과와 같은 스케줄도 명확히 해 둘 것.

또 영양면에도 충분한 배려가 있어야 한다.

3. 선수의 성장과 훈련

A. 연령과 성장 과정

인간의 성장은 매우 개인차가 크지만, 지도에 있어서는 어떤 연령층에는 어떤 것을 몸에 익히도록 할 것인가를 염두에 둘 필요가 있다.

일반적으로 [표 1]처럼 연령에 따라 선수층을 나눈다. 대체적으로 초·중·고와 같은 구분을 하고 있는데, 초등학교에서 고교생 연대까지는 현저한 성장을 하기 때문에 되도록 [표 1]의 구분처럼 나누어 훈련 계획을 세움이 바람직하다.

[표 1] 지도상의 연령 구분

연령	구 분			
20				
19	A	청 년 기	←성장의 정지	경 기
18				
17	B	제 2 기		
16				
15		사 춘 기		
14	C	제 1 기		
13			←제2차 성장기	개 선
12	D			
11				
10	E	제 2 기	↑ 학습의 최적기 ↓	개 시
9		학 동 기		
8	F	제 1 기		
7				
6	축구 교실	학동 전기	←제1차 성장기	발 견
5				
4				
3				
2				
1		유 아 기		

B. 연령과 훈련의 요점

한 사람의 지도자가 어떤 선수를 7세 때부터 20세가 될 때까지 계속해서 지도하기란 대체적으로 거의 불가능하다. 반드시 일정한 연령층을 상대로 지도하도록 한다.

그렇듯 지도자에 있어 가장 중요한 것은 [표 1]처럼 성장 과정 전체를 머리 속에 넣고서 선수를 지도해야 한다. 언제나 선수의 미래상을 상정해 놓고 있어야 한다.

[표 2]는 각 연령층마다 성장・발달의 특징을 요약・정리해 놓은 것인데, 지도에 참고가 될 것이다.

[표 2] 연령과 지도의 유의점

지도 연령 구분	지도상의 유의할 점
학동 전기 (5세 까지)	조정력을 기르는 운동을 시키고, 놀이를 중요시할 것.
학동 1기 (8세까지)	경기에 대해 이해하기 시작한다. 신체적으로 반응 시간이 빠르도록 익힌다. 다른 운동 경기도 할 수 있도록 한다.
학동 2기 (12세까지)	축구 경기에 관한 지식을 넓힌다. 장래 목표를 갖는 시기. 훌륭한 사람이 되고저 하는 욕구가 강함. 이를 살려 주도록.
사춘기 전기 (14세까지)	훈련에 대해 무기력해지기도 쉬우므로, 지도자가 선수의 상담자가 되어 준다.
사춘기 후기 (17세까지)	신체적・기술적으로 한층 뻗어나는 시기. 시합에 있어서는 결과에 집착하도록 한다.

4. 11세까지의 훈련 요점

A. 6~7세 (초등학교 1~2)

이 연령층의 어린이들을 지도하기란 축구뿐만 아니라 다른 여러 스포츠를 체험하도록 하는 것이 중요하다. 특히 운동 신경이 급격히 발달하는 시기이므로 리드미컬한 운동, 점프나 러닝을 섞은 운동 등 어린이로 하여금 신체의 조정 능력을 키울 수 있는 운동 종목, 또는 훈련 종목을 찾아주도록 한다.

한편 이들은 집중력이 지속되지 않기 때문에 되도록 놀이 감각을 익히도록 지도하는 일도 더없이 중요하다.

B. 8~9세 (초등학교 3~4)

이 연령층의 어린이도 기본적으로 초등학교 1~2년생에 대한 지도와 다를 것이 없다. 폭넓은 스포츠 경험을 갖도록 하고, 여러 가지 운동 놀이(예 ; 숨바꼭질, 사람 말타기 등)를 지도 계획에 포함하도록 한다.

신경계 발달이 완성에 가까워진 연령이므로 반응 시간을 빨리하든가, 민첩성을 기르는 훈련을 첨가한다. 또 심리적으로는 자립심이 싹틀 시기이므로 그것을 자극시키며 지도를 한다.

C. 10~11세 (초등학교 5~6)

볼 놀이로 기초적인 기술을 몸에 익히도록 하는 시기. 신체적으로도 기초가 이룩되어 운동 신경계도 확립되는 시기이다.

뇌의 발달에서 보면 의욕이나 창조 기능의 전두엽(前頭葉)이 발달하는 시기이므로, 자기가 스스로 생각하여 행동하도록 하는 환경을 조성한다.

한편 경쟁심이 왕성할 때이므로, 승패에 대하여 올바른 태도, 플레이의 매너 등 직접 경기에 관여되지 않는 것들도 곁들여 지도한다.

[표 3] 6~11세의 발육·발달 양태와 지도의 요점

연 령 층	지 도 의 요 점
초등학교 1년 (6세)	■주도적 지도—예의범절을 가르침 ㅇ욕설, 자만, 친절, 난폭 등 대인 행동의 지도 ㅇ규율을 잘 지키도록 집단·행동을 지도 ㅇ정의감의 양성 ■놀이, 스포츠의 즐거움을 심어 줌 ㅇ지도에 있어서는 시범(demonstration)의 의미가 큼 ㅇ운동에 있어서는 신경감각 기능의 자극을 중점적으로 할 것 ㅇ부상의 방지와 활동 욕구가 걸맞도록 지도
초등학교 2년 (7세)	■주도적 지도—예의범절과 아울러 칭찬 ㅇ타율적이면서도 대항 의식에서 나오는 승패, 올바른 경쟁의 지도 ㅇ대인 행동의 지도 ■집단 행동의 지도(차례 지키기, 집합, 헤쳐, 정렬, 경례… 등) ㅇ정의감, 남을 생각하는 법의 양성 ■신체를 움직이며 모든 사람과 함께하는 즐김을 키워 줌 　운동을 좋아하도록 양성함 ㅇ올바른 시범, 모델을 모방하도록 ㅇ신경 감각을 훈련하도록
초등학교 3년 (8세)	■주도적 지도에서 선각적 지도로 ㅇ개인에 따라 대다수는 선각적 지도가 필요 ㅇ대인 행동의 지도 ㅇ정의감, 친절심, 열심, 성실성의 양성 ■초등학교 3년~4년(9세) 사이가 종합적으로 볼 때 매우 중요
초등학교 4년 (9세)	■주도적 지도의 한계, 선각적 지도로 ㅇ팀, 그룹으로 지도 가능 ㅇ올바른 경쟁에 대한 태도의 양성 ㅇ대인 행동, 집단 행동의 지도 ㅇ실패를 인정하기, 친절심, 사이 좋게 지내기, 전심전력하기, 　공평, 승부 등의 양성 ■숙련을 익히기 위해 중요한 시기
초등학교 5년 (10세)	■선각적 지도—문제 해결의 실마리를 줌 ■자기의 의욕을 드높이도록 지도 ㅇ대인 행동, 집단 행동의 지도 ㅇ올바른 승패, 경쟁 태도의 지도 ㅇ소년 사고에 한정시키지 않고 여러 생각을 뻗칠 수 있도록 지도 ㅇ체력면에서 파워, 지구력, 근력 양성을 너무 강조하지 말도록 　자기가 스스로 생각해서 행동할 수 있도록 여지를 허용
초등학교 6년 (11세)	■지도자에 대한 신뢰감, 불신감을 갖는 경우에는 지도자로서 　언동에 주의 ■자주 활동, 학습 습관을 기르도록—실행, 반성, 개선의 습관, 　창의로 대처하는 습관, 통찰력 등 ㅇ집단 행동의 지도—협조, 팀웍 ■지나친 체력 훈련을 피하도록

5. 17세까지의 훈련 요점

A. 12~13세 (중 1~2)

초등학교에서 중학교로 진학하여 자기가 속해 왔던 팀과 다른 팀으로 변경 되었을 때 선수가 새로운 환경에 적응하기 위해서는 얼마의 시간이 필요하게 된다. 클럽 팀과 같은 경우에는 지도자가 바뀌어도 연습을 하는 장소와 분위기, 팀의 구성원이 거의 변동이 없기 때문에 진학을 해서 영향을 받는 것과 같은 경우란 생각할 필요가 없다.

그런데 학교가 바뀌고, 지도자와 선수들이 다르고, 연습 환경이 달라져 있다면 우선 지도자는 신입생들과 한 사람씩 면접을 통하여 그 성장 배경을 이해하도록 해야 한다. 또 자기의 지도 방침을 새로 입학해 온 선수들에게 설명해 주는 일도 잊어서는 안 된다.

훈련 내용에 있어서는 같은 중학생일지라도 중1과 중3 사이에는 체격이나 체력면에 차이가 있기 때문에, 연습 부하량에 있어서 충분히 배려를 해야 한다. 즉 개별성의 원칙을 중요시하지 않으면 안 된다.

기술면에서는 정확성을 제일로 꼽고, 전술면에서는 우선 기본 전술에 관하여 이해를 깊게 하도록 한다.

B. 14~15세 (중 3~고 1)

중3에서 고1까지는 입학시험에 의한 영향을 가장 중요시하지 않을 수 없다. 학교 운동부 소속 학생이든 클럽 소속 선수든 대체적으로 고등학교 진학시험이라는 커다란 벽이 가로막는다. 시험 공부로 훈련이 중단되는 선수가 대부분이고, 생활 리듬도 불규칙적으로 된다. 이러한 요인 탓으로 이 시기에는 체력의 저하나 축구에 대한 정열이 식는다. 지도자는 이 점을 반드시 고려해야 한다.

여러 면에서 한창 뻗어날 때 '시험'이라는 커다란 마이너스 요인이 있다는 것은 아쉬운 일이지만 체력 저하를 방지할 방법을 생각해 두고, 선수에게 적절한 조언을 해 주는 것이 지도자에게는 매우 중요한 일이다. 가급적 생활을 규칙 바르게 하고, 짧은 시간이지만 체조를 하든가, 볼 컨트롤을 연습하도록 한다. 시험 기간중에도 짧은 연습을 거듭하도록 한다.

시험이 끝나고 고교에 진학하게 되면 초등학교에서 중학교에 진학했을 때와 마찬가지 배려를 해야 한다. 특히 체력 저하가 심하므로 점진성의 원칙을 지키며 훈련 계획을 짜도록 한다.

C. 16~17세 (고 2~고 3)

육체적으로나 정신적으로 안정기에 속한다. 기술적인 면에서는 기초 기술의 반복 연습과, 상대방의 압력을 받으며 볼 컨트롤을 하는 연습을 많이 해 둔다. 또 자기 자신에게 알맞는 포지션이 확실해지므로, 그 포지션에 필요한 플레이의 전술적 이해와 기술적 향상을 꾀한다. 이른바 기능적 훈련(functional training)을 점점 시행에 들어갈 시기이다.

체력 훈련면에서는 순발력을 키울 뿐만 아니라, 웨이트 트레이닝(weight training ; 중량 운동)을 해 간다. 특히 복근이나 배근 등 몸통의 근력을 단련시킨다. 이렇게 하여 점차 체력의 균형을 증진시킨다. 또 지구력의 훈련도 빼놓을 수 없는 부분이다. 유산소적 지구력뿐만 아니라 무산소계의 지구력을 늘리도록 한다.

고3쯤 되면 장래 자기의 진로가 구체화되기 때문에 선수의 진로 지도가 필요하다. 운동장에서의 플레이에 관한 문제뿐만 아니라, 운동장을 떠난 문제에 관해서도 지도자의 적절한 조언이 필요하다. 선수의 자립을 도와 주는 것이 이 시기에 있어 지도의 요점이다.

제 4 장
기본 기술과 기본 전술

성공은 우연히 일어난 일이 아니다.
근면, 인내, 연습, 연구, 겸허,
그리고 무엇보다 애정이 필요하다.

펠레

1. 중요한 기본 전술

I. 주위를 살피는 것이 모든 전술의 기본이다

A. 주위를 살피지 않고서는 판단이 서지 않는다

축구는 상황 판단의 경기라고 한다. 적과 우군이 서로 섞여 한 개의 볼을 다투는 경기를 할 때 자기가 지금 무엇을 할 것인가를 판단하기란 그리 쉽지 않다.

현대 축구에서는 플레이를 하기 위한 '시간'과 '공간'이 매우 한정되어 있다. 그만큼 압박이 심해지는데, 상황을 재빨리 판단하여 볼을 빨리 패스하지 못하면 끝내 상대방 선수에게 빼앗기고 만다.

올바른 상황 판단을 하기 위해서는 주위를 살피지 않으면 안 된다. 주위를 살피지 않고서는 판단을 할 수 없기 때문이다.

Look around(주위를 살펴라), Look before(실행하기 전에 살펴라)는 모두 축구의 가장 중요한 기본 전술이다.

B. 무엇을 보아야 하는가

Look around, Look before라고 하는 축구의 기본 전술은 개인 전술 중에서도 가장 중요한 것인데, 단지 주위를 살펴보라고 하지만 무엇을 보아야 할 것인지 애매하다.

구체적으로 무엇을 보아야 하느냐, 그것은 두말할 것도 없이 적의 선수와 우군 선수의 배치(positioning)를 잘 봐 두는 일이다. 선수들은 모두 움직이고 있어 같은 위치에 멈춰 있지 않는다. 그럼에도 자기 위치에서 보아 누가 어떤 위치에 있는가를 잘 파악해야 한다.

자기가 볼을 갖고 있지 않을 때는 몸을 움직이지 않더라도 주위를 살피면서 다음 자기가 어떤 동작을 취할 것인가를 생각해 두어야 한다.

C. 언제 주위를 살펴야 할까

언제 주위를 살펴야 할 것인가에 관해서는 이미 답이 나와 있다. 볼을 갖고 있으면서 주변을 살피는 것도 필요하고, 볼을 갖고 있지 않을 때도 충분히 주변을 살펴야 한다.

주위를 살필 필요가 없는 때란 힘을 들여 볼을 차는 순간뿐이다. 이 때에는 축구 볼의 꿰맨 자국도 눈에 뚜렷하게 들어올 정도로 볼을 바라보지 않으면 안 된다.

볼을 우군에서 받기 직전에는 특히 자기의 배후를 슬쩍 쳐다보는 것을 잊어서는 안 된다.

Ⅱ. 공격의 개인 전술
A. 자기가 볼을 갖고 있지 않을 때

① 상대방의 마크를 벗어난다

공격의 개인 전술 중에서 제1에 속하는 것은 상대방의 마크를 벗어나 자유로운 상태가 되는 것이다. 이는 당연한 일인데, 볼을 갖고 있는 선수에 대하여 다른 선수는 언제나 볼을 받을 채비를 하고 있는 것이 중요하다.

특히 공격수가 볼을 받으려 할 때에는 상대 마크도 엄하므로, [사진]처럼 자기가 볼을 받고 싶은 곳의 반대쪽으로 움직였다가 재빨리 되돌아서며 볼을 받는, 이른바 페인팅(feinting)이 필요하다.

또, 이런 순간 동작으로 속이는 페인팅이 아닌, 20~30m거리를 달려 상대방의 마크를 벗어나는 것도 가능한 전술이다. 또한 앞으로 달리는 척하다가 순간 그 자리에 멈추는 것도 상대방을 속여 마크를 벗어나는 한 가지 방법이다.

② 자기편을 위해 공지를 만들라

자기가 볼을 갖고 있지 않을 때는 자기가 볼을 받을 일만 생각해서는 안된다. 우군 선수가 볼을 받기 쉽도록 상대방의 마크를 끄집어내는 동작도 필요하다. 이를테면 [그림1-①]에서와 같은 상황에서는 A_1이 볼을 갖고 있을 때 A_3이 뒤로 물러나오면 A_1은 A_3에게 볼을 패스할 수 있다. 그러나 이러한 패스만으로는 좀처럼 상대방 수비를 무너뜨릴 수 없다. 같은 상황, [그림1-②]처럼 A_2가 중앙으로 위치를 변경하면 A_2에 상대방 선수가 달라붙게 되므로 상대 수비 지역의 측면에서 공지가 생겨 A_3가 여기에 뛰어들며 볼을 받을 수 있다. 즉 A_2가 중앙으로 움직임으로써 공지가 만들어진다.

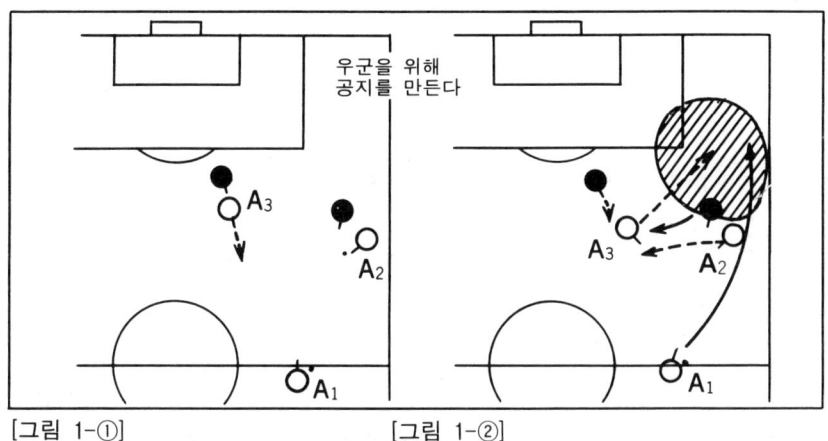

[그림 1-①]　　　　　　[그림 1-②]

③ 볼을 갖고 있는 선수를 지원하라

볼을 갖고 있지 않을 때는 자기가 직접 볼을 받을 태세를 취하는 것도 중요하지만, 다음 패스로 이어질 우군 선수가 있는 곳으로 달려가 지원하는 일을 잊어서는 안 된다.

이처럼 다음 패스가 이루어질 곳으로 볼을 받으러 가는 척 움직이는 것을 '제3의 동작'이라고 하는데, 이런 지원 동작은 빠르면 빠를수록 볼의 연결이 한결 수월해진다. 또 볼을 받는 선수도 패스를 해 줄 곳이 많으면 많을수록 여유를 갖고 경기를 할 수 있다. [그림 2]

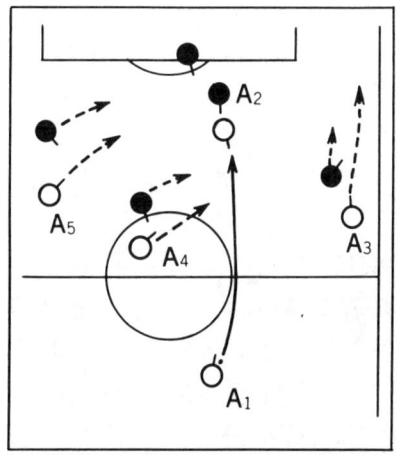

[그림 2]

B. 볼을 컨트롤할 때와 갖고 있을 때

① 볼이 오기 전에 상황을 봐 둔다 (look before)

　기본 전술에 있어서 가장 중요한 것은 주위 사정을 잘 봐 두는 일인데, 패스가 자기가 있는 곳으로 올 때까지의 짧은 순간에 주위를 살펴야 한다. 고개를 돌려서 반대편 측면의 상황을 재빨리 보는 연습은 모든 선수에게 매우 중요한 일로서, 언제나 연습해 두지 않으면 안 된다.

② 볼이 오기 전에 다음 플레이를 생각한다 (think before)

　주변 상황을 살피는 것만으로 충분한 것은 아니다. 우군이나 적의 위치를 머리 속에 넣고 다음 플레이를 어떻게 할까를 생각하지 않으면 안 된다.

　영어로 표현한다면 "think before"가 된다. 'think(생각한다)'로 표현했지만 'image(상상한다)'라는 표현이 더 적절할는지도 모른다. 플레이를 이미 지화해서 이를 연속으로 이어가면 여유로운 플레이를 할 수 있다.

볼이 자기에게 오기 전에 다음 플레이를 생각한다

③ 볼에 되도록 가깝게 다가서서 경기를 하라 (meet the ball)

　볼을 받을 때는 되도록 볼에 다가서서 경기할 것을 잊어서는 안 된다. 영어로는 "meet the ball"이라고 하는데, 볼쪽으로 한걸음 아니면 두 걸음을 더 빨리 다가가 되도록 빨리 볼을 컨트롤하면 배후에서나 측면에서 상대선수가 그만큼 볼을 빼앗아 갈 확률이 적어진다.

　볼이 자기 앞으로 흘러왔을 때에도 한걸음이라도 더 다가서서 볼을 정지시키는 것이 바람직하다.

④ 한번 동작으로 볼을 컨트롤할 수 있도록 작정하고 있어라

　볼을 컨트롤할 때는 다음 동작을 어떻게 할까를 머리 속에 그려 놓고 있어야 한다. 그리고 자기가 가장 경기하기 쉬운 곳에서 볼을 컨트롤함이 중요하다.

　이 때, 볼을 한번의 동작으로 생각해 둔 곳에서 컨트롤할 수만 있다면 더 바랄 것이 없다. 이를 원 터치 컨트롤(one touch control)이라고 한다. 자기가 마음먹은 대로 볼을 컨트롤 못하고 서너 번에 걸쳐 볼을 다루게 된다면 상대방에게 쉽게 빼앗기고 만다.

⑤ 볼을 한 곳에서 오래 갖고 있지 말라

볼을 갖고 있을 때는 갖고 있는 장소에서 오래 시간을 끌면 끌수록 상대방에게 빼앗길 확률이 높다. 패스를 해야 할 상대를 찾느라 여러 번에 걸쳐 볼을 고쳐 갖거나, 자유로운 우군 선수가 있는데도 패스를 멈춰서는 안 된다.

수준 높은 축구에서는 선수 이상으로 볼이 많이 움직인다고 한다. 패스를 빨리하면서 공격하도록 해야 한다.

⑥ 패스하자 곧 다음 플레이로 옮아간다 (pass & move)

선수가 패스를 했다 해서 거기서 자기의 플레이가 끝나는 게 아니다. 패스를 해 준 우군의 선수로부터 패스를 되받는, 이를테면 리턴 패스(return pass)를 받기 위해 움직인다. pass & move, pass & run, pass & go 등은 모두 패스를 하고 난 뒤의 움직임이 얼마나 중요한가를 표현하는 것이다.

[사진]은 패스를 하고 난 뒤 곧바로 다음 동작으로 옮겨가는 것을 말해 주고 있다. [사진]처럼 볼을 찬 다리가 그대로 다음 동작의 첫발이 되도록 한다.

패스를 한 다리가 다음 플레이를 위한 첫 출발이다

Ⅲ. 수비의 기본 전술

A. 볼이 멀리 있을 때

① 볼의 행방을 놓쳐서는 안 된다

볼이 자기가 위치하고 있는 곳으로부터 멀리 있을 때 자기를 마크하고 있는 상대를 놓쳐서는 안 될 뿐만 아니라, 볼의 행방을 놓치지 않도록 주의를 해야 한다.

상대가 공격해 올 때는 시시각각으로 볼의 위치가 변화한다. 그 볼의 위치 변화에 따라 조금씩 수비의 위치를 변화시킨다. 이 점이 수비에 있어 가장 중요한 요소이다.

또 볼을 갖고 있는 선수가 다음 동작을 어떻게 할 것인가를 미리 읽어 자기의 위치를 변경시킨다.

② 수적(數的) 우위를 확보하라

"수비는 조직"이라는 말이 있다. 1 대 1의 승부에서 이기는 것도 중요하지만, 볼을 빼앗기 위해서는 우군 선수들 상호간에 협력하지 않으면 안 된다. 협력해서 수비하는 것 중에 가장 중요한 것은 수비의 최종 방어선에다 상대방에 비해 한 사람이라도 더 많은 선수를 배치해야 하는 점이다.

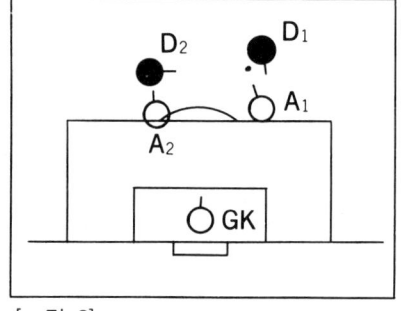

[그림 3]

[그림 3]처럼, 수비측과 공격측이 2 대 2의 상황보다 수비측이 한 사람 더 많은 상황을 만드는 것이 수비의 안전도가 높다. 이를 가리켜 '수적 우위'를 만든다고 한다.

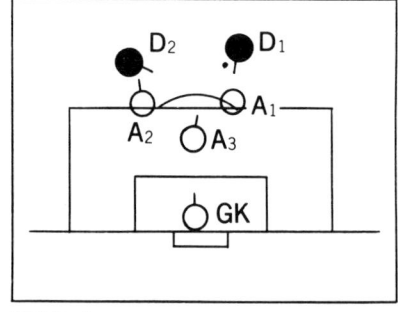

[그림 4]

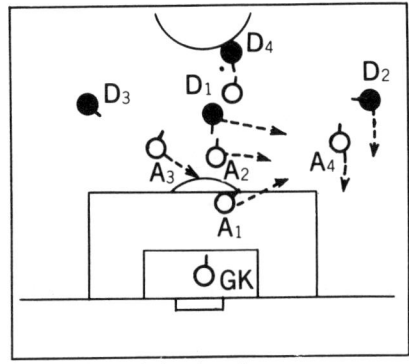
[그림 5] 균형이 나쁘다

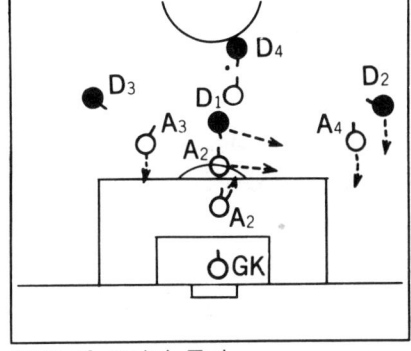
[그림 6] 균형이 좋다

③ 좌우의 균형을 유지해야 한다

수비에 있어서 좌우의 균형을 유지하는 일도 매우 중요하다. [그림 5]처럼 D_4가 볼을 갖고 있는 상황에서 D_1이 수비측의 오른쪽 측면으로 움직였을 때 수비를 하고 있던 A_1, A_2, A_3 모두 오른쪽 측면으로 움직인다면 왼쪽 측면의 수비는 엷어지기 마련이다. 이와 같은 상황에서는 [그림 6]처럼 A_2만이 상대 선수를 뒤쫓고 A_2, A_3는 볼이 어느 측면으로 와도 대처할 수 있도록 위치 선정을 해 놓지 않으면 안 된다. 한쪽 측면에만 선수가 몰려 있지 않도록 후방에 있는 선수가 소리를 내어 지시해 주는 일도 중요하다.

④ 전방과 후방의 균형을 유지토록 하라

좌우의 균형을 확보하는 일과 함께 중요한 것은 전방과 후방의 균형이다. [그림 7]처럼, 수비선에서 전방으로 볼이 날아와 상대진 깊숙이 쳐들어갔을 때 하프진이나 수비진이 공격수들을 지원하게 된다.

그런데 후방에서 공격에 참가하는 수가 너무 많아 최종 수비에서 수적 우위를 유지하지 못하는 일이 없도록 해야 한다.

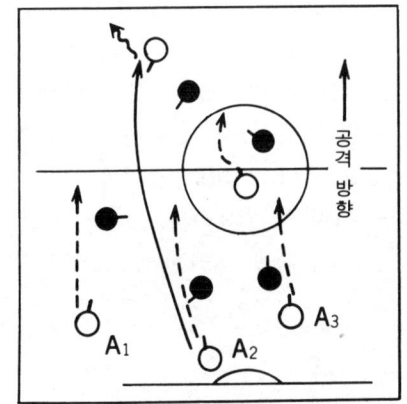
[그림 7] 전방과 후방의 균형을 유지한다

B. 가까운 거리에 있는 볼의 처리

① 볼을 빼앗긴 순간 곧바로 수비를 하라

볼에 대한 압박은 상대 진영 안쪽에 가까울수록 엄중하게 되는데, 인터셉(imtercept ; 공을 빼앗음)이나 태클(tackle ; 공을 빼앗기 위해 몸을 부딪치며 달려드는 동작)에 의해 볼을 빼앗겼을 때는 곧바로 볼을 되빼앗도록 노력해야 한다. 볼을 빼앗긴 순간 볼에 집착하다 보면 빼앗긴 볼을 되빼앗을 수도 있다.

상대 선수가 볼을 빼앗아 공격 채비를 하게 될 때 빼앗긴 볼을 되찾게 되면 뜻밖에도 득점할 수 있는 기회가 되기도 한다. 따라서 볼을 빼앗겼더라도 곧바로 되찾을 생각을 해야 한다.

② 상대방 공격을 되도록 지연시켜라

빼앗긴 볼을 되찾을 수 없더라도 적어도 상대방 공격을 지연시키도록 해야 한다. 상대방의 속공(counter-attack)의 여지를 없애기 위해서이다.

이를테면 [그림 8-①]처럼 A_1에서 A_3으로 가는 종패스가 가로채기를 당한 상황에서는 A_3가 곧바로 D_1이 갖고 있는 볼을 되찾아오기란 어렵다. 이럴 때 D_1이 전방으로 치고 나가거나, 패스를 못하도록 근거리에 있는 선수가 압박을 가할 필요가 있다.

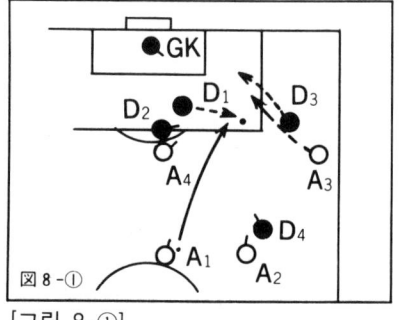

[그림 8-①]
상대편의 공격을 늦추게 한다

[그림 8-②]처럼, 볼에 가장 가까운 A_4가 D_1의 종패스할 길을 재빨리 막으면 D_1은 D_4에 연결하는 패스가 어렵게 된다. 이처럼 공격을 늦추게 하는 수비가 중요하다.

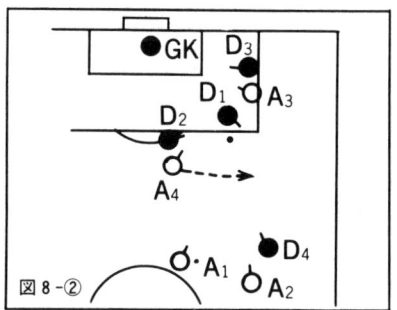

[그림 8-②]

③ 배후로부터 볼을 빼앗으려 달려들라

볼을 갖고 있는 상대 선수에 대하여 우군 선수가 정면에서 볼을 다투는 경우에 적의 배후에 있는 선수가 볼을 갖고 있는 상대 선수에게 부딪칠 기세로 압박을 가한다. [그림 9]에서, 볼을 잡고 있는 D_1에 대하여 A_1의 수비가 D_1의 배후를 압박한다.

④ 우군의 골문에서 가까운 위치에서는 안전 제일을 염두에 두고 경기하라

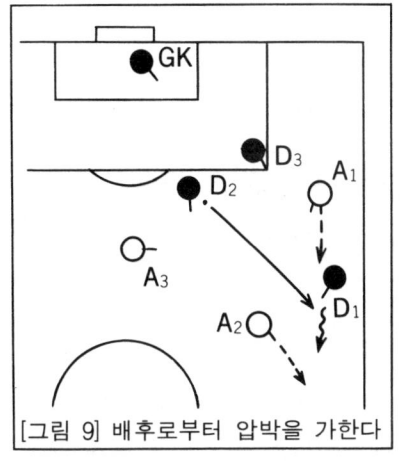

[그림 9] 배후로부터 압박을 가한다

우군의 골문 근처에서 볼을 갖게 되었을 때 가장 주의하지 않으면 안 될 일은 상대 선수에게 간단히 볼을 빼앗기지 않는 일이다. 볼을 빼앗긴 순간 상대 선수에게 슈팅을 허용해서는 안 된다.

그렇기 때문에 골문 근처에서 상대 선수의 볼을 빼앗았을 때는 '안전 제일'을 먼저 마음에 두어야 한다. 자유로운 위치에 있는 우군 선수에게 확실하게 볼을 연결시킬 수 없다면 되도록 전방 또는 측면으로 볼을 길게 차내야 한다.

⑤ 상대 선수의 볼을 빼앗았다면 곧바로 플레이하라

상대 선수의 볼을 빼앗았다 해서 그 자리에서 우물쭈물 볼을 연결시켜 줄 선수를 찾든가, 볼을 컨트롤하느라 시간을 끌면 곧바로 적에 의해 볼을 되빼앗기기 십상이다. 상대 선수가 볼을 빼앗겼다면 곧바로 되찾으려고 달려들게 되므로, 자기 볼을 오래 갖고 있지 말고 곧바로 우군 선수에게 패스하는 게 바람직하다.

자기가 볼을 잡고 앞으로 몰고 나오는 경우란 상대방 선수가 패스하는 것을 가로챘을 때 뿐이다. 기타의 상황에서는 볼을 잡으면 먼저 자기편 선수에게 볼을 보내는 것이 원칙이다.

C. 마크(mark)의 원칙

① 위치 선정의 기본—되도록 상대 선수보다 아군 진영에 가까운 위치에 선다

축구에서 마크(mark)란 상대 선수에게 접근하여 상대방이 자유롭게 플레이를 못하도록 방해하는 행위인데, 상대방을 마크하는 데에는 몇 가지 원칙이 있다. 가장 기본적인 원칙은 상대 선수보다 자기 진영으로부터 가까이 있어야 한다는 점이다.

상대방을 오프사이드 트랩(off side trap ; 고의로 상대방을 오프사이드 벌칙을 범하도록 함정을 파놓는 전술)을 쓸 때 의외로 상대 선수보다 언제나 자기 진영쪽으로 가까이 위치 선정을 하는 것이 기본이다.

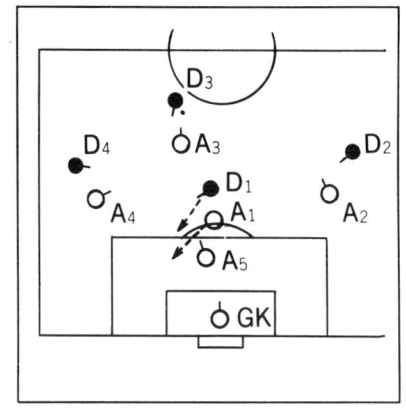

[그림 10] 골문 근처에 위치 선정

[그림 10]처럼, 공격측인 $D_1 \sim D_4$에 대하여 이를 마크하는 $A_1 \sim A_5$가 되도록 골문쪽 가까이 포진해야 수비가 안전하다.

② 마크의 3원칙

수비에 마크의 3원칙이라는 게 있다. [그림 11]처럼, 상대 D_4가 볼을 갖고 있을 때는 D_1, D_2, D_3을 마크하는 A_1, A_2, A_3은 다음과 같은 원칙을 지키는 것이 중요하다.

㈎ 마크하는 상대와 골문의 중심을 연결하는 선상에 위치할 것.
㈏ 볼과 마크하는 상대쪽 모두가 시야에 들어올 수 있는 위치를 차지할 것.
㈐ 마크하는 상대에게 볼이 넘겨졌을 순간 태클이 가능한 지역에 위치할 것.

이상의 원칙을 잘 지키면 수비의 안전도는 훨씬 증가한다.

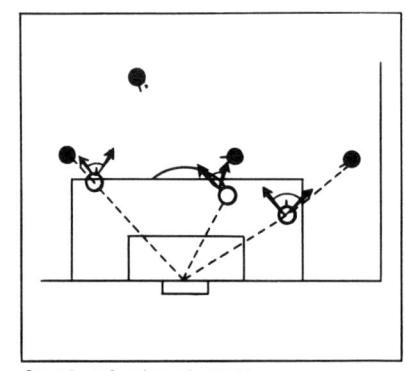

[그림 11] 마크의 원칙

D. 클리어링(clearing)의 법칙

클리어링(clearing)은 수비측의 선수가 골문 앞의 위험 지역에서 볼을 밖으로 길게 내참으로써 공격을 벗어나는 수비의 한 방법이다.

상대의 센터링이나 반대쪽에서 가로질러 오는 볼에 대하여 상대 공격진보다 한 발 앞에서 볼을 밖으로 차낸다. 클리어링을 할 때 지켜야 할 원칙은 ㈎ 되도록 골문에서 멀리 볼을 날려 보낸다, ㈏ 되도록 볼을 높이 차올린다, ㈐ 운동장의 측면을 향해 볼을 찬다 등인데, 이들 원칙은 볼을 되도록 우군의 골문으로부터 멀리 차냄으로써 상대방의 슈팅을 당하지 않으려는 것이다. 특히 우군의 골문 앞에서 패스할 여유가 없을 때는 과감히 클리어링을 하지 않으면 안 된다.

E. 커버링(covering)의 원칙

커버링(covering)이란 자기편 수비진이 실패했을 경우나, 또는 공격에 참가하여 자기편 선수를 지원할 때 후방에서 도와 주는 수비의 방법이다. 수비에 있어서는 자기가 상대하는 선수를 압박할 뿐만 아니라, 우군 선수를 지원하는 일을 소홀히 해서는 안 된다. 일정한 고정 위치 없이 수비와 공격을 하는 리베로나, 공격해 오는 상대 선수의 볼을 멀리 차내는 스위퍼(sweeper)가 있는 팀의 경우는 이들이 주로 커버링을 하게 된다. 그렇다고 다른 선수들은 이들이 커버링을 해 주기 때문에 자기가 마크하고 있는 상대 선수를 풀어 놓아도 좋다는 뜻은 아니다. 자신도 위험 지역에서는 커버링이 필요하다. [그림 12]는 상대와 1 대 1로 맞상대하고 있는 우군편 선수에 대한 커버링의 위치를 보여 준다. 이처럼 2 대 1의 수비에서 수적 우위에 있는 상황에서는 A_1에 도전하는 D_1을 커버하고 있는 D_2는 A_1이 D_1을 정면에서 돌파하든 옆으로 제치든 이를 막을 수 있는 각도를 살려 놓고 있어야 한다. D_1과의 거리는 2~2m로서, 수비가 뚫리는 일이 없도록 한다.

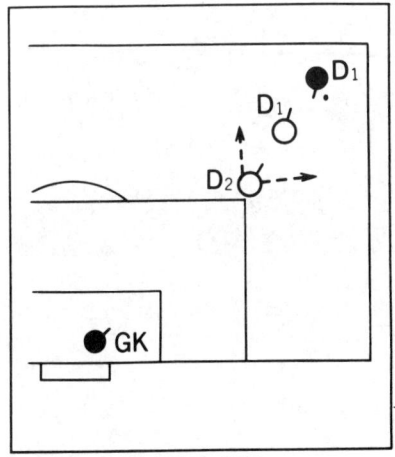

[그림 12] 커버링의 원칙

IV. 공격과 수비의 빠른 전환

A. 코카콜라 플레이어(coca-cola player)가 되지 말라

축구의 각 국면은 언제나 공격과 수비의 반복이다. 우군이 볼을 갖고 있을 때는 공격, 반대로 상대가 볼을 갖고 있으면 수비가 된다. 공격으로부터 수비, 아니면 수비로부터 공격으로 바뀌는 것을 '공수 전환'이라고 하는데, 축구의 수준이 높을수록 그 공수 전환이 빠르다. 반대로 공수 전환이 늦으면 수준 높은 축구 팀이라고 하기 어렵다. 한 외국의 지도자가 공수 전환이 늦은 선수를 가리켜 '코카콜라 플레이어'라고 놀린 적이 있었다. 이는 콜라를 쉬엄쉬엄 마시게 되는 것에 비유한 말이다.

B. 볼을 빼앗겼으면 이를 되뺏아야 한다

축구는 득점을 하고 실점을 않도록 하는 경기이다. 이 목적을 달성하기 위해서는 자기편에서 볼을 갖고 있지 않으면 안 된다. 상대방에게 볼을 주지 않으면 자기편은 실점 위험이 없게 된다. 그러므로 볼을 빼앗겼을 때는 곧바로 되빼앗아 오도록 하는 마음가짐이 있어야 한다.

'수비의 기본 전술'편에서 이미 설명했지만, 볼을 빼앗긴 순간 재빨리 수비가 기민하게 움직여 이를 만회해야 한다. 특히 전방에서 경기하는 선수들에게는 이 공수 전환이 매우 중요하다. 시합중에 명심해 둘 일이다.

C. 공수 전환의 빠름이 승부를 결정한다

공수 전환을 다른 말로 하면 볼을 갖고 있을 때는 전방으로 달려가는 속도, 볼을 빼앗겼을 때는 되돌아 나오는 속도를 말하는 것이다.

전후방으로 얼마나 빨리 움직일 수 있느냐가 시합의 주도권을 잡느냐 못 잡느냐가 결정된다. 공수 전환이 늦으면 공격할 때나 수비할 때 수적 우위를 확보할 수 없다. 수적 우위를 확보하지 못하면 공수 양면에 걸쳐 위기에 몰리는 것은 당연하다. 공수 전환을 빠르게 하는 데에는 의식과 체력이 필요하다.

V. 흘러나온 볼을 빼앗는다

시합중에는 어느 편의 지배 아래 들어갈지 모를 볼이 있는데, 이를 '루즈 볼(loose ball)' 또는 '흐르는 볼'이라고 한다. 이런 볼은 시합중에 꽤 많이 볼 수 있다. 이 볼을 상대방이 잡느냐, 아니면 자기편이 잡느냐에 따라 시합의 흐름이 크게 변화한다.

흘러나오는 볼을 지배하는 팀은 시합을 유리하게 이끌게 되고, 골문 앞에 있는 루즈 볼에 대한 반응의 좋고 나쁨은 곧바로 득점이나 실점에 연결된다.

루즈 볼을 탈취하기 위해서는 언제나 상황 예측을 잘하고, 발을 쉬지 않고 움직이는 게 중요하다. 또 몸을 던지고 날카로운 태클을 할 수 있는 기백이 필요하다.

2. 기본 기술을 갈고 닦음

I. 노리는 곳으로 볼을 찬다 (kick)
A. 볼을 곧고 낮게 찬다 (instep kick)
<키 포인트>

 곧고 낮은 볼을 차게 될 때는 발등(instep)으로 찬다. 이는 강하게 멀리 찰 수 있는 방법이기도 한데, 발목을 쭉 뻗어 찬다. 발목을 뻗어 고정시킨 채 축이 되는 발의 무릎을 구부리고 찬다. 팔을 자연스럽게 벌리면서 몸의 균형을 유지토록 한다.

<연습방법>

 먼저 자기 손에 잡고 있던 볼을 땅에 떨어뜨려 받아 찬다. 벽을 향해 차는 것도 좋고, 파트너를 상대로 연습하는 것도 좋다. 볼을 띄운 상태에서 차는 방법이 인스텝 킥의 감을 익히는 데에 좋다.

<볼을 잡고 차는 법>

발목을 뻗어 볼을 잡는다

무릎 아래에서 날카롭게 발을 뻗는다

B. 볼을 멀리 띄워 찬다 (infront kick)

<키 포인트>

발등의 안쪽으로 차서 볼을 높게, 그리고 멀리 보내는 기술이다. 몸을 약간 비스듬히 하고, 발끝은 차려는 방향으로 향하게 한다. 이 때에 축이 되는 발의 무릎은 구부려서 몸의 균형을 유지토록 한다. 차는 쪽 발의 무릎도 구부려서 무릎 아래 관절을 크게 흔들어 찬다. 몸의 중심은 뒤쪽에 둔다. 코너 킥과 센터링을 할 때 주로 사용하는 차기이다.

<연습 방법>

땅 위에 둔 볼을 벽이나 파트너를 향해 차는 연습을 한다. 뜨는 볼의 감각을 익히기 위해서는 축구 볼보다 가벼운 배구 볼을 사용하면 좋다.

밑둥을 차올리는 킥을 한다

볼을 잡는 방식

C. 뜬 볼을 받아 찬다 (volley kick)

<키 포인트>

날아오는 볼을 땅에 닿기 전에 차는 차기이다. [사진 上]처럼 몸의 정면으로 날아오는 볼이나, [사진 下]처럼 몸의 옆으로 날아오는 볼이나 모두 발등으로 차게 될 때는 먼저 날아오는 볼을 정확히 노려 차는 게 중요하다. 슈팅을 할 때나 공격해 온 볼을 걷어낼 때 자주 활용되는 차기이다.

● 몸의 정면에서 뜬 볼 차기

양손을 벌리고 찰 자세를 취한다   무릎 아래를 뻗어 찬다

● 몸을 옆으로 날려 뜬 볼 차기

양손을 벌려 균형을 유지한다   인스텝으로 볼을 잡는다   곧바로 발을 뻗어 찬다

D. 볼을 강하고 정확하게 찬다 (inside kick)

<키 포인트>

비교적 짧은 거리의 패스나 슈팅에서 활용되는 볼 차기이다. 발의 가장 안쪽을 사용한다. 이 때에 발목이 흔들리지 않게 고정시켜 차는 것이 요령이다. 찬다기보다는 밀어낸다는 편에 더 가깝다.

볼을 잡는 면적이 넓어 정확히 찰 수 있다.

<연습방법>

[사진 右]처럼 먼저 볼을 꽉 잡는다. 그리고 차는 쪽의 다리가 불충분하게 벌린 상태로는 정확성이 부족하다. [사진]처럼 볼을 띄워 놓고 연습을 한다. 뜬 볼로 연습하기가 더 어려운 것은 물론이다.

찰 자세를 취한다

볼의 옆 부분에 발을 댄다

발 안쪽에서 볼을 밀어낸다

발 안쪽으로 뜬 볼을 찬다

이렇게 볼을 잡는다

E. 볼을 꺾어 찬다 (infront kick & outfront kick)
<꺾어차기 연습방법>

볼을 꺾어 찰 때에는 인프론트 킥처럼 처음에는 배구 볼과 같은 가벼운 볼을 사용해서 연습을 한다. 볼의 회전을 붙이는 연습이다. 특히 아웃프론트 킥(outfront kick)은 꺾어 찰 때 적합한 볼차기이다. 발등의 바깥쪽을 사용해서 전방 45° 각도로 틀어 찬다.

● 인프론트 킥　　　　　　　● 아웃프론트 킥

발 안쪽으로 볼을 문지르는 것처럼 찬다　　발 바깥쪽으로 볼을 문지르는 것처럼 찬다

F. 곡예 같은 볼차기 (jump volley kick & over head kick)
<연습방법>

점프 발리 킥(jump volley kick)은 날아오는 볼을 공중에서 받아 차는 것을 말하는데, 축구의 볼차기 기술 가운데 가장 어려운 기술의 하나다. 공중에서 볼을 받아 차는 것이므로 우선 자세가 불안하다. 따라서 상체를 너무 움직이지 말고 찬다기보다 볼에 발을 대는 듯한 감각으로 대처한다. 점프에서 발이 땅에 떨어지기 직전에 볼에 발을 대면 된다. 착지의 감이 좋아졌을 때 비로소 경기장에서 연습한다.

● 뛰어오르며 뜬 볼 차기

뛰어오른 발의 반대쪽의 발을 들어올린다

공중에서 비스듬히 찰 채비를 한다

볼을 잡는다

● 머리 너머로 볼 차기 (over head kick)

반대쪽 발을 든다

뻗은 발로 볼을 잡는다

손으로 땅을 짚고 볼을 머리 너머로 찬다

II. 다음 동작을 하기 쉽도록 볼을 멈추게 한다 (trapping)

―원 터치 컨트롤을 마음에 둘 것―

■ 상대방의 마크가 없는 상태에서 볼을 잡았을 때는 상대방 골문을 향하도록 볼을 다뤄야 한다

흐르는 볼을 멈춰 잡을 때는 자기가 마크당하고 있는지 아니면 자유로운 상태인지를 먼저 살펴야 한다. 만약 자기가 자유로운 위치에 있다면 볼을 멈춘 다음 반드시 상대방 골문을 향하도록 한다.

[아래의 사진]처럼 상대 골문을 등에 진 상태로 볼을 받았을 때는 볼을 원터치로 몸을 틀며 상대 골문을 향하도록 한다.

볼에 다가선다

반쯤 몸을 올려 볼을 건드린다

완전히 몸을 돌려 볼을 몰고 나간다

■ 상대가 달려들면 볼을 빼앗기지 않을 방향으로 몸을 제친다

자유로운 상태에서 볼을 받지 못할 상황이라면 상대가 볼을 걷어올릴 수 없는 방향에서 볼을 다룬다. 따라서 상대 선수가 달려드는 방향을 잘 봐 두었다가 달려드는 반대 방향으로 볼을 컨트롤한다. [사진 右]

볼을 옆으로 뺀다

A. 뜬 볼을 멈춰 다루기 (가슴·넓적다리 등으로)

■ 볼을 정지시킴과 동시에 슈팅

뜬 볼을 다루는 데에는 가슴이나 넓적다리로 받아 놓으며, [사진 左下]에서처럼 곧바로 슈팅을 한다.

[사진 右下]는 넓적다리로 날아오는 볼을 정지시킴과 동시에 슈팅을 한다.

가슴으로 볼을 멈추고 슈팅한다

넓적다리로 볼을 정지시키고 슈팅한다

■ 볼을 정지시킴과 동시에 다룬다

비교적 낮게 날아온 볼을 다룰 때에는 발등이나 발 안쪽을 활용한다. 볼이 발에 닿는 순간 볼의 탄력을 죽인다.

발등으로 볼을 정지시킨다

발 안쪽에서 볼을 정지시킨다

B. 발 안쪽과 바깥쪽을 활용한 볼 다루기

상대가 볼을 빼앗기 위해 달려들 때 볼을 정지시킨 순간이야말로 상대를 따돌릴 기회이다.

[사진 上]처럼 볼을 발 안쪽으로 다루며 몸을 틀면 상대를 제치게 된다. 볼을 좌우 어느 방향으로 다룰 때 [사진 左下]처럼 발 안쪽이나 바깥쪽을 활용하여 볼을 다룬다.

● 발 안쪽으로 볼 다루기

● 발 바깥쪽으로 볼 다루기

C. 발바닥을 사용한다

■ 볼이 땅으로부터 튀어오르는 순간 이를 정지시킨다

뜬 볼이 지면에 닿자 튀어오를 때는 발바닥을 활용한다. [사진 下]처럼, 볼이 날아오는 것을 정면에서 받아 발바닥과 지면 사이에 볼을 정지시킨다. 또 [사진 左下의 右]처럼 발바닥으로 비스듬히 볼을 다룰 수도 있다.

발바닥으로 정면에서 볼을 멈추게 한다

● 발바닥을 이용해서 볼을 옆으로 빼기

몸 안쪽으로 볼을 끈다   몸 바깥쪽으로 볼을 끈다

III. 자유로이 볼을 몰고 다닌다 (dribbling)
A. 볼에 발 대기가 익숙하도록

드리블링은 전혀 자유로운 볼 다루기의 기술이다. 자기가 자유롭게 다루면서 발로 몰고 가는 기술인데, 발끝·발 안쪽·발 바깥쪽·발바닥 등 발의 여러 부분을 활용하여 볼을 목표로 하는 곳까지 몰고 간다.

드리블링할 때 주의할 점은 언제나 드리블링하고 선수 앞으로 2~3m 정도의 위치에 있도록 해야 한다. 볼과의 거리가 너무 멀리 떨어져 있어도, 너무 가까이 있어도 동작을 일으키기가 어렵다. 볼을 내려다보면서 패스나 슛을 할 수 있는 자세를 유지해야 한다.

드리블링은 상대편을 제치는 드리블링, 방향을 이리저리 틀며 하는 드리블링, 드리블링을 하다가 방향을 전환하는 드리블링 등 여러 가지다.

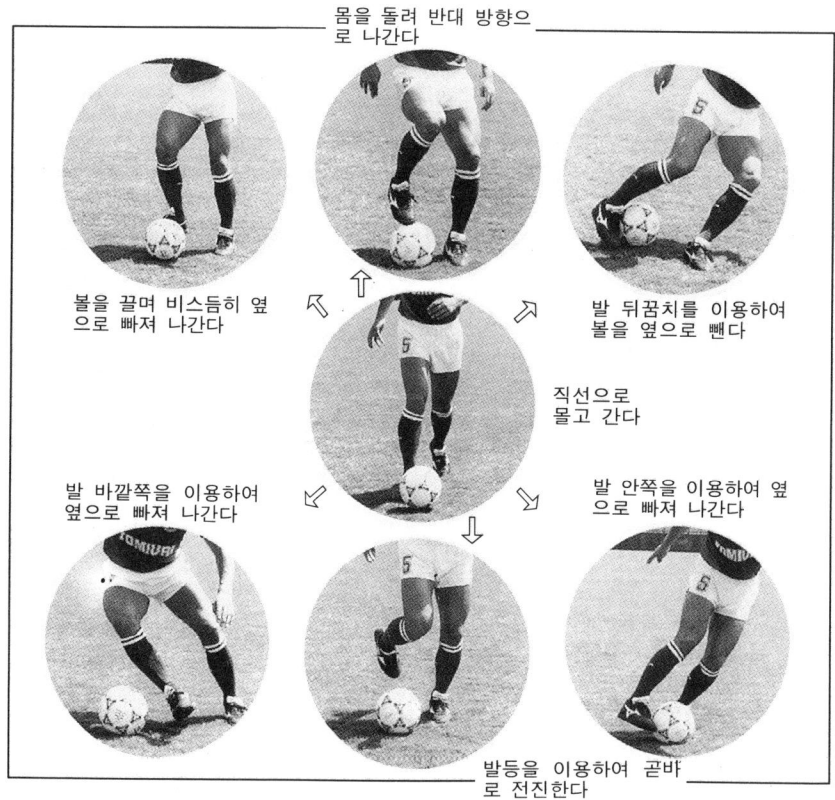

B. 속이는 동작(feinting)을 만든다

■ 정면에서 달려드는 상대 선수를 떼어 놓는다

볼을 빼앗으러 오는 상대 선수를 속이는 동작으로 따돌리기 위해서는 속이는 동작을 우선 익혀 두어야 한다. 페인팅은 드리블링과 마찬가지로 그 자체만으로 독립된 플레이라고 할 수 없다. [아래의 사진]은 페인팅의 한 종류인데, 하나쯤 자기 특유의 페인팅을 익혀 둘 필요가 있다.

재빨리 상대편쪽으로 달려드는 척하다가 한쪽으로 비켜 가는 속임수

한쪽으로 몰고가는 척하다가 반대쪽으로 달아나는 속임수

■ 볼을 지켜야 한다

상대의 압박이 있어 패스를 할 수 없을 때에는 볼을 빼앗기지 않도록 확실하게 지켜야 한다. 볼을 빼앗기지 않고 지키면서 상대방을 따돌릴 기회를 만든다.

[사진 右]처럼, 상대방과 자기 몸 사이에 볼을 놓고 상대로부터 떨어진 바깥쪽 발을 활용하여 볼을 다루며 상대를 따돌리는 기회를 잡는다.

상대의 발과 볼 사이를 비집고 들어간다

Ⅳ. 공중 볼을 딴다 (heading)
A. 뛰어오르기와 몸의 젖힘

헤딩(heading)은 축구 특유의 기술이다. 볼이 닿는 곳은 이마 부분이다. 날아오는 볼을 이마로 받아 상체를 이용한 반동으로 일정한 곳으로 볼을 보낸다. 볼이 이마에 닿는 순간은 머리를 흔들어서는 안 된다. 목에 힘을 주어 고정시켜야 한다. 상체를 이용하여 그 반동으로 볼을 보낸다. 이를 위해 평소 목의 근육을 튼튼히 해 둘 필요가 있다. 무릎은 구부린 채로 두고 전신의 균형을 유지하여, 이마에 볼이 닿으면 볼이 날아가는 방향을 지켜본다. 이 때에 눈을 감아서는 안 된다.

[사진 左下]는 턱을 안으로 잡아당기면서 발과 상체를 앞으로 내밀며 볼을 머리로 받는 헤딩의 보기이다. [사진 右下]는 상체를 구부렸다가 펴면서 이마로 볼을 받는다. 이 때 다리를 앞뒤로 벌려 균형을 취한다.

B. 공중 볼을 기다린다

헤딩을 서로 다투게 될 때는 볼의 낙하 지점에 먼저 가 있어야 하는 게 중요하다. 그래서 상대방보다 조금 빠른 타이밍으로 뛰어올라 공중에서 볼을 머리로 받는다. 체공 시간이 길면 더욱 유리하다.

뛰어올라서 하는 헤딩(점프 헤딩)

C. 옆에서 날아오는 공중 볼을 다툼

골문 앞에서, 옆에서 날아오는 센터링을 슈팅으로 연결하든가, 반대로 센터링되어 오는 볼을 걷어낼 때 먼저 상대방의 위치를 살피며 자기의 위치 선정을 한다.

슈팅할 때는 언제나 상대의 시야에 들지 않을 곳으로부터 돌진하든가, 앞으로 나가는 척하다가 뒤로 돌아가 위치를 잡는다.

골문 앞에 날아오는 볼을 걷어내려면 상대방의 몸을 부딪치면서 헤딩을 한다.[사진 右]

공중 볼을 향해 헤딩으로 다툼

V. 던지기를 살린다 (throwing)

A. 파울 드로잉(faul thrawing)을 하지 않도록

드로잉은 볼이 옆줄 밖으로 나갔을 때나, 골키퍼가 볼을 손으로 자기편에게 던져 주는 것을 말한다.

그런데 드로잉을 할 때 잘못하여 파울(벌칙)을 범하는 경우가 있는데 주의를 요한다. 볼을 던지면서 발이 지면에서 떨어지든가, 볼이 머리 위를 통과하지 않고 던져지면 파울 드로잉이 되어 실격된다. 즉 상대편의 던지기 공격이 되어 버린다. 그뿐만 아니라 터치 라인(옆줄)을 밟고 던지든가, 너무 떨어져서 던져도 파울이 된다.

다리는 양쪽을 가지런히 벌리며 던져도 되고, 앞과 뒤로 벌리고 던져도 된다. 던지는 방법에는 개인차가 있기 때문에, 파울이 아니라면 어떻게 던져도 무방하다.

B. 우군 선수가 만들어 낸 공지에 볼을 던진다

드로잉할 때는 상대에 의해 마크당하면서 볼을 받아야 하는 경우가 많다. 그럴 때는 속임 동작으로 상대의 반대편에서 볼을 받도록 하든지, 우군 선수가 움직여 만들어 낸 공지에서 볼을 받도록 한다. [사진 下]

 ⇨  ⇨

제 5 장
축구선수가 지녀야 할 마음의 요소

생각함이 없이
직감으로 경기를 할 수 있도록 하라.

펠레의 아버지
돈디누요

1. 선수의 정신력(mentality)

A. 축구선수가 지녀야 할 요소

축구선수의 성장을 생각할 때, 선수는 어떤 요소를 갖추어야 할 것인가를 알아두는 것이 매우 유익하다.

기본적으로 축구선수에게 필요한 요소는 [그림 1]에서 보여 주는 것과 같다. 이를테면 킥·헤딩·드리블링과 같은 기술(technique), 공격과 수비를 원활히 하기 위한 전술(tactics), 정력과 스피드를 뜻하는 체력(physical fitness), 그리고 가장 기본적이기도 한 정신적 요소(=정신력 ; mentality)의 네 가지이다.

이들 4요소 중에서 어떤 것이 가장 중요한 것인가에 관해 순서를 정할 수는 없다. 어떤 요소도 똑같이 중요하기 때문에 어느 하나의 요소가 결여되어 있다면 축구선수로서 일류가 될 수 없다. 각 요소를 균형 있게 뻗어 나가게 하는 것이 매우 중요하다.

이 장(章)에서는 축구선수로서 필요한 요소 중 특히 정신력에 초점을 맞추어 그 중요성을 살펴본다.

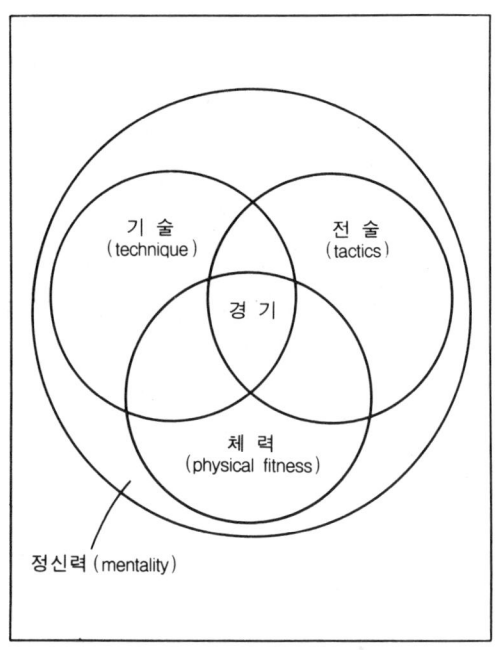

[그림 1] 축구선수에게 필요한 요소

B. 축구는 정신력 만들기에 도움이 되는가

자녀에게 스포츠를 시키고저 하는 부모들의 동기는 스포츠를 통해서 건강한 몸을 만들고, 정신적으로도 단단한 자녀로 자라도록 하자는 마음이 가장 크다.

이는 스포츠가 강한 육체와 함께 강한 정신을 형성하는 데에 도움이 될 것이라는 발상에서 비롯된 것이다. 그러나 스포츠가 과도하면 스포츠 장해와 같은 마이너스면을 가져오게 되고, 스포츠 활동중에 생기는 스트레스 때문에 정신장해를 일으키기도 한다. 스포츠는 하기에 따라서 플러스도 되고 마이너스도 된다. 즉 스포츠는 심신의 건전한 발달을 가져오게 하는 '양쪽 날의 칼'이 된다. 축구도 예외는 아니다. 덮어놓고 운동을 하는 것이 좋다는 것이 아니라, 그 하는 방법이 문제이다.

C. 성공하느냐 못하느냐는 정신력에 달려 있다

축구선수의 성장 과정을 보면 고교생 때까지는 주목을 받은 우수선수로 알려진 선수가 대학생 연대쯤에 갑자기 성장이 멈추는 경우가 있다. 대부분의 원인은 정신적인 면, 즉 정신력의 문제이다. 자기 자신이 자기를 관리하며, 자신의 성장을 꾀해야 할 연령에 이르러 정신적인 면에서 나약함이 드러난 것이다.

어른이 되어 성공하기 위해서는 가족, 살고 있는 지역 사회, 지도자들과의 관계가 밀접한 가운데 어느 만큼 자립심을 스스로 키우느냐에 달려 있다. 축구선수는 기술이나 전술, 그리고 체력면만이 아니라 눈에 보이지 않는 정신력을 단련시키는 일이 무엇보다도 중요하다.

2. 자기와의 싸움 (challenge)

A. 목표 없이 도전 없다

 스포츠 분야에서 성공한 사람들의 대부분은 자기는 재능을 갖고 태어나지 못했다고 말한다. 축구와 같은 스포츠에서 성공하려면 체격·체력·운동신경 등에서 뒤떨어져서는 불리한 게 사실이지만, 선천적으로 우수한 요소를 갖고 태어났다 해도 기본적으로 노력에 노력을 거듭 쌓아가지 않으면 성공하지 못한다.
 타고난 재능보다 노력이 중요하다. 노력을 지속시키는 것이 바로 도전인데, 하고저 하는 도전은 성공의 길에 없어서는 안 될 요소이다. 그리고 하고저 하는 도전은 목표를 세우는 데에서 비롯된다.

B. 하고저 하는 도전의 근원

 욕구와 요구의 낱말 뜻은 영어에서는 'need' 또는 'want'로 표현된다. 사전을 찾아보면 욕구나 요구의 말뜻 외에 '결핍'이라든가 '부족'이라는 뜻도 함께 나와 있다. 이는 욕구나 요구의 근원에는 결핍과 부족이 있다는 뜻이다. 목표에 대해 자기가 현재 가지고 있는 힘이 얼마만큼 모자라고 있는가를 자각하는 것이 곧 도전을 불러일으키게 되는 근원이 된다.

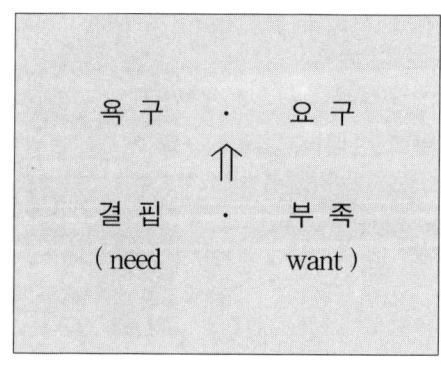

C. 투지와 자제력

축구선수로서 크게 성장하려면 기술·전술·체력과 같이 눈에 띄는 요소뿐만 아니라 심리적 요소를 단련시켜야 한다. 어렸을 적에는 그렇게 대단했던 선수가 어른이 되어서 전혀 돋보이지 못하는 선수라면 정신적인 면에서 문제점을 안고 있는 것이다.

'뻗어나는 선수'에 있어서 불가결한 정신적인 요소는 두 가지가 있다. 투지(fighting spirit)와 자제력(self-control)이 그것이다.

투지는 스스로 자기의 기분을 고취할 수 있는 능력을 말하는 것인데, 이러한 능력과 함께 지기 싫어하는 사람은 곧 뻗어날 수 있는 사람이라고 해도 좋을 것이다.

자제력도 '뻗어나는 사람'을 위해서는 매우 중요하다. 훈련·영양·휴양을 균형 있게 취하려면, 즉 베스트 컨디션을 유지하려면 제 기분을 스스로 안정시킬 수 있는 능력이 있어야 한다. 이러한 선수가 가장 기대할 수 있는 사람이다.

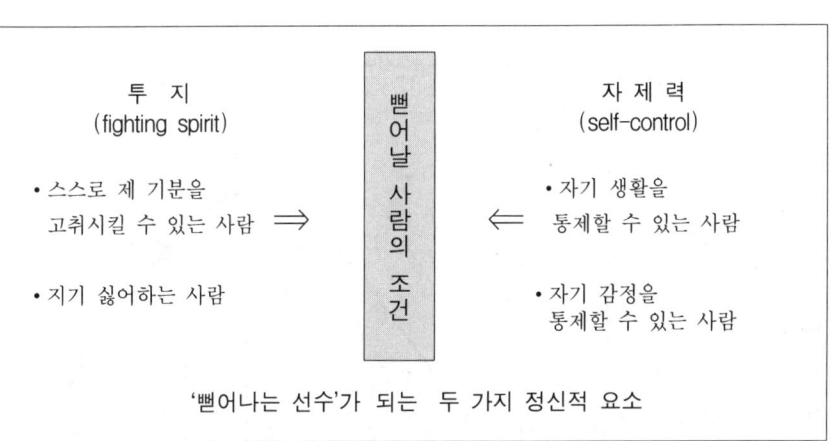

'뻗어나는 선수'가 되는 두 가지 정신적 요소

3. 압박감을 이겨낸다

A. 긴장은 자연스러운 것

큰 시합을 앞두고 있으면 어느 누구든 심리적 압박을 받게 된다. 이 시합에 이기기만 하면 우승하게 된다고 할 때 긴장하지 않는 선수는 없다.

인간이 어떠한 활동을 하게 될 때 긴장은 절대로 필요하며, 또 긴장 없이는 좋은 활동을 기대하기 어렵다. 긴장이란 흔히 마이너스라고 생각하기 쉽지만, 긴장 그 자체는 마이너스에도 플러스에도 아울러 작용한다. 과도한 긴장이 곧 마이너스인 것이다.

B. 적당한 긴장은 좋다

그러면 어느 정도의 긴장이 좋을까. 긴장과 경기력의 관계를 보면 [그림 2]에서 볼 수 있는 것처럼 긴장감이 너무 얕아도 경기력이 좋지 않고, 또 반대로 너무 높은 긴장감도 경기력에는 좋지 않다. 모두 경기력이 떨어져 있음을 보여 주고 있다. 중등 정도의 긴장이 가장 좋다.

그렇기 때문에 긴장이 지나치다고 생각될 때는 긴장을 풀도록 하고, 반대로 긴장감이 너무 없으면 긴장을 높이도록 해야 한다.

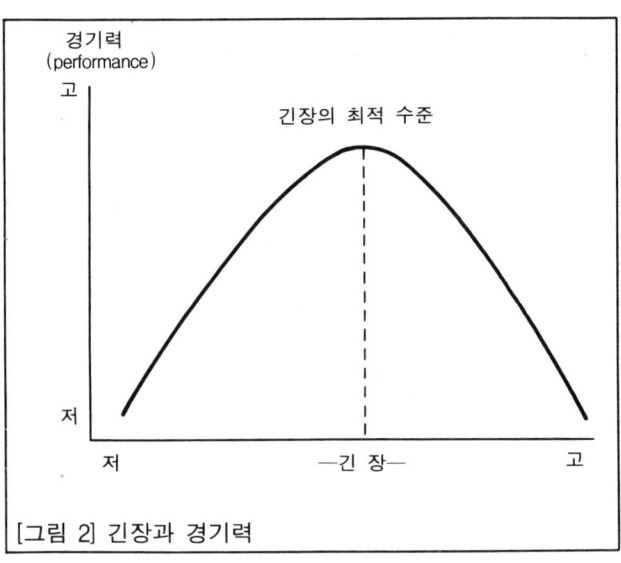

[그림 2] 긴장과 경기력

C. 승률 100%의 발상은 마이너스

자기가 가장 컨디션이 좋을 때의 긴장상태를 유지하는 것이 중요하다. 일반적으로 과도한 긴장으로 평상시의 실력을 발휘하지 못한 상태를 '들뜬 상태'라고 하는데, 그 원인은 승패에 관한 생각이나 발상에 있어 지나치게 부담을 지기 때문이다. 시합에서 들뜨기 쉬운 사람들이란 어떻게 하든 이기지 않으면 안 된다, 이긴다는 것 아니고는 시합은 아무런 가치가 없다고 생각하는 경우이다. 이들은 언제나 승률 100%를 목표로 하고 있는 사람들이다.

이와 같이 사람들은 이긴다는 것을 생각하고는 있으나 동시에 이기지 못하면 어떻게 될까, 만일 진다면 어떻게 될까를 아울러 생각한다. 즉 결과에 대해 신경을 쓰는 나머지 원치 않을 결과에 대해 미리부터 겁을 내고 있는 것이다. 이와 같은 생각에 젖어 있으면 평상시의 실력도 발휘하지 못하고 시합을 망치고 만다.

먼저 자신이 최선을 다하는 것이 중요하다. 승리란 최선을 다한 뒤에 오는 것이라고 생각하는 게 좋다.

D. 승률을 높이려면

시합에 있어 최선을 다한다는 것이란 상대의 힘 또는 전력을 연구하여 상대방에 이기려면 어떻게 하면 좋을까를 생각하는 일이다. 그러고 난 뒤 자기가 짜 놓은 작전 또는 팀의 전술을 충실히 실행에 옮기는 것이다. 이긴다는 것 그 자체에 의식을 집중시키는 것이 아니라, 이기기 위해 짜 놓은 전술에 의식을 집중한다. 이것이 바로 선수들이 해야 할 바다. 최선을 다해 이기면 최고이지만, 패했어도 후회가 없다는 마음으로 선수 생활을 하는 것 역시 중요하다.

그리고, 상대 팀의 전력과 자기 팀의 전력을 객관적으로 비교한다. 냉정한 분석으로 승률이 4할 정도일지라도 노력 여하로 승률은 5할에 가깝게 되고, 다시 더 노력하면 6할이 된다는 생각으로 매일 연습에 정진해야 한다. 이렇듯 적극적 발상을 하게 되면 심리적 압박감으로 괴로워하지 않게 될 것이다.

4. 정신 훈련법 (mental training)

A. 기본적인 방법

정신훈련이란 긴장 상태를 조절, 자기의 최고력을 발휘할 수 있도록 개발된 심리적 프로그램을 말한다.

정신훈련법은 연구자에 따라 서로 다른데, 일반적으로 다음 세 가지의 훈련을 포함한다.
① 의식 상태를 변화시키는 훈련
② 이미지화 훈련
③ 암시

B. 먼저 이완(relaxation)부터

정신훈련을 하려면 먼저 몸과 마음의 이완으로부터 시작한다. 그런데 근육이 긴장되어 충분히 이완되어 있지 못하면 이미지화 훈련은 효과가 없다. [사진 下]처럼 의자에 걸터앉아서, 또는 누운 자세에서 몸의 각 부위의 근육을 이완시킨다. 머리 부위, 수족, 어깨, 복부의 근육을 차례로 이완시켜 간다.

이완 상태가 되면 그 다음의 이미지화 훈련이 보다 쉽게 이루어진다.

의자에 앉아 이완시킨다

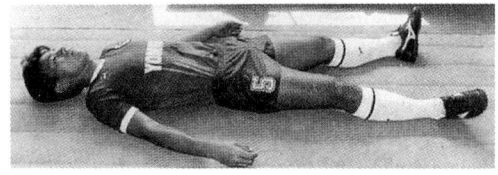

누워서 이완시킨다

이완시키는 여러 방법

C. 호흡으로 정신을 안정시킨다

근육 이완은 이완시키려는 근육을 의식하며 "쉬엇" "쉬엇"하고 암시를 건다. 처음에는 긴장과 이완의 차이를 이해하기 어려우나, 훈련에 의해 이완의 기술을 몸에 익히게 된다.

이완 과정을 마치면 이번에는 호흡법으로 심리면의 안정을 꾀한다. 코로 천천히 들숨을 뱃속 깊이까지 들이마셨다가 잠시 멈춘 뒤에 입을 통해 천천히 날숨을 내쉰다. 이런 방법을 되풀이하게 되면 안정을 얻을 수 있다.

D. 경기 장면을 이미지로서 그려 본다

이완법과 호흡법에 의해 심신 모두 착 가라앉은 상태가 되면 이번에는 이미지 훈련에 돌입한다. 어떤 이미지를 떠올리느냐 하는 것은 목적에 따라 달리하는데, 자기가 이상적이라 생각하는 경기 장면, 또는 안정된 심리 상태로 있는 장면을 떠올린다.

기술 향상을 목적으로 이미지 트레이닝을 할 때에는 그 기술, 예를 들어 볼을 찰 때 근육이 어떻게 움직이는가에 이르기까지 이미지화한다.

전술면에서도 이미지화하는 것이 중요하다. 자기의 역할을 잘 생각해 두었다가 운동장에서 자기가 어떻게 움직이고 어떻게 경기를 할까, 예측할 수 있는 경기 장면을 이미지화한다.

경기장의 분위기나 시합 전 자기의 심리를 이미지화하는 것도 감정을 조절하는 데에 도움이 된다. 한 차례 이미지 가운데 긴장 장면을 경험하게 되면 실제로 뜻밖의 안정된 기분에 처하게 된다.

5. 승패에 대한 올바른 태도

A. 최선을 다한 끝에 승리가 있다

정신적 안정은 결과를 생각하지 않고 오직 과정에 전력을 다하겠다는 마음가짐에 의해 얻어진다는 점을 앞에서 설명했다. 승리란 어디까지나 최선을 다한 끝에 얻어진다.

그러면 최선이란 무엇인가? 간단히 말하면 평상시 연습하던 것을 시합에서 살리도록 힘쓰는 일이다. 자기 실력의 절반밖에 발휘하지 못한 가운데 시합이 끝나고 말았다는 일이 없도록 최선의 준비를 해 두는 것이다.

무릇 최선을 다하겠다 싶으면 무계획적인 연습을 하지 않게 될 것이다. 자기에게 있어서는 어떤 연습을 해 두면 좋을까, 자기의 특징을 살릴 연습은 어떤 것이 되어야 할까 등 승리하기 위한 연습과 아울러 자기 실력 향상을 위한 훈련도 병행하지 않으면 안 된다.

연습을 되는 대로 하게 되면 시합에 있어서 최선을 다하기 어렵다. 투지를 가지고 최선을 다하도록 노력할 때 운도 따라붙는다.

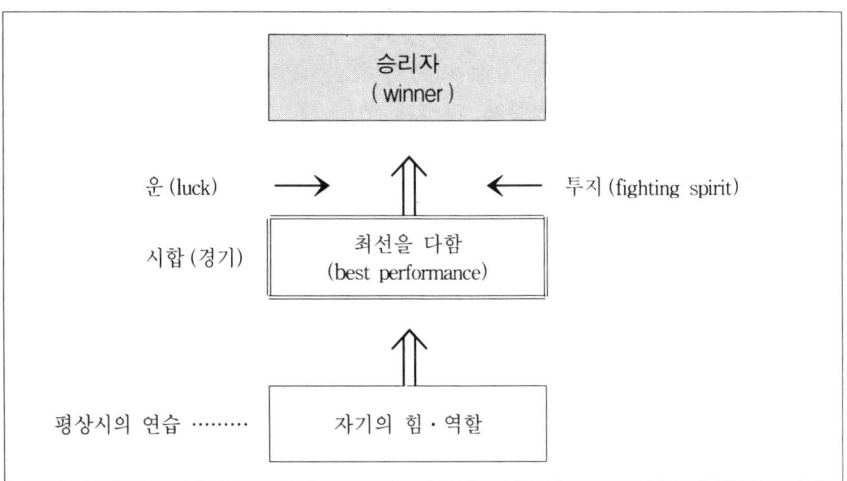

[그림 3] 승리 추구의 방법

B. 승리만으로는 만족하지 않는다

승리만을 제일 목적으로 한다면 모든 스포츠는 승리만을 손에 넣으면 끝나는 것인가. 단지 이기는 것만으로는 충분치 않다. 이기는 방법에는 여러 가지가 있다.

페어 플레이로 이긴다, 좋은 경기로 이긴다, 볼을 지배함으로써 이긴다 등등 승리하는 방법에도 여러 가지가 있다.

"이기면 충신, 패하면 역적"식의 발상이 아닌 "good game(좋은 경기)"을 통해 승리한다는 목표를 정해 둘 필요가 있다. 시합에 대해 이렇다 할 준비가 없었음에도 우연히 승리할 수 있었다는 경우도 적지 않으나, 그러한 승리에 대해 만족하지 않는 태도가 바람직하다.

C. 승리의 맛도 여러 가지

1964년 도쿄 올림픽에서부터 1968년 멕시코 올림픽에 걸쳐 일본 축구를 지도한 바 있는 데트말 크라마 씨는 다음과 같은 말을 남겼다.

"Der Sieg über uns selbst ist der höchste Sieg."

이는 "자기 자신과 싸워 이기는 것이야말로 가장 위대한 승리"라는 뜻이다. 스포츠와 씨름하고 있는 사람들은 여러 면에서 자기 관리를 하지 않으면 안 된다. 상대방을 이기기 위해서는 먼저 자기를 이겨야 하는 자기 관리가 필요한 것이다. 훈련·영양·휴양 등의 세 가지 요소는 선수 생활을 계속하는 동안 매우 중요한데, 이들 3요소가 균형을 유지해야 한다. 각각의 양과 질, 그리고 타이밍을 고려하여 자기가 최상의 컨디션에 이르도록 관리를 한다. 이는 선수에 있어서 매우 어렵고 고통스런 싸움이기도 하다. 이런 싸움에 이겨 최선을 다했다면 설사 결과가 좋지 않다 하더라도 후회할 까닭이 없다.

D. 져서 창피함을 알면 성장한다

무릇 운동 경기에서는 이기기도 하고 지기도 한다. 스포츠의 역사를 보면 언제나 승리자였던 사람은 없다. 누구든지 패한 경험을 갖고 있다. 흔히 진다는 것을 부끄러운 일이라고 생각하게 되는데, 훈련을 할 때 손을 빼고 있었기 때문에 패했다면 부끄러운 일이지만, 그렇지 않고 전심전력을 다하여 훈련을 했음에도 패했다면 부끄러워할 일이 못 된다. 중요한 것은 자기가 최선을 다했느냐 못했느냐에 있다.

운동 경기는 본질적으로 지기도 하고 이기기도 하는 것이므로, 졌을 때의 태도는 그 사람의 인간성이나 사고방식을 반영한다. 졌을지라도 의연한 태도를 무너뜨리지 않고 승리자를 추켜세울 줄 아는 선수가 되지 않으면 안 된다.

E. 지고서도 자기를 부정 말라

시합에 들어가기 전까지는 강팀, 약팀이 따로 없다. 시합에서 이긴 팀이 강팀인 것이다. 만일 시합에 졌다 해도 앞서 말한 것처럼 의연한 태도를 유지하지 않으면 안 된다.

졌을 때 자포자기에 빠지는 일이야말로 선수로서는 부끄러운 일이다. 졌을 때 결과가 나빴던 것을 놓고 "내가 지금까지 무엇을 해 왔지"하고, 스스로 지금까지의 과정을 전면 부인하는 경우가 있다. 결과가 좋지 않기 때문에 자기가 전력을 다해 부딪쳐 온 과정을 모두 부인하려는 것이다. 자주 있는 일인데, 이러한 사고방식으로는 발전이란 없다.

결과가 나빴을 때 후회하게 되는 사람은 과정에 있어 전력을 다하지 않았던 사람이다. 평상시 훈련을 적당히 한 사람은 자기의 훈련에 대한 태도를 크게 반성하게 된다. 과정을 무엇보다 중요시 여겼던 사람은 결과가 좋지 않아도 낙담하지 않는다. 이런 사람은 어디까지나 과정이 만점이기 때문이다.

과정과 결과의 관계

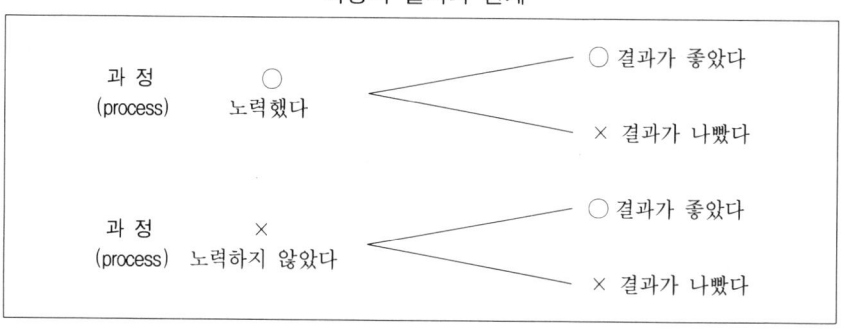

F. 자존심을 잃지 않는 사람이 다음 번에는 승리한다

전심전력으로 훈련을 해 온 사람, 과정을 중요시하는 사람은 결과가 나빠도 자기를 부정하지 않는다. 1988년 서울 올림픽 육상 100m 결승에서 칼 루이스는 벤 존슨에게 패했는데, 그때 그의 논평이 인상적이었다.

"결과에 대해서는 매우 아쉽다. 그러나 나는 최선을 다했다. 어찌할 수 없는 노릇이다." 패했어도 자부심을 잃지 않으려는 그의 심사를 알 수 있다. 과정을 부정하지 않고 자부심을 잃지 않는다면 노력한 과정은 다음 기회로 이어지기 마련이다.

이와는 반대로, 실패했을 때 그 과정까지도 부정하는 사람은 처음부터 다시 시작해야 한다. 이런 사람은 실패가 성공의 양식이 되지 않는다. 실패할 때마다 같은 곳에서 다시 시작해야 하므로 과정이 쌓여 가지 못한다. 실패하고서도 의연한 태도를 잃지 않는 사람, 자부심을 잃지 않는 사람이 다음 번의 승리를 얻어낼 수 있다.

6. 정정당당한 마음갖기

A. 사람을 감동시키는 시합

아래의 [그림 4]는 데트말 크라마 씨가 승리자의 요소를 표시한 내용이다. 축구선수에게는 기술·전술·체력의 3요소가 불가결한 것이지만, 승리자가 되기 위해서는 투지, 그리고 페어 플레이 정신이 필요하다.

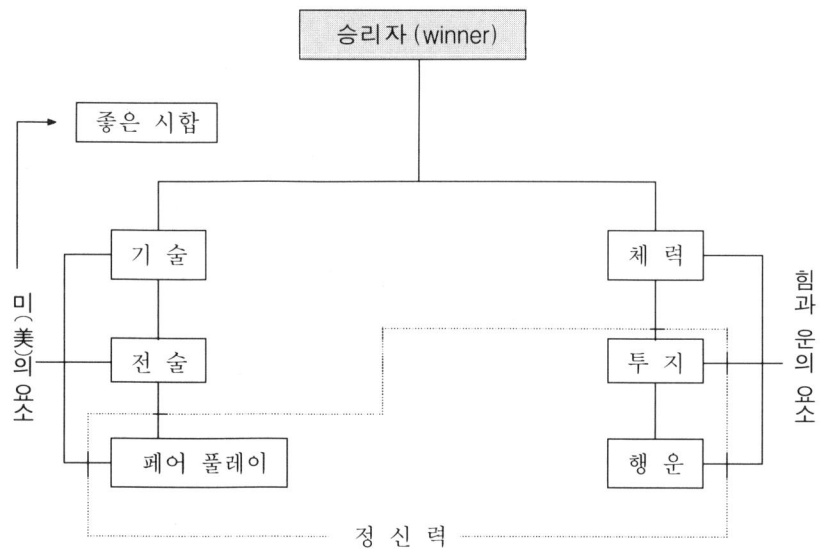

[그림 4] 데트말 크라마 감독이 말한 승리자의 요소

시합을 하게 되면 이기려 한다. 그리고 좋은 시합을 통해 이기려 한다. 더욱이 사람들을 감동시킬 시합을 통해 이기고 싶어한다. 이것이 선수들의 궁극적인 바람이다. 관객도, 시합을 하고 있는 선수도 감동할 만한 시합이라면 더 이상 무엇을 바라랴.

그런데 사람을 감동시키는 시합은 이른바 깨끗한 시합이 아니라면 절대 불가능하다. 선수로서 이상적 시합을 하려면 가장 필요한 요소는 페어 플레이 정신이다.

B. 상대방을 존중할 것

페어 플레이 정신이란 무엇일까? 규칙을 잘 지키고, 심판의 판정에 복종하는 것은 기본이다. 심판에게 항의하느라 시합이 중단된다. 이런 장면이 여러 번 되풀이되면 사람들은 감동하기보다는 뒷맛이 쓰다는 생각을 갖게 된다. 심판의 판정 때문에 시합의 흐름이 중단되곤 하는데, 어떠한 불리한 판정이 있어도 심판이 없으면 시합은 진행되지 못한다는 것을 선수들은 자각해야 한다.

또한, 상대 팀의 선수가 없으면 시합은 성립이 안 된다. 상대가 있으므로 자기는 시합을 할 수 있다는 인식을 갖고 있어야 한다. 상대를 존중하고 심판을 존중하는 것이 페어 플레이 정신의 기본이다. 그러나 싸울 의지가 없다면 상대방에게 오히려 실례가 된다. 투지를 잃지 않아야 하는 것도 페어 플레이의 하나다.

C. 시합이 끝났으면 악수를!

시합중에는 서로 이기기 위하여 불꽃이 튄다. 이기기 위하여 몸을 던져 전력을 다한다. 투지를 가지고 격렬하게 시합을 하지 않으면 안 된다.

그러나 시합 종료의 호루라기가 울리면 투지는 필요치 않다. 아무리 아쉬운 시합이었다는 기분이 들더라도 시합이 끝나면 상대방 선수와 악수를 하며 서로 잘 싸웠음을 표하는 것이 필요하다. 시합에 졌다고 해서 상대방의 내민 손을 잡아 주지 않고 묵살하는 일이 있어서는 안 된다. 이러한 선수는 상대방 선수로부터 경멸을 당할지언정 결코 존경을 받지 못하게 된다.

선수에 대해서 뿐만 아니라 심판의 노고도 잊어서는 안 된다. "노 사이드(no side)"라는 말이 있는데, 이는 럭비시합에서 뿐만 아니라 축구시합에서도 되새겨 볼 정신이다.

제 6 장
베스트 컨디션을 가지려면

축구장에서의 싸움은 때때로 인생의 싸움을
생생하게 옮겨 놓은 것이다.

프란츠 베켄바우어

1. 생활 리듬을 확립한다
(영양·휴양·훈련)

I. 규칙 바른 생활

베스트 컨디션을 확보하기 위해서는 먼저 자기의 생활을 규칙 바르게 해야 한다. 영양·휴양·훈련은 베스트 컨디션을 유지하는 데 있어서 3대 기둥이다. 훈련 시간에 맞추어 식사 시간을 정하고, 취침 시간을 바꿀 필요가 있다.

이와 같은 스케줄을 관리하기 위해서는 스스로 1주간 또는 하루의 생활 리듬을 확립해 두는 일이 중요하다. 불규칙적인 생활은 신체뿐만 아니라 심리면에도 영향을 미치게 되므로 주의를 해야 한다.

훈련이 오후 2시부터 시작된다면 적어도 3시간 전에 식사를 해야 한다. 지방분이 많은 음식물을 피하고, 탄수화물을 중심으로 한 식사를 섭취토록 한다. 취침 시간, 기상 시간을 미리 정해 두어야 함은 물론 최저 8시간의 수면 시간을 확보해야 한다.

II. 영양·휴양·훈련의 균형

생활 리듬을 확립하기 위해서는 무엇보다 스스로 관리를 해야 한다. 자주 시간 관리라는 말을 하지만, 시간은 관리되지 않는다. 관리를 한다면 자기 자신을 관리한다는 뜻이다.

영양·휴양·훈련의 3요소간에 균형을 유지토록 한다는 것은 가장 기본적인 자기 관리에 속한다. 영양만을 취해서도 안 되고, 휴양만을 취해서도 안 된다. 훈련이 매우 중요하지만, 훈련만 하고 영양·휴양이 부족하게 되면 베스트 컨디션은 확보되지 않는다.

A. 영양과 훈련

운동 선수로서 영양에 관해 기본적인 지식을 갖는 것은 훈련에 관한 지식을 갖는 것과 마찬가지로 중요하다. 더욱이 하드 트레이닝(hard training ; 맹연습)을 하는 선수에 있어서는 영양면에 대해 충분한 배려가 있어야 한다.

먼저, 식사량에 대해 배려해야 한다. 아침 식사는 1일 활동의 에너지원이 되므로 충분한 양을 섭취토록 한다. 토스트와 커피만으로 식사를 대신하는 것은 좋지 않다. 또한 식사의 질도 당연히 고려해야 한다. 단백질·탄수화물·지방·비타민·미네랄 등 몸에 필요한 영양소를 골고루 섭취토록 한다. 여기에는 또 식사 시간을 어느 때로 하느냐가 중요한데, 훈련 시간을 기준으로 정하도록 한다.

B. 휴양과 훈련

운동을 하게 되면 피로가 축적된다. 그 피로를 빨리 회복시키려면 충분한 휴식을 취해야 한다. 특히 하드 트레이닝을 하고 난 뒤에는 사후 운동인 쿨링 다운(cooling down)을 충분히 하고, 8시간 이상 수면을 취하도록 한다. 단지 8시간의 수면을 취하는 것이 아니라, 숙면을 할 수 있도록 배려해야 한다. 숙면을 방해하는 환경이라면 그것을 바꾸도록 노력하지 않으면 안 된다.

언제 취침을 하는가도 중요하다. 같은 8시간 수면을 한다 해도 한밤중 2시에 자는 것과 11시에 잠을 자는 것은 피로 회복의 정도에서 차이가 크다. 적어도 밤 11시 이전에 취침을 하는 것이 바람직하다.

오전·오후 두 번에 걸쳐 훈련을 하게 되는 경우에는 낮잠을 짧게 자 두는 것이 피로 회복에 매우 좋다.

2. 영양 섭취에 관한 기초 지식

I. 덮어놓고 영양만을 취해서 좋은 것이 아니다

 엄격한 훈련을 계속하는 축구 선수에 있어서는 영양 섭취에 배려를 하는 것이 매우 중요하다. 아무리 훈련을 열심히 해도 영양이 불충분하면 체력이 소모되어 장시간에 걸친 경기를 지속할 수 없다.

 훈련을 할 때에는 언제, 어느 정도의 시간으로, 어떤 내용의 훈련을 할 것인가에 관하여 계획을 세워야 한다. 영양에 관해서도 마찬가지다. 언제 먹을까, 어느 정도의 양을 먹을까, 어떤 종류의 음식물을 먹을까를 잘 고려하지 않으면 안 된다. 예를 들어, 단백질을 섭취해야 한다고 해서 육류만을 섭취해서도 안 되고, 비타민류가 필요하다고 해서 그것만을 섭취해서도 안 된다.

II. 기초 체력을 위한 식사법

 기초 체력을 만들려면 [그림 1]에서처럼 훈련·휴양(수면)과 영양 섭취가 균형을 이루도록 하지 않으면 안 된다. 덮어놓고 먹으면 되는 것이 아니라 무엇을 어떻게 먹느냐가 중요하다.

 근육과 뼈를 만들기 위해서는 어떻게 하는 것이 좋은가. 쓰구바(筑波大學)의 스스기(鈴木正成) 교수는 다음과 같은 식사법을 제창한다.

 첫째, 근육이나 뼈에 무게를 싣는, 즉 부하훈련(weight training)으로 근육 단백질과 뼈의 합성을 촉진하는 성장 호르몬의 분비를 자극시킨다.

 둘째, 근육 만들기에 필요한 단백질을 충분히 섭취할 것. 또 뼈 만들기에 있어서는 단백질과 함께 칼슘의 섭취를 충분히 할 것.

 셋째, 식사 방법과는 직접 관계가 없으나 성장 호르몬을 잘 분비시키려면 깊은 수면을 취해야 한다. 합숙하게 되는 경우에는 낮잠으로 휴식을 충분히 취하도록 한다. 수면중에 몸이 만들어지도록 몸 만들기의 재료가 되는 단백질과 칼슘을 저녁 식사에서 충분히 섭취토록 한다.

 또, 이와 아울러 훈련과 영양을 섭취하는 시간과 잠자는 시간을 조절하는 것도 중요하다. [그림 2]에서처럼, 점심과 저녁 식사 전에 체력 훈련(weight training)을 해 두면 효과적이며, 저녁 식사 후 1시간 반쯤 지나 근육에 자

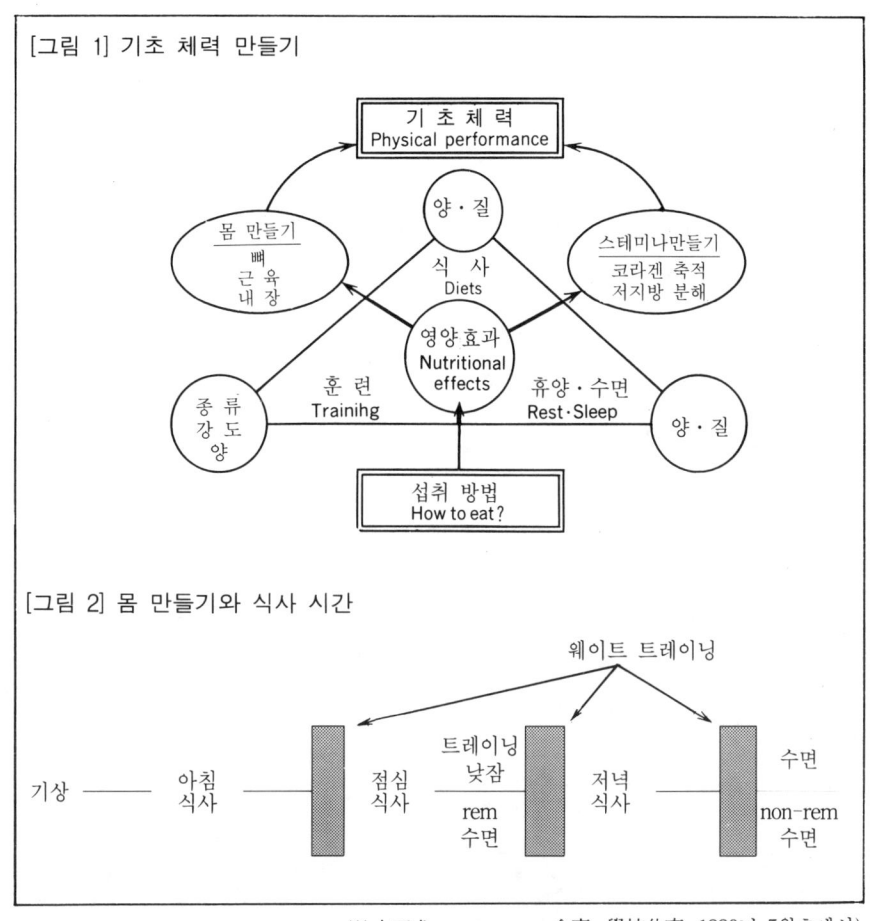

(鈴木正成, スポーツと 食事, 學校体育, 1990년 5월호에서)

극을 주는 것도 효과가 있다. 저녁 식사에서 단백질이 소화·흡수되어 혈중 아미노산이 상승할 때쯤 아령 운동으로 근육을 자극시키고, 목욕 전에 가볍게 근육 운동을 해 두었다가 목욕 후에 우유를 마셔서 칼슘을 보급한다. 그리고 난 뒤에 깊은 잠에 빠진다. 이상과 같은 일정한 리듬이 몸 만들기에는 효과적이다.

만약 저녁 식사 전에 훈련을 하게 되는 경우라면 성장 호르몬의 작용이 유효할 동안에(2시간 이내) 저녁 식사를 하는 것이 좋다.

Ⅲ. 어떤 음식물을 골라 먹을까

몸에 필요한 영양소와, 그 작용과 특징은 [그림 3]과 같다. 필요한 영양소는 에너지원인 당질(탄수화물), 주로 에너지원으로 작용하는 지질(脂質), 몸을 구성하는 주성분, 호르몬, 효소 원료가 되는 단백질, 대사를 조절해 주는 비타민, 골격을 만드는 성분과 아울러 대사를 조절하는 미네랄, 배변에 필수적인 식물 섬유, 그리고 물이다.

[그림 3] 영양소의 분류와 그 역할·특징

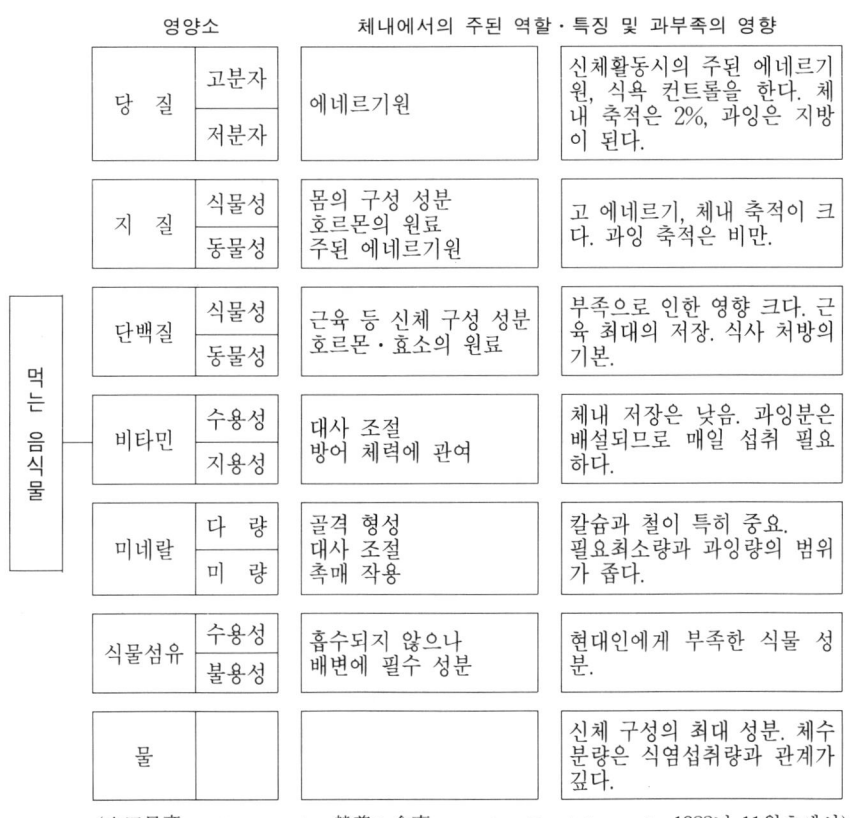

(山田昌彦, スポーツマンの榮養と食事, コーチング·クリニック, 1988년 11월호에서)

이들 영양소들은 건강한 몸을 만드는 데에 없어서는 안 될 것들이다. 그리고 균형을 생각하며 영양소를 섭취토록 한다. 또 하루의 활동 내용에 있어서, 훈련의 내용에 따라 어떤 영양소를 얼마만큼 섭취하느냐를 결정한다. 예를 들어 지구력을 요하는 훈련을 계속하게 될 때는 당질이나 지방을 많이 섭취해 두지 않으면 안 된다. 근육이나 뼈를 만들 때에는 단백질과 함께 칼슘을 섭취해 두면 좋다. 비타민과 미네랄의 작용을 알아 두었다가 과부족 없이 섭취해 두는 것이 바람직하다.

[표 1] 식품의 대분류

섭취 목적	주로 체격 구성의 성분	주로 에네르기원	몸 컨디션의 유지
주로 섭취하는 영양소	단백질 지 방	당 질 지 질	비타민 미네랄 섬유질
주된 식품	계란류 우유류 생선류 콩 류	밥, 빵, 청량음료 면류, 감자, 사라다유 버터, 마가린, 마요네즈 아몬드, 깨	야 채 과 일 해 초
식품 선택상 주의 사항	지방 함유량에 큰 차이가 있다. 필요 이상 섭취하면 비만이 된다.	당질은 체내에 얼마든지 축적할 수 있다. 많이 먹으면 피하 지방이 된다.	야채류의 필요량은 1일 300g 이상 필요(날것으로)

[표 2] 닮은 식품의 성분 차이 (식품 100g당 함유량 g)

식품명	부류 또는 종류	에네르기	수분	단백질	지질	탄수화물 당질	탄수화물 식물섬유	미네랄 칼슘	미네랄 철	비타민 A	비타민 B_1	비타민 C
		kcal	g	g	g	g	g	mg	mg	IU	mg	mg
닭고기	살가죽살 가슴살	239 105	62.9 74.5	19.7 23.7	16.5 0.5	0.1 0.1	- -	7 4	0.7 0.5	200 17	0.06 0.10	1 2
돼지고기	넓적다리살 배가죽살	126 433	73.4 46.1	21.5 12.8	3.5 40.2	0.5 0.2	- -	5 5	1.2 0.8	- 17	1.20 0.46	1 1
쇠고기	넓적다리살 사로인	143 364	71.0 51.0	22.3 16.9	4.9 31.0	0.7 0.3	- -	3 5	2.2 1.2	- 40	0.10 0.07	2 1
참치	붉은살 배냇살	133 322	68.7 52.6	28.3 21.4	1.4 24.6	0.1 0.1	- -	5 11	2.0 1.0	20 100	0.1 0.1	2 2
치즈	가데지 발메잔	105 475	79.0 15.4	13.3 44.0	4.5 30.8	1.9 1.9	- -	55 1.300	0.1 0.4	150 970	0.02 0.05	0 0
콩	대두 피낫	417 561	12.5 6.2	35.3 25.4	19.0 47.4	23.7 15.9	4.5 2.9	240 50	9.4 1.6	- 0	0.83 0.85	0 0
과일	밀감 사과 바나나	44 50 87	87.5 85.0 75.0	0.8 0.2 1.1	0.1 0.1 0.1	10.9 13.1 22.6	0.3 0.5 0.3	22 3 4	0.1 0.1 0.3	65 0 15	0.10 0.01 0.04	35 5 10

(山田昌彦, スポーツマン 榮養と食事에서)

3. 더위 대책과 수분 섭취

■ 더위로 쓰러졌을 때

무더운 여름철에 시합을 하거나 연습을 하게 될 때에는 체내에 수분이 부족하여 체온이 상승하고, 일사병이나 경련을 일으키기도 한다. 또 강한 햇볕이 내려쬐는 장소에 오래 있어도 일사병에 걸린다.

다음 페이지의 [도표]는 더위가 어떻게 장해를 일으키는 가를, [그림 下]는 쓰러졌을 때 어떻게 응급 처치를 해야 할 것인가를 보여 준다. 먼저 의식이 있는지 없는지를 확인한다. 의식이 없다면 먼저 기도를 확보한다. 또 체온을 떨어뜨리기 위하여 물수건이나 얼음을 사용한다.

더위는 땀을 흘리게 되어 몸 안의 수분량을 감소시킨다. 몸 안의 수분량이 감소하면 혈액량도 줄어 체온 조절이 제대로 되지 않는다. 이 때문에 땀

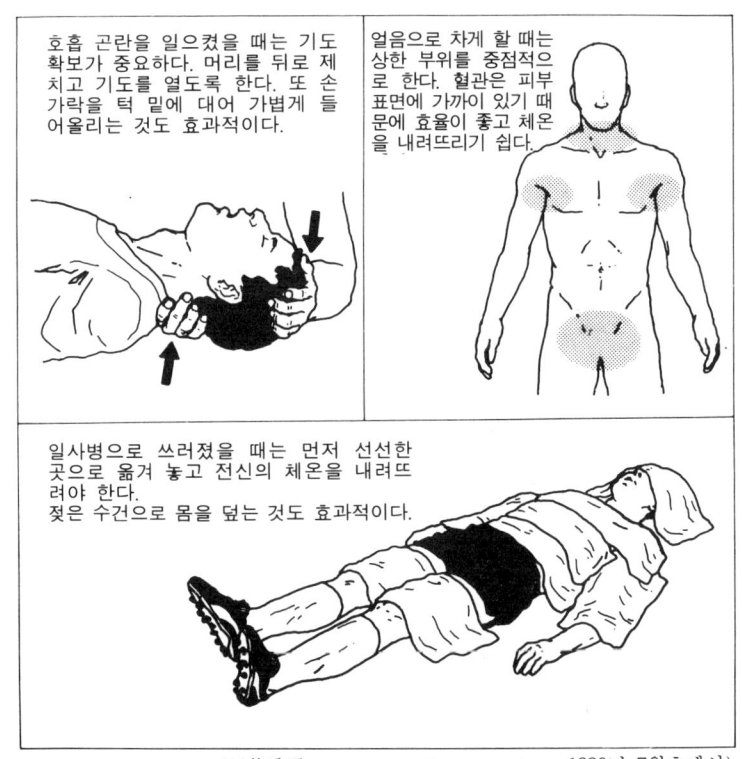

(三井香牙, トレーニソグ・ジャーナル, 1990년 7월호에서)

제6장 베스트 컨디션을 가지려면 153

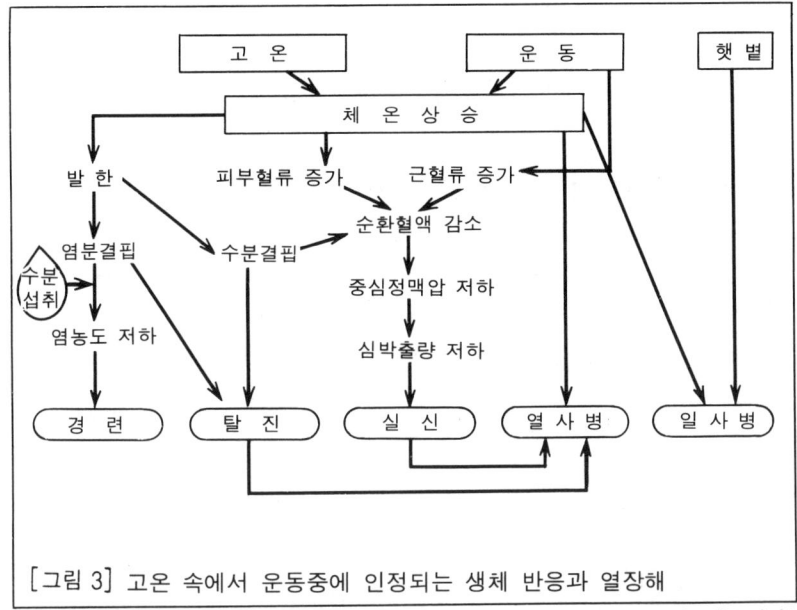

[그림 3] 고온 속에서 운동중에 인정되는 생체 반응과 열장해

(森本武利, トレーニング·ジャーナル, 1990년 6월호에서)

을 많이 흘렸다 싶으면 수분을 보급하지 않으면 안 된다. 옛날에는 운동중에는 물을 마시지 말도록 했으나, 현재 축구 시합에 있어서는 터치 라인 밖에 놓여 있는 물을 라인 밖으로 나가서 마시는 것을 허용하고 있다.

수분을 보급할 때는 염분을 소량 첨가하여 엷은 식염수로서 보급함이 바람직하다. 잃은 수분량이 체중의 1%~2% 정도라면 보통 음료수로 보충해도 되지만, 체중의 3% 정도를 넘으면 0.2%의 식염수를 마시는 게 체내의 수분 축적을 쉽게 한다. 일사병으로 증상을 일으켰을 때는 보통 물보다는 식염수쪽이 바람직하다.

한편, 수분을 섭취하게 될 때는 1회의 양에 주의를 요한다. 덮어놓고 많이 마시게 되면 복통의 원인이 되거나, 움직이는 데에 불편을 준다. 1회에 마시는 양은 200cc~250cc 정도를 천천히 마시도록 한다.

4. 준비운동(warming up)과 마무리운동(cooling down)

A. 준비운동에서 유의할 점

몸의 컨디션을 유지하고 부상 발생의 확률을 되도록 적게 하기 위해서는 워밍업이 필요하다. 시합이 시작되어 풀 스피드로 몸을 움직일 수 있도록 하기 위해서는 가볍게 몸을 움직이면서 각 부위의 근육을 충분히 풀어 주어야 한다. 근육의 체온을 충분히 올려 놓은 다음 축구 시합에서 자주 있는 동작, 이를테면 옆걸음(side step), 속이기 동작(feint), 짧게 돌진(short dash), 뜀뛰기(jump) 등을 통해 심박수마저 끌어올린다.

준비운동 시간은 그날의 기온이나 몸의 컨디션에 따라 길게, 혹은 짧게 한다.

B. 마무리운동의 중요성

연습이나 시합을 마치고 하는 마무리운동은 피로 회복을 위해 꼭 실시하기 바란다. 가벼운 달리기로 근육을 이완시킨다. 팔과 다리를 이리저리 흔들어 보면서 운동으로 인해 오므라든 각 부위의 근육섬유를 충분히 펴도록 한다.

[사진]과 같은 굽혀펴기(streching)를 마무리운동에 활용하면 매우 효과적이다. 다음날에까지 근육의 피로감을 남기지 않으려면 각 부위의 근육을 충분히 이완시켜야 한다.

C. 굽혀펴기(streching)의 활용

굽혀펴기 운동은 [아래의 그림]과 같은 것들이 있는데, 조용히, 그리고 천천히 호흡을 하면서 20~30초 동안 실시한다.

5. 체력 단련법

I. 무엇을 위한 체력 단련인가

 축구의 체력 단련은 스태미나, 스피드, 파워, 정교성, 균형성, 유연성 등 모든 요소들이 포함되어야 한다. 복합적인 체력을 요구하는 스포츠이기 때문이다.

 축구를 위한 체력 단련 중에서 가장 뛰어난 단련 방법은 시합 그 자체인 것이다. "시합은 가장 좋은 스승"이라고 하는데, 이는 기술면·전술면뿐만 아니라 체력면에서도 들어맞는다. 흔히 체력 단련이라 하면 달리는 스피드를 몇 초 단축시켰나, 바벨은 몇 kg까지 들어올릴 수 있느냐는 등으로 생각하는 사람이 있으나, 축구를 위한 체력 단련은 어디까지나 경기력 향상을 위한 것이다.

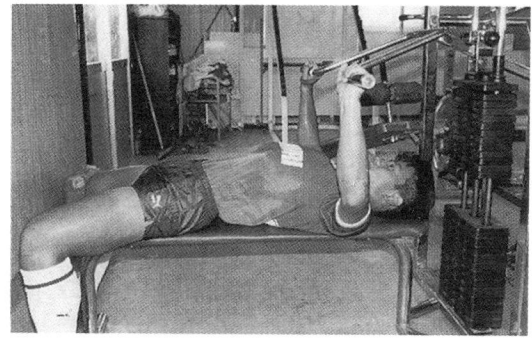

중량을 늘리기 위해서가 아니라 경기력 향상을 위한 단련이다

II. 계획성 있게 할 것

 스태미나, 스피드, 파워 등이 아무리 뛰어나도 볼을 다루는 솜씨가 서툴거나 상황 판단이 나쁘면 체력적 능력이 발휘되지 않는다. 체력 단련은 되도록 기술이나 전술의 연습과 결부되어 행해지도록 한다.

 또, 경기 스케줄에 맞추어 어떤 시기에 어떻게 체력을 단련시킬 것인가에 대해 확고한 계획을 세워 둘 것. 체력의 최상의 수준에 도달하는 시기와 최상 컨디션을 유지하도록 한다.

Ⅲ. 개인별 특징을 살릴 것

선수의 체력에는 개인차가 있다. 태어날 때부터 스피드 계통의 재능을 갖고 태어나는 사람이 있는가 하면, 스피드는 없으나 스태미나에 자신이 있는 선수가 있다.

체력면의 특징은 대부분 근육의 질로 결정된다. 근육섬유에는 수축의 스피드는 빠르지만 쉽게 피로하기 쉬운 근섬유와, 수축의 스피드는 늦지만 피로가 잘 오지 않는 근육섬유가 있다. 전자를 가리켜 속근(速筋), 후자를 지근(遲筋)이라 한다. 또 색깔에 따라 전자를 백근(白筋), 후자를 적근(赤筋)이라 한다. 이런 속근과 지근의 비율은 사람에 따라 다르며, 그 비율의 차이에 의해서 체력면의 특징이 있게 된다.

Ⅳ. 연령에 알맞는 단련을 할 것

체력 단련을 할 때에는 연령을 고려하지 않으면 안 된다. 초등학생 때에는 본격적인 체력 단련이 불필요하다. 볼을 차는 연습을 통하여 절로 체력이 향상되도록 계획을 짠다.

발육·발달도 개인차에 따라 좌우되지만, 중학생 때부터는 조금씩 체력 단련을 하도록 한다. 다만 중량운동(weight training)처럼 몸의 근육이나 뼈에 너무 무거운 짐이 되는 훈련은 체력이나 체격면에서 튼실하지 못하면 되도록 안하는 것이 좋다.

고교생 때에는 체력적으로 가장 충실한 연대이므로 계획적으로 체력면의 충실을 꾀하도록 한다. 이 시기에 적당한 체력 단련을 해 두면 심폐기능이나 근력 등이 눈에 띄게 좋아진다. 체력 단련의 황금기에 속하기 때문에 개인차를 배려하면서 종합적인 체력 향상을 꾀한다.

V. 볼을 사용한 체력 단련
A. 헤딩 연습과 아울러 하는 단련

일어서며 하는 헤딩

누워서 하는 헤딩

가슴으로 볼을 받아 점프 헤딩

엎디었다가 일어서며 하는 헤딩

옆으로 달려가 점프 헤딩

뒤로 물러났다가 앞으로 달려들며 하는 점프 헤딩

B. 메디신 볼(medicine bell)을 사용하는 체력 단련

메디신 볼은 실제 공보다 무거운 연습용 볼이다. 특히 복근과 배근 등 근력이 단단해진다.

C. 전술 연습과 체력 단련

기술이나 전술에서 이용되는, 상대 선수를 압박하며 익히는 체력 단련법이 있다. [아래의 그림]에서처럼, 공격수가 연속해서 전진하며 1 대 1로 맞서는 연습을 하고, 돌아 나오며 다시 1 대 1의 압박을 행한다.

Ⓑ의 전진에 대해 1 대 1로 마크당하고 있다.

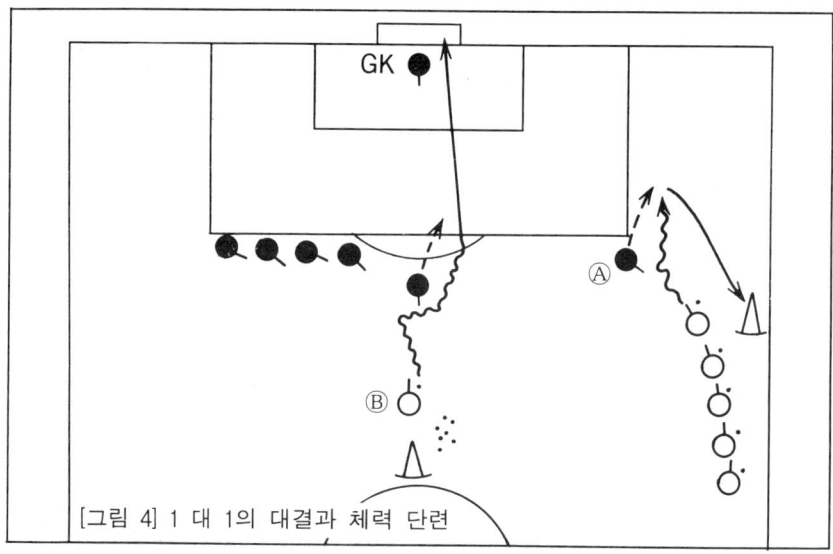

[그림 4] 1 대 1의 대결과 체력 단련

D. 볼을 사용하는 서키트 훈련 (각 2~3분씩)

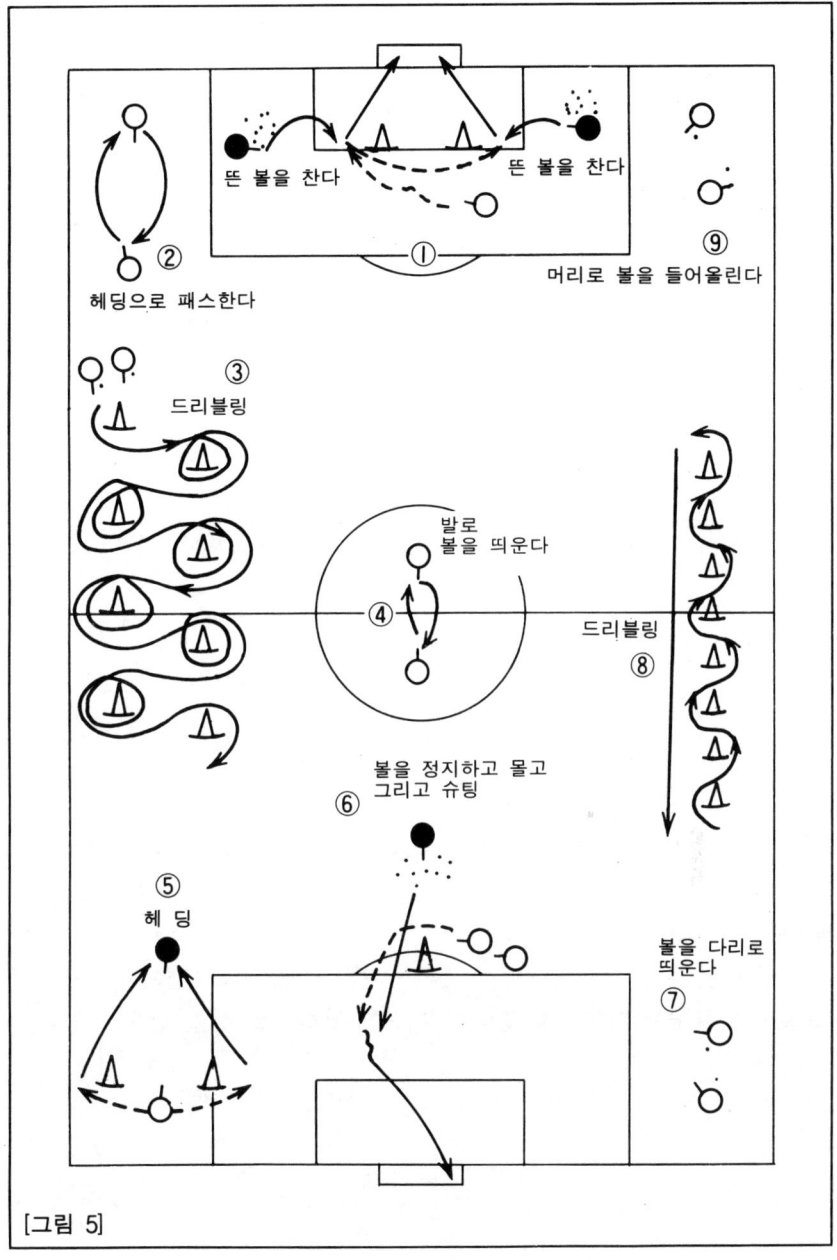

[그림 5]

Ⅵ. 볼을 사용하지 않는 체력 단련
A. 지구력 훈련
■ 지구력 테스트

특히 한창 체력이 늘고 있는 선수에게는 체력 향상을 위하여 체력 테스트를 하게 된다.

[아래의 표]는 브라질에서 사용되고 있는 지구력 테스트에서의 표준치이다. [성인 데이터임]

3,000m 달리기	매우 좋다=10분 15초 이내
	좋　　다=10분 16초~11분 00초
	보　　통=11분 01초~11분 45초
	조금 약함=11분 46초~12분 00초
	약　　함=12분 00초 이상

4,000m 달리기	매우 좋다=16분 00초 이내
	좋　　다=16분 01초~16분 30초
	보　　통=16분 31초~17분 30초
	조금 약함=17분 31초~18분 00초
	약　　함=18분 00초 이상

(※LUIS FRABIO, NOSSO FUTEBOL에서)

■ 능력에 따라 그룹으로 나눈다

지구력 테스트는 어디까지나 선수의 지구력이 얼마쯤일까를 알기 위한 것인데, 지구력 향상의 목표는 시합에 있어서 활동량을 늘려 보자는 데에 있다.

지구력은 급격히 늘어나지 않는다. 지구력 테스트의 결과에 따라 여러 그룹으로 나누어 지구력을 길들이기 위한 달리기를 시킬 필요가 있다.

B. 스피드 훈련

■ 50m~100m 단거리 달리기

스피드 훈련의 1예(例). 50m를 3번, 30m를 5번, 15m를 7번 달린다. 되돌아올 때는 천천히 걸어 호흡을 조정한 뒤에 다시 달린다.

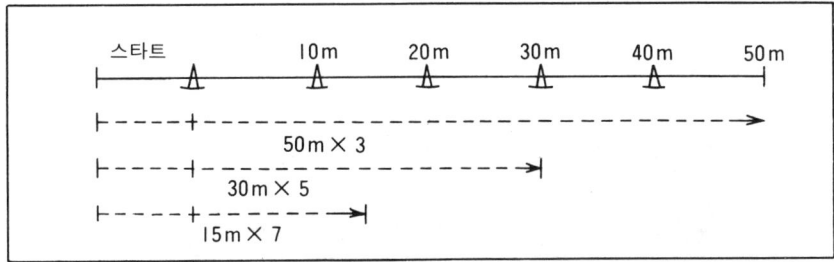

■ 여러 자세로부터 스타트한다

① 엎딘 자세로부터
② 앞을 바라보는 자세로부터
③ 손을 쓰지 않고 일어서서 출발
④ 뒤로 향해 180도 방향을 바꾸어 출발
⑤ 그 자리에서 1회전하여 출발
⑥ ⑤의 출발을 점프로 1회전하여 출발
⑦ 앞으로 돌아 출발
⑧ 뒤로 돌아 출발
⑨ 선 자세로 등을 지면에 나란히 하고 출발
⑩ 선 자세로 지면에 앞가슴을 나란히 하여 출발
⑪ 넓적다리 들어올리기를 10회 하고 난 뒤 출발
⑫ 넓적다리를 들어올리는 점프를 두어 번 하고서 출발

■ 방향 틀기(turn)에도 속도를!

축구에서는 직선으로 달리는 것뿐만 아니라, 방향을 바꾸어 달리기도 하고, 속이는 동작을 하기도 한다.

[그림 5]는 중앙에 막대를 세우고, 또 그 주위 사방으로 10m 위치에 막대를 세워 놓는다. 여기에서 몸을 틀며 8자형으로 달리기를 하는 단련법이다. 스피드와 지구력, 빠른 몸놀림, 균형 감각을 요구하는 훈련이다.

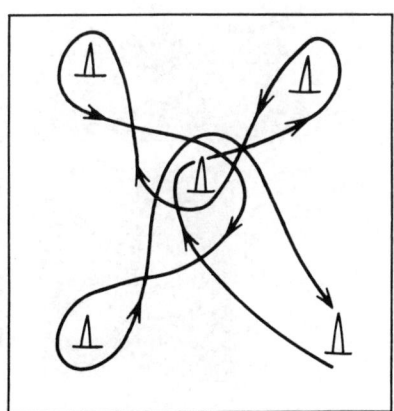

[그림 5] 장해물을 사이에 두고 방향 틀어 몸 움직임을 단련한다

C. 근력 단련
■ 축구 선수에게는 매우 중요한 몸통의 근력 단련

축구 선수의 근력 단련에 있어서 가장 중요한 것은 복근·배근·측근의 단련이다. 짧은 달리기, 나뒹굴다가 일어서는 동작, 점프 등 몸통의 근육이야말로 재빠른 몸놀림의 원동력이 된다. 그리고 다리의 근육 단련도 축구 선수에게는 불가결한 근력 단련이다.[사진 참조]

다리근육 운동

D. 몸의 움직임을 빠르게 하는 단련

축구는 스피드가 불가결한 것이지만, 단지 직선으로 달리는 속도를 뜻하는 것은 아니다. 볼을 재치 있게 이리저리 몰고 가는 속도, 상대의 속임 동작에 반응하는 속도, 반대쪽으로 볼을 몰고 가는 속도, 자기가 상대방을 속이는 동작을 할 때의 속도 등 몸 움직임의 속도를 지닐 필요가 있다. [사진 참조]

지그재그로 뛴다

장해물을 옆걸음으로 돌아나온다

손을 든 쪽으로 옆걸음친다

중앙에서 앞뒤로 움직인다

달려갈 지점을 결정하고 속임수 동작으로 달린다

속임동작으로 상대의 배후로 돌아나간다

6. 피로의 회복

I. 피로의 원인, 유산(乳酸)

A. 숨차고 피로하다는 느낌을 주는 유산

축구 시합은 격렬한 동작을 반복하게 되어 50~60m의 거리를 단숨에 뛰어들어갔다가 다시 되돌아오게 될 때는 숨차고 괴로운 감을 갖게 된다. 또 시간의 경과에 따라 이동 거리도 커지기 때문에 피로감이 생긴다.

근육 피로의 주된 원인은 혈액 중 유산의 증가와 더불어 근육 활동의 에너지원인 글리코겐이 고갈되기 때문이다. 운동의 강도를 높여 가면, 그리고 그 강도가 어느 정도의 경계를 넘어서게 되면 혈액 중 유산 농도가 급격히 높아지기 마련이다. 이 때 운동의 강도를 '유산역치(乳酸閾値)'라고 한다.

유산역치가 낮은 사람은 운동의 강도가 조금만 강해도 지친 느낌을 갖게 된다.

B. 과잉 훈련이 안 되도록 한다

축구는 연습이든 시합이든 체력 소모가 있고 피로가 축적되기 마련이다. 연습이 지나치면 연습 효과는 나타나지 않고 오히려 효과가 저하되는 상태로 떨어지게 된다. 이와 같은 상태를 만성적 피로 상태로서 '오버 트레이닝'이라고 한다.

오버 트레이닝이 되면 보통 24~48시간이면 회복될 피로가 좀처럼 회복되지 않고 1주간 이상 걸린다.

과잉 훈련, 즉 오버 트레이닝은 피로 회복이 불완전한 상태에서 새로이 강한 훈련을 얹히게 되기 때문에 생긴다. 1일 1회 연습을 하게 될 때는 강한 훈련 다음날에는 가벼운 훈련이 필요하다. 합숙에서는 훈련과 훈련 사이에 충분한 휴식 시간을 갖도록 한다.

II. 피로와 그 회복

■ 초과 회복(super compensation)을 잘 활용할 것

피로를 빨리 회복시키기 위해서는 훈련의 강도, 훈련과 훈련 사이의 간격에 대해 주의를 하지 않으면 안 된다. [그림 6]은 훈련과 휴양에 의한 체력 수준의 저하와 회복을 보여 준다.

체력 훈련으로 피로가 생기고, A의 국면에 나타나는 것처럼 체력 수준은 저하된다. 훈련을 마치고 휴식으로 B_1과 같은 체력 회복이 있게 된다. 어느 정도 시간이 경과하면서 원래의 체력 수준 B_2에 이르게 된다. 여기서 다시 시간이 경과하면 B_3의 국면에서처럼 체력이 원래의 수준을 상회하는, 이른바 초과 회복(super compensation)이라고 불리우는 수준에 이르게 된다.

이 체력 회복기를 잘 포착하여 훈련을 하면 효과적인 훈련이 된다. 훈련을 마치고 초과 회복에 이르기까지 어느 만큼의 휴식 시간이 필요하느냐에 관해서는 훈련의 양과 강도에 차이가 난다. 그리고 선수의 체력 수준에 따라서도 차이가 난다.

자기의 몸과 대화해서 이 초과 회복기를 파악해 두는 것이 좋다.

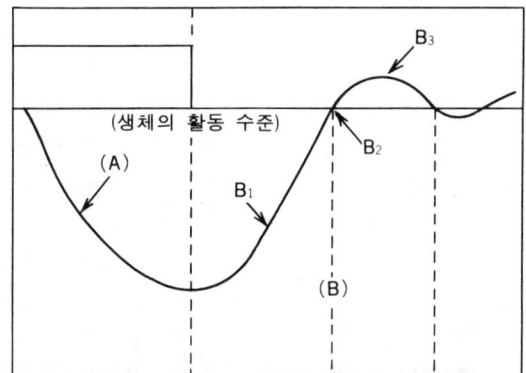

[그림 6] 훈련과 휴식에 따른 체력 수준

종축(縱軸)은 생체의 활동 수준, 횡축(橫軸)은 시간 경과에 따른 회복 효과. A→훈련의 즉시 효과, B→훈련의 지연 효과, B_1→단기 회복 효과, B_2→일반 회복 효과(완전 회복), B_3→최대 회복 효과(초과 회복)
(村木, トレーニング・ジャーナル, 1988년 12월호에서)

7. 부상과 그 처치

I. 축구선수의 장해(障害)와 외상(外傷)

축구처럼 격렬한 스포츠에서는 부상을 당하는 경우가 많다. 축구에서 자주 볼 수 있는 외상과 장해는 아래의 [표]와 같다.

[표] 축구에서 자주 볼 수 있는 외상·장해

외 상	장 해
두부·안면 외상 : 비골 골절	요추분리증
상지 : 어깨관절 손상	이상근증후군
어깨관절 탈구	피로 골절
주관절 탈구·골절	대퇴골, 경골, 배골, 중족골
전완골절	슬관절 주위염
모지의 부인대 손상	장경인대염
(keeper's thumb)	샨파스 무릎
주상골절	오스구드병(病)
골반·슬관절 : 상·하 전장골주열리 골절	슬개골 주위염
좌골결절열리 골절	유통성 분열 슬개골
대퇴 : 부어 오름	차단성 골연골염
타박·골화성 근염	활액포염
슬관절 : 반월판 손상	하퇴
내측부인대 손상	경골피로성 골막염
전십자인대 손상	아킬레스건염, 주위염
슬개골 탈구·골절	족부·족관절
하퇴 : 경골·배골 골절	종골골단염
compartment syndrome	족저근막염
아킬레스건 단열	중족골 피로 골절
족관절 : 족관절 염좌(인대 손상)	impingement exostosis
족관절 골절	(footballer's ankle)
족부 : 발톱 및 혈종	유통성 삼각골

(田中壽一, 體育の科學, Vol 38-4, 1988에서)

Ⅱ. 장해의 특징

축구에서 자주 일어나는 부상은 크게 장해와 외상으로 나눌 수 있다. 장해란 이른바 만성적인 것을 가리켜 말하는데, 주로 너무 혹사하여 일어난다. 이를 과사용증후군(over-use syndrome)라고도 하는데, 축구에서 자주 일어나는 장해는 무릎과 하퇴, 발목에 집중되고 있다.

주된 장해는 다음과 같은 것들이다.

(1) 풋볼 선수족(足)

축구선수에게 일어나는 특유의 장해이기 때문에 이름 붙여진 장해이다. 발목을 너무 굽히고 펴고 하는 탓으로 뼈가 옆으로 삐져 나온 경우를 말한다. 뼈가 삐져 나와 통증을 일으킴으로써 발목을 사용하는 데에 장해가 생긴다. 삐져 나온 뼈에 강한 힘이 가해져 다치게 되면 그 뼈의 파편이 관절 중에 떠돌게 되어 다시 통증이 더해지고 운동이 제약받는다.

(2) 오굿드 병(病)

무릎 아래에 뼈가 삐져 나와 통증을 수반하는 장해로, 골단증의 대표적이다. 10대 전반에서 운동을 심하게 하는 어린이에 자주 볼 수 있다. 통증이 있을 때는 무리한 운동을 삼가야 한다.

(3) 점퍼 무릎

무릎을 떠받치고 있는 인대나 넓적다리의 근육에 염증을 일으켜 점프나 달리기를 거듭했을 때 생기는데, 과도한 운동이 주원인이다.

(4) 신스프린트

경골에 통증을 일으키는 장해로, 볼차기와 달리기를 거듭함으로써 일어난다. 장해는 미성숙한 몸에 과도한 부하(負荷)로 일어나는데, 통증을 일으키면 전문의의 진찰을 받고 훈련을 멈춤이 바람직하다.

Ⅲ. 축구 경기에서의 외상과 응급 처치

A. 염좌·타박

축구 경기중에 일어나는 부상 중에서도 급성인 것을 외상이라고 하는데, 염좌나 타박과 같은 외상은 연습이나 시합중에 가장 발생하기 쉽다.

무릎이나 발목을 삐었을 때 생기는 것이 염좌인데, 인대가 부분적으로 끊겨 출혈을 동반하는 경우가 태반이다.

타박도 근육의 내부에 출혈이 있고, 핏덩어리가 형성되어 근육의 운동에 제약을 준다.

염좌나 타박은 부상 직후에 안정(rest), 얼음 찜질(ice), 압박(compression), 환부를 심장 높이 이상으로 올리기(elevation)를 하고, 출혈이 완전히 멈추면 (2~3일 후) 환부를 따뜻하게 한다.

염좌·타박의 응급 처치

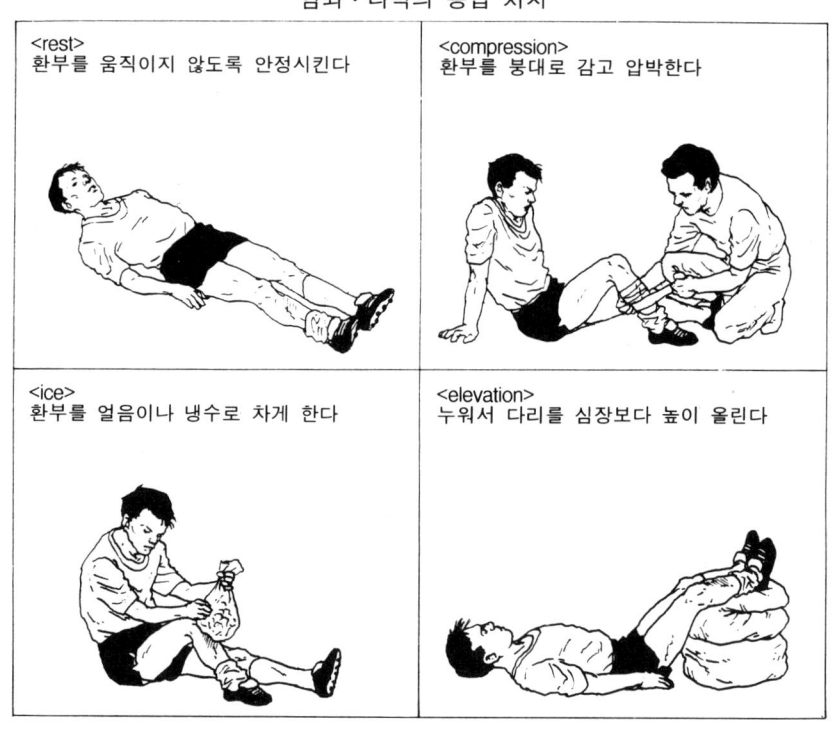

B. 탈구와 골절

■ 탈구 (뼈가 빠짐)

어깨 쇄골의 관절, 팔꿈치의 관절이 빠지는 탈구는 운동중에 갑자기 쓰러졌을 경우에 일어난다.

탈구냐 아니면 골절이냐를 판단하기가 쉽지 않아 아마추어로서 이를 회복시키려다가는 아차하여 2차적 골절을 일으키는가 하면, 다른 조직에서 통증을 일으키게도 한다. 반드시 전문의의 진단을 받도록 한다.

응급 처치 후에 환부를 고정시키게 되는데, 연령이 젊을수록, 그리고 환부의 고정 기간이 짧을수록 탈구가 습성화된다. 따라서 고정 기간을 길게 하는 것이 좋다.

■ 골 절

몸과 몸이 맞부딪치는 경기 장면이 많은 축구에서는 태클로 넘어졌을 때 골절을 일으키는 경우가 많다. 골절은 비교적 진단이 쉬워 곧바로 구급 처치가 가능하다. 그 다음 반드시 전문의의 진단과 치료를 받는다.

소년기에 있어서는 다리의 골절보다 팔의 골절이 많다. 발육 과정에 있기 때문에 연골 성분이 많아 조그마한 부하로도 골절이 되는 경우가 잦다. 팔이 골절되었을 때는 다른 조직이나 신경에 통증을 일으키는 경우가 많으므로 주의해서 처치에 임해야 한다.

C. 머리의 타박

헤딩을 할 때 머리와 머리가 부딪치거나, 뒤로 차 넘기기(over-head kick)를 하면서 착지에 실패하여 머리를 다치는 경우가 있게 되고, 의식장해를 일으키기도 한다.

머리의 타박에는 1차적으로 의식을 잃을 뿐 후유증을 남기지 않는 뇌진탕과, 생사가 걸리게 되는 후유증을 남기는 뇌내출혈이 있는 경우가 있다.

단순한 뇌진탕인가 아니면 뇌내출혈을 일으키고 있는가에 관해서는 아마추어로서는 판단하기 어렵고, 전문의조차도 잘 판단이 안 될 경우가 종종 있다. 의식이 없을 때는 그 자리에 눕게 하고, 머리를 들어올려 기도를 확보토록 한다. 의식이 회복된 뒤에는 구급차로 병원에 옮겨 전문의의 진단을 받도록 한다. 이 때에 더러 구역질을 하기도 하는데, 전문의의 지시에 따라 안정을 취한다.

Ⅳ. 사고가 일어났을 때의 응급 처치
A. 몸을 안정시킨다

 머리를 다친 선수가 운동장에 쓰러졌거나, 내려쬐는 햇볕 때문에 선수가 쓰러졌을 경우에는 곧바로 구급 처치를 하고, 이어 구급차로 전문의한테 이송시켜야 한다. 쓰러진 선수의 몸을 어떻게 안정시킬 것인가는 의식이 있고 없고에 차이가 있다. [그림 참조]

 의식이 있으면서 안면 창백, 핏기가 가셔 있을 때에는 머리를 조금 높이 올리고, 반대로 얼굴에 홍조를 띠고 있을 때 또는 일사병 등으로 쓰러졌을 때에는 통풍이 잘되는 곳에 눕혀 몸을 차게 한다. 의식이 없을 때에는 먼저 호흡이 있는지 없는지를 확인하여 기도를 확보해야 한다. 특히 구토를 하게 되면 구토물로 기도를 막아 질식을 일으킬 우려가 있기 때문에 몸을 엎디게 한다.

 의식이 없을 때 무리를 해서 물을 주는 것도 자칫 기도를 막히게 하여 질식을 일으킬 수 있으므로 주의한다. 복부에 타격을 입고 쓰러졌을 때에도 마찬가지다.

응급 처치를 할 때의 체위

	체위	
의식이 있을 경우	다리를 높이고 눕는 체위(쇼크 체위) 쇼크와 뇌빈혈을 일으켰을 때	
	머리를 높이고 눕는 체위 뇌출혈과 열사병이 있을 때	
	슬굴곡앙와위(무릎을 굽히고 눕는 체위) 복부에 출혈이 있거나 심한 복통이 있을 때	
의식이 없을 때	반 드러눕는 체위 (혼수위) 구토·각혈이 있고 의식을 잃었을 때	
호흡곤란이 있을 때	반쪽 일어난 체위 심장병 발작 천식 발작	

(日本體育協會, ユーチ 教本, 1978년에서)

B. 사고의 미연 방지

연습이나 시합 때 부상을 입는 것은 어떤 의미에서는 피할 수 없는 일이다. 그러나 언제나 몸의 컨디션을 잘 조절하고 심신 모두 발랄한 상태로 운동장에 나서게 되면, 그리고 충분히 준비운동을 해 두면 부상당할 확률을 줄일 수 있다.

연습이나 시합 시간이 아닌 경우에도 불의의 사고를 만나게 되는 수가 종종 있다. 골문에 매달렸다가 골대가 쓰러지는 바람에 가슴을 다쳐 사망한 어린이의 경우도 없지 않았는데, 이러한 경기 이외의 사고를 미연 방지하기 위해서는 지도자는 언제나 환경 정비라는 것을 생각하고 있지 않으면 안 된다.

C. 불의의 사고에 대비

아무리 주의를 해도 부상이나 사고는 일어나기 마련이므로 불의의 사고에 미리 대비해 둘 필요가 있다. 특히 큰 대회나 원정 경기에 참가할 때에는 적어도 보호자와 의료 기관의 연락처를 미리 확인해 두지 않으면 안 된다.

일본축구협회가 주최하는 대회에 참가 자격을 얻기 위해서는 체육상해보험에 가입해야 하는 조건이 있는데, 각 팀들도 독자적으로 체육상해보험에 가입해 두는 것도 필요하다. 또, 일본체육협회나 민간 단체에서는 체육지도자를 위한 구급 처치 강습회를 열고 있는데, 이런 모임에 참가하여 구급 처치법을 익혀 둘 필요가 있다. 실제로 인공호흡법이라든가, 심장마사지법을 익혀 두면 불의의 사고에 활용할 수 있다.

V. 운동장으로의 복귀

A. 부상을 입었다고 썩지는 말라

큰 시합을 앞두고 부상을 입거나, 치료하는 데만 1개월이 걸리는 큰 부상을 입었을 때 흔히 눈앞이 캄캄해져 낙담을 하게 된다. 오랜 선수 생활을 하다 보면 이와 같은 체험은 누구나 한두 번 정도 겪기 마련이다. 이럴 때 자포자기되든가 운동장에 복귀할 의욕을 잃어서는 안 된다. 부상 때문에 의욕을 잃고 장래가 기대되던 선수가 운동장을 떠나는 예가 있는데, 아무리 큰 부상을 입었다 해도 결코 포기하지 않겠다는 의지를 가져야 한다.

B. 부상을 치료해야겠다는 마음가짐이 가장 중요하다

부상을 당했을 때 일차적으로 상심을 하게 됨은 어찌할 수 없다 해도 언제까지나 상심만 하고 있을 일은 아니다. 운동장으로 복귀하기 위하여 이제 무엇을 할까를 생각하도록 해야 한다. 부상을 입게 되면 의사의 조력이 필요하지만, 부상을 치료하고 운동장으로 복귀하는 데에는 본인의 노력이 매우 중요하다.

부상을 입은 부위의 치료를 위해 병원에 다니면서 통원 치료를 하거나, 마사지 의료 시설을 찾아나서게 되는데, 이를 게을리하게 되면 그만큼 부상의 회복은 늦춰지기 마련이다. 또 상처 부위 이외의 근육을 점차 움직여 보도록 하는 것이 재활 치료의 상식이기도 하다. 뛸 수 없다면 걷든지, 자전거 타기를 한다든지 하여 복귀를 노려야 한다.

C. 무리를 해도 좋을 때와 무리해서는 안 될 때

부상을 당하고서도 무리를 해서 시합에 나가지 않으면 안 될 때가 있다. 특히 최상급생으로서 대회의 마지막 시합일 때는 진통제 주사를 맞고서라도 시합에 나가고 싶어한다.

그러나 상처의 종류에 따라 무리를 해서는 안 될 경우가 있다. 그것은 인대가 다쳤을 때이다. 타박상과 같은 부상일 때는 어느 정도 통증을 가라앉히고 출전해도 되지만, 발목이나 무릎의 인대가 아플 때의 무리는 절대 금물이다. 특히 무릎 인대가 다쳐 아플 때는 완치될 때까지 경기에 참가하지 않는 것이 바람직하다. 무릎 부상은 축구 선수에 있어서는 치명상일 때가 많기 때문이다.

D. 테이프를 감고 시합에 나서지 말라

고등학생들의 축구 시합을 보면 무릎 부위에 테이프를 감고 경기를 하는 선수가 흔히 있다. 이는 부상이 완치되지 않았음에도 시합에 출전하는 경우인데, 테이프를 감고 경기를 하는 것은 기본적으로 바직하지 않다.

특히 무릎의 상처는 무리를 하게 되면 두고두고 꼬리가 길어지기 때문에 아무리 테이프를 잘 감아 움직임에 지장이 없다 해도 시합에 나서는 것은 좋지 않다.

외국의 축구 시합을 텔레비전에서 보고 있으면 짐작하겠지만, 테이프를 감고 시합에 임하는 선수는 없다. 수준급의 프로 시합에 있어서는 테이프를 감고 있는 선수는 운동장에 설 자격이 없는 것이다.

제 7 장
축구의 규칙 해설

인생의 어떤 면에서도 인간은 혼자 활동할 수 없다.
우리들은 언제나 어느 팀의 일원이다.
모두가 각자 역할을 갖고 있고, 저마다 중요하다.

펠레

❶ 축구장의 깃발과 골문의 크기는?

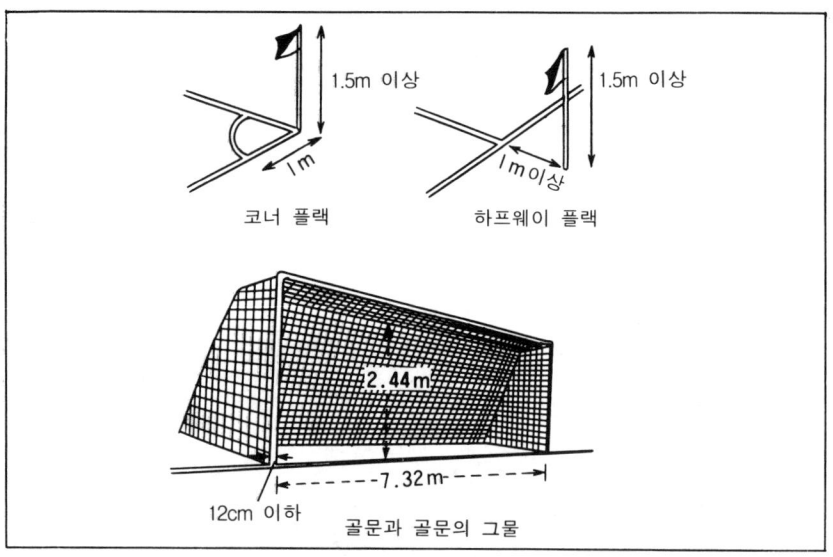

❷ 축구 볼의 크기·무게·공기압(空氣壓)은?

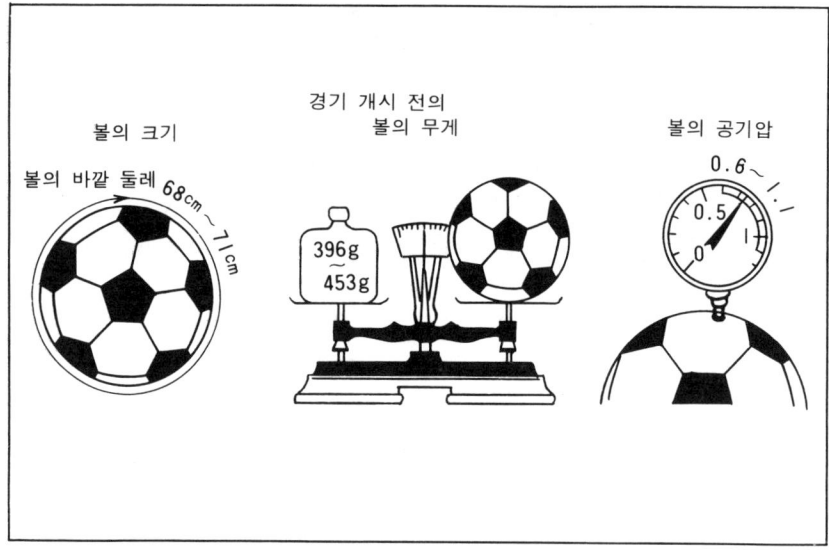

제7장 축구의 규칙 해설 179

❸ 축구 경기장의 크기는?

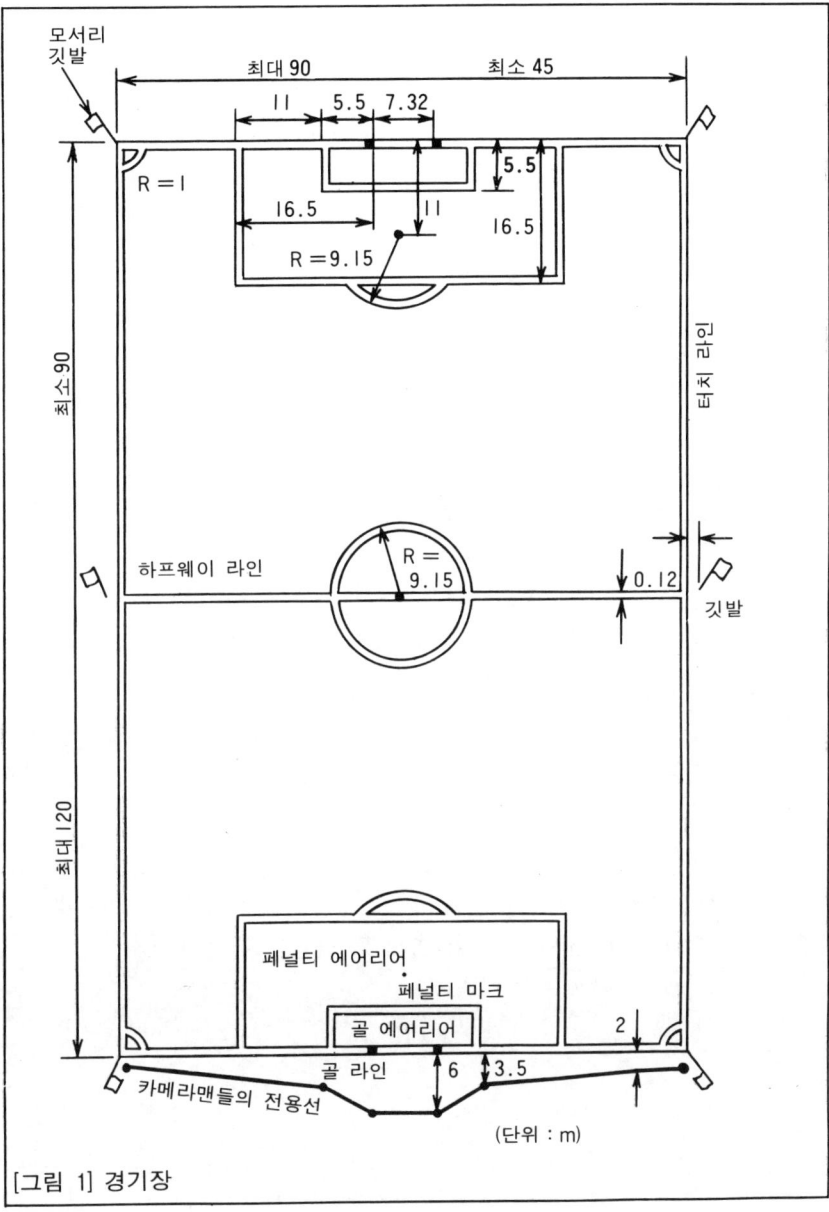

[그림 1] 경기장

❹ 축구의 경기 시간은?

　축구의 경기 시간은 전반 45분·후반 45분으로, 전후반 합해서 90분이다. 월드 컵·올림픽과 같은 국제대회를 비롯, 각종 국내 성인 축구대회의 경기 시간은 90분이다.
　휴식 시간에 해당하는 하프 타임은 15분 간이다.
　경기 시간은 여자 축구와 소년 축구에서는 짧다. 연장전이 있는 경우에는 연장전에 들어가기 전에 운동장 내에서 5분 정도의 휴식이 허용된다.
　연장전에서는 하프 타임이 없는 것이 일반적이다.

❺ 킥 오프(kick off)

　킥 오프란 경기 개시, 후반전 개시, 득점 후의 경기 재개 때 볼을 센터 라인 한복판에 놓고 참으로써 시작됨을 뜻한다. 그런데 어느 편이 먼저 볼을 차느냐의 선택은 심판이 센터 라인에서 동전을 갖고 결정한다.
　심판이 양쪽 주장이 보는 앞에서 동전을 던지는데, 여기서 이긴 팀이 운동장의 어느쪽을 택하느냐, 아니면 킥 오프를 취할까를 선택하게 된다. 만일 이긴 팀이 운동장의 한쪽을 자기 진영으로 결정했다면 상대는 킥 오프를 택하고, 이긴 팀이 킥 오프를 택한다면 진 팀은 운동장의 한쪽을 자기 진영으로 결정하게 된다.
　경기는 센터 라인 정중앙에 놓인 볼을 상대진으로 이동시킴으로써 시작되는데, 킥 오프로 볼이 상대진으로 넘어가기 전에 우군 선수가 적진 안으로 들어가서는 안 된다.
　한편, 상대편 선수는 킥 오프가 있기 전에 9.15m 이내로 들어와서는 안 된다. 즉 킥 오프가 시작되기 전에 센터 서클(center circle ; 하프웨이 라인 중앙에 그려진 반경 9.15m의 둥근 원) 안으로 들어가지 못한다.

❻ 인 플레이(in play)와 아웃 플레이(out play)

볼이 터치 라인이나 골 라인 밖으로 나갔을 때, 또는 심판이 경기를 중단시켰을 때 이를 아웃 오브 플레이(out of play)이라고 하는데, 약해서 아웃 플레이라고도 한다. [그림 참조]

이로 인해 경기가 중단된 시간은 정규의 경기 시간에 가산하지 않는다. 아웃 플레이에 소요된 시간을 제외한, 시합을 시작하여 시합이 끝나는 시간까지를 인 플레이라고 한다.

인 플레이와 아웃 플레이

❼ 득점(goal in) 판정은 어떻게?

득점은 볼이 두 개의 골대(goal post)와 크로스 바(cross bar) 사이에 들어가야 인정된다. 판정의 기준은 공간을 통과하는 라인을 기준으로 한다.

[그림]에서처럼, 골대 옆에서 볼 때 볼이 골대를 완전히 통과하지 않으면 득점으로 인정되지 않는다. 이를 심판이 노골(no goal)로 선언한다.

득점은 결국 볼이 골 라인의 폭을 완전히 통과했을 경우에 한한다.

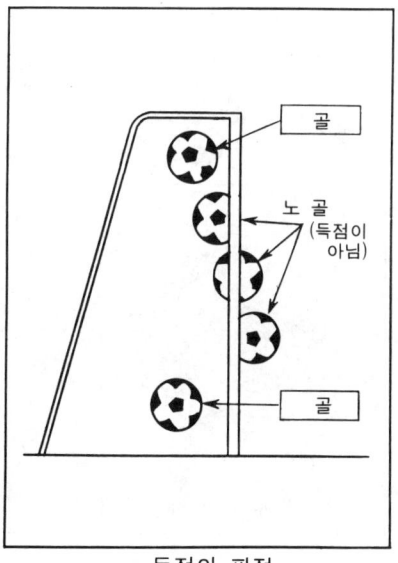

득점의 판정

❽ 직접 프리 킥(free-kick)의 반칙은?

선수가 고의로 다음 9가지 반칙을 범했을 경우에는 상대 팀에게 직접 프리 킥이 주어진다. 자기 진영의 페널티 에어리어(penalty area)에서 반칙을 범하게 되면 상대 팀에게 페널티 킥이 주어진다. '자유축'이라고도 한다.

① 홀딩
상대를 잡거나 옷을 잡아당길 때

② 핸들링
볼을 손으로 다루었을 때

③ 푸싱
상대 선수를 손이나 몸으로 밀쳤을 때

④ 스트라이킹
상대 선수를 때리거나 때리려 할 때

⑤ 키킹
발로 상대방을 차거나 다치게 하려 할 때

⑥ 트리핑
발을 걸어 상대를 넘어뜨리거나 넘어 뜨리려 할 때

⑦ 점핑 매트
발을 높이 쳐들고 상대 선수에게 뛰어올랐을 때

⑧ 파울 차징
난폭한 또는 위험한 부딪침을 해올 때

⑨ 백 차징
상대의 등뒤에서 가격했을 때

❾ 간접 프리 킥(free-kick)의 반칙은?

선수가 다음 5가지 반칙을 범한 경우에 상대 팀에게 간접 프리 킥이 주어진다. 볼을 차는 선수 외에 다른 선수에게 볼이 터치가 안 되면 골인이 되어도 득점으로 인정되지 않는다. 이 점이 직접 프리 킥과 크게 다르다. 간접 프리 킥은 주심이 한쪽 손을 들어 알린다.

① 위험스런 플레이
② 볼이 다툴 공간에 들지 않음에도 어깨 등 상대를 가격하는 행위
③ 상대의 진로를 억지로 방해하는 행위
④ 볼을 갖고 있는 골키퍼에 대한 부당한 가격 행위
⑤ 골키퍼가 볼을 잡고 5보 이상을 걷는 등 시간을 지연시킬 때

⑩ 경고 · 퇴장

선수가 다음 4가지를 위반했을 때는 경고가 주어진다. [그림 참조]

① 비신사적 행위를 했을 때, ② 주심 판정에 말이나 행동으로 이의를 제기했을 때, ③ 주심의 허가 없이 경기장 밖으로 나가거나 들어왔을 때, ④ 경기 규칙을 되풀이 위반했을 때.

주심이 경고를 할 때는 위반한 선수에게 '옐로우 카드'를 보여 준다. 선수가 퇴장을 명령받는 경우란 다음 3가지이다.

① 난폭한 행위, 또는 심히 부정한 경기를 했다고 주심이 판단했을 때, ② 더럽고 모욕적인 발언을 했을 때, ③ 경고를 받았음에도 계속하여 부정 행위를 했을 때 등인데, 이상의 경우에 해당하면 주심은 그 선수에게 '래드 카드'를 보임으로써 퇴장시킨다.

경기가 중단되었음에도 고의로 볼을 멀리 밖으로 차낼 때

주심의 허락 없이 경기장을 나가거나 들어왔을 때

주심의 판정에 불만을 표시할 때

⓫ 오프사이드(off-side)

　오프사이드의 규칙을 잘 모르는 사람이 많은데, 실은 그렇게 어려운 것이 아니다. 오프사이드를 이해하기 위해서는 오프사이드 위치가 어떤 것인가를 이해하면 된다.

　오프사이드 위치란 볼에 비해 상대방 골 라인쪽을 향해 더 가까운 위치, 상대 진영에서 상대 선수에 비해 골문쪽으로 더 앞서 있는 위치, 상대 선수가 골키퍼 한 사람밖에 없는 위치 등을 가리켜 말한다. 공격 선수가 상대 진영에서 오프사이드 위치에 있게 되면 원칙적으로 상대편에서 간접 프리킥이 주어진다.

　[아래의 그림]에 따르면, C의 앞에 상대의 골키퍼밖에 없기 때문에 오프사이드 포지션이 된다. 그런데 오프사이드 포지션에 있다 해서 모두 벌칙 대상이 되는 것은 아니다. 즉 모두 오프사이드가 되는 것이 아니다.

　[그림]에서 A처럼, 드리블링을 계속해서 상대 진영으로 쳐들어가고 있는 동안에는 오프사이드가 되지 않는다. 오프사이드가 되는 경우란 C가 A로부터 패스를 받았을 때이다.

　다음은 오프사이드가 되는 경우를 예시한 것들이다.

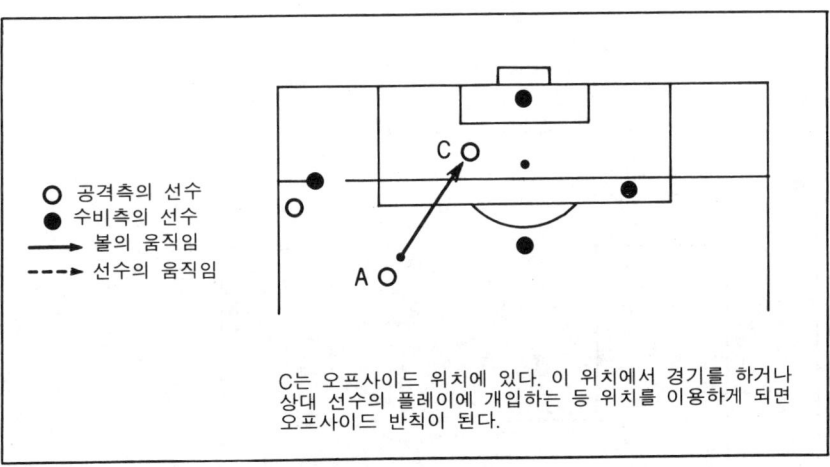

전형적인 오프사이드의 예

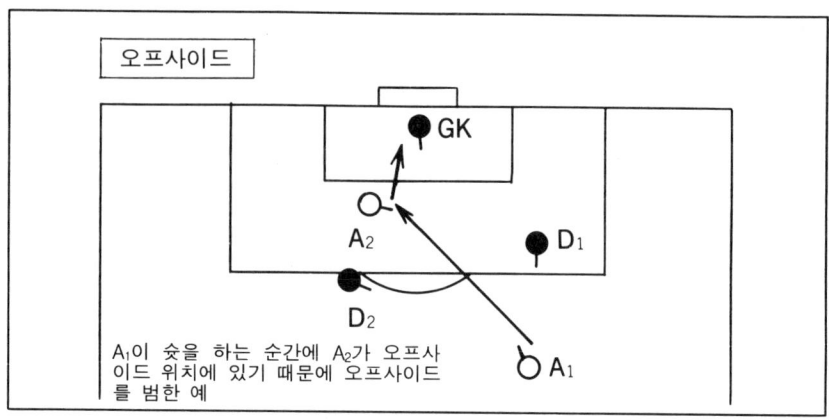

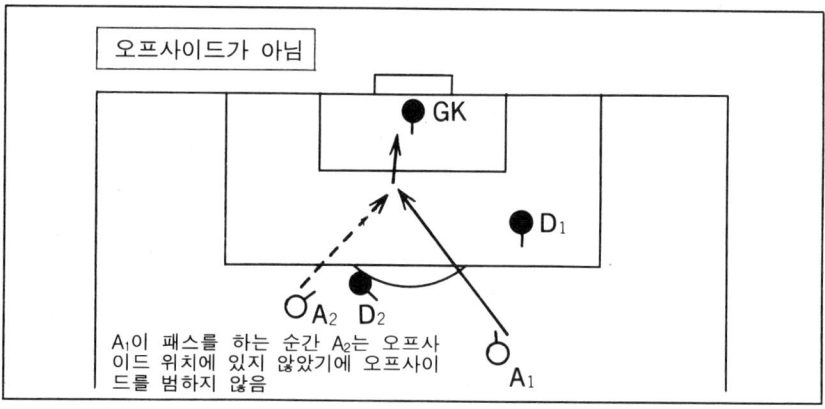

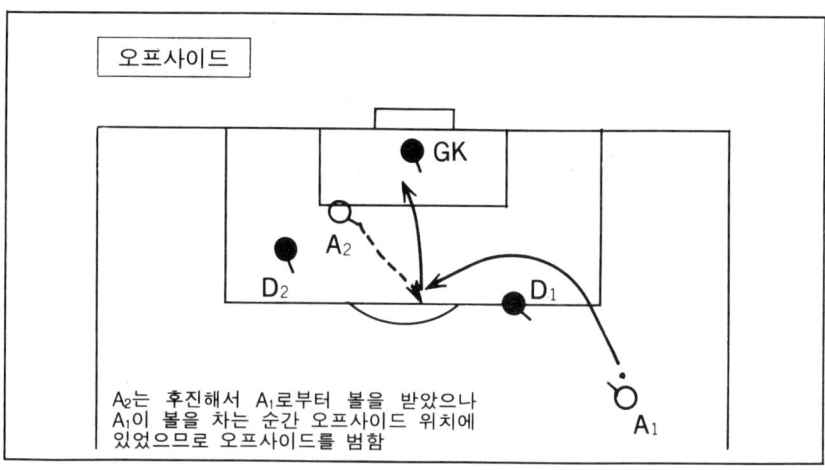

제7장 축구의 규칙 해설 187

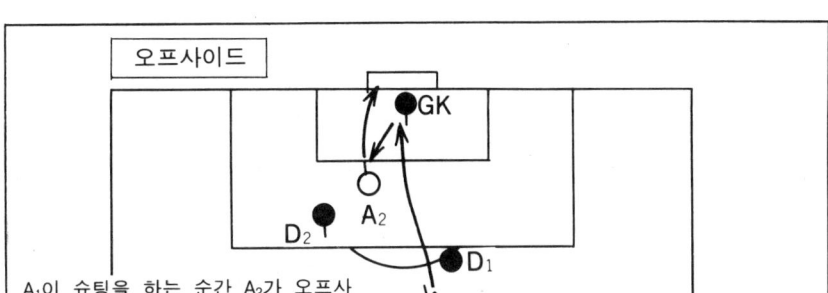

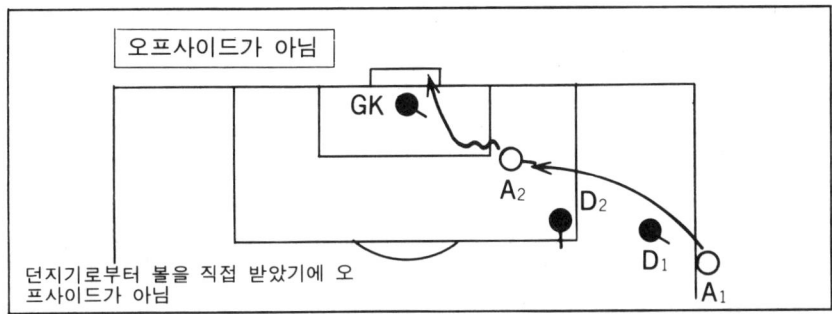

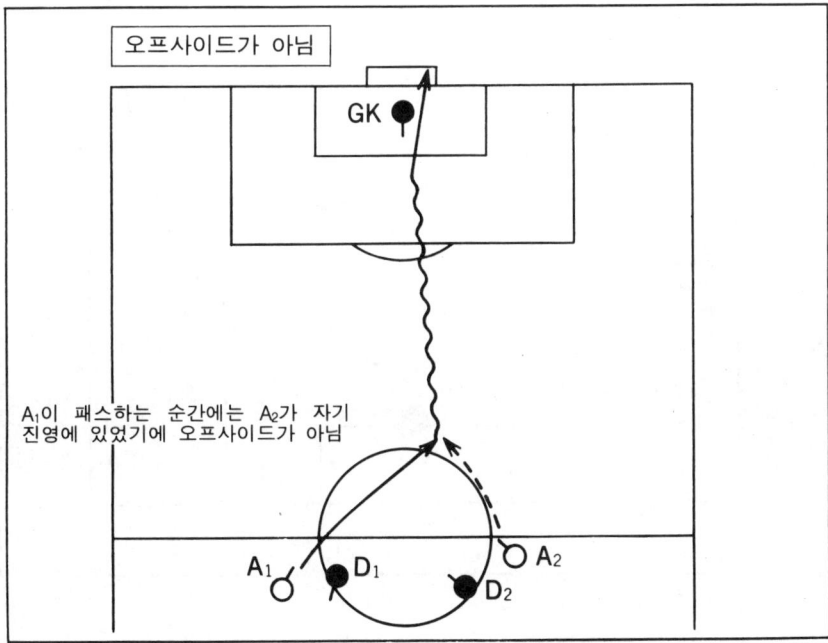

⓬ 문지기의 백 패스(back pass)

국제축구연맹은 1992년 바르셀로나 올림픽 때부터 골키퍼에게 볼을 백 패스하는 행위를 제한하는 새로운 규칙을 채택했다. 새로운 규칙은 우군 선수가 고의적으로 발로 차서 백 패스하는 볼을 골키퍼가 손으로 직접 잡지 못하도록 하는 내용이다.

[그림]에서, D_2가 발로 패스한 볼을 골키퍼는 손 이외의 부분으로 컨트롤하여 자기편에게 패스한다. 이렇게 함으로써 경기의 흐름이 한층 속도를 더할 수 있게 된다.

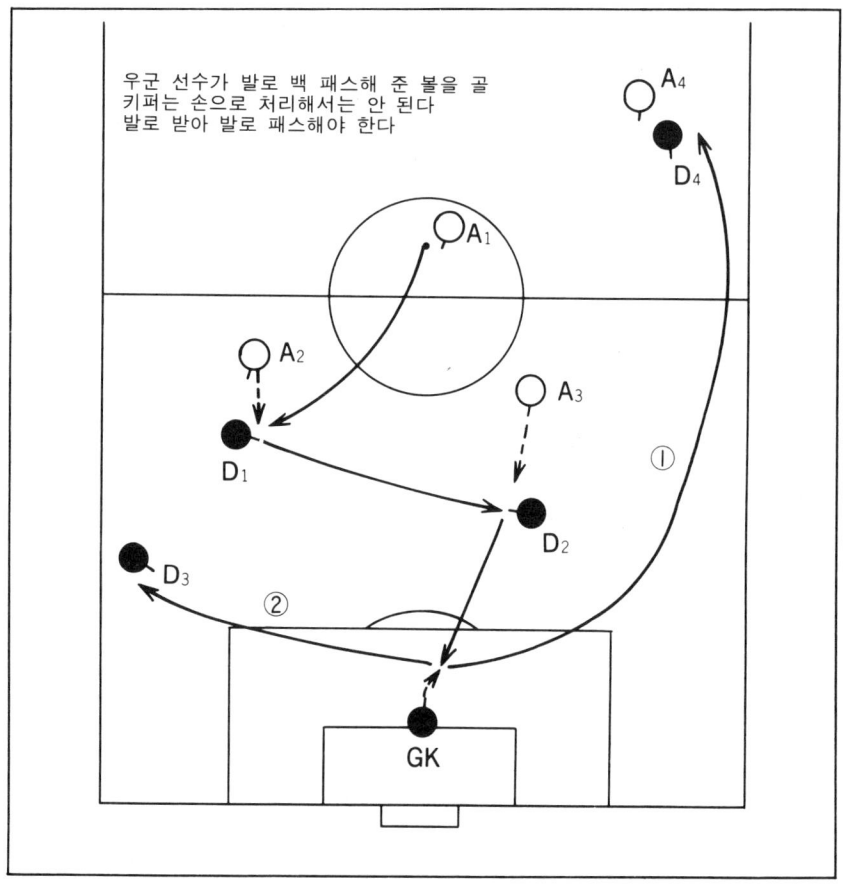

우군 선수가 발로 백 패스해 준 볼을 골키퍼는 손으로 처리해서는 안 된다
발로 받아 발로 패스해야 한다

참고한 책들

<제 1 장>

① 「(財)日本サッカー協會規程集」
② 「JFA News」(財)日本サッカー協會, 1992년 7월호
③ 淺見俊雄, 永嶋正俊 「サッカーのルール」 大修館書店, 1984년
④ 「SCA」(財)日本サッカー協會コーチャーズアソシエーション, 1990년 8월호
⑤ 「FIFA News」 國際サッカー連盟, 1992년 8월호
⑥ 加藤 久 「實踐サッカー」 新星出版社, 1988년

<제 2 장>

① 淺見俊雄他 「サッカーの科學的指導」 不昧堂出版, 1976년

<제 3 장>

① (株)日本サッカー協會 「少年サッカーハンドブック」, 1989년
② 國際サッカー連盟 「World Football Development Program」 1991년

<제 4 장>

① 加藤 久 「サッカー練習プログラム」 成美堂出版, 1998년

<제 5 장>

① 加藤 久 「サッカーへの心理學アプローチ」 日本スポーツ企劃出版社, 1989년
② 藤田 厚 「メンタル・トレーニング科學」 體育科敎育, 1988년 9월호
③ 長田一臣 「スポーツで勝敗を學ぶこと」 體育科敎育, 1982년 10월호
④ 加藤 久 「少年サッカーの指導」 雪書房, 1990년

<제 6 장>

① スポーツ・トレーニング硏究會, 「超過回復」 トレーニング・ジャーナル, 1990년 8월호
② 鈴木正成 「スポーツと食事」 學校體育, 1990년 5월호
③ 鈴木正成 「チャンピオンへの食生活」 コーチング・クリニック, 1991년 4월호
④ 三井香兒 「暑いときに倒れたらどうするか」 トレーニング・ジャーナル, 1990

년 7월호
⑤ ウィリー・バンクス 「休養もトレーニングだ」 トレーニング・ジャーナル, 1990년 12월호
⑥ トレーニング・ジャーナル 「ウォームアップ」 1988년 9월호
⑦ トレーニング・ジャーナル 「見落としていないかクールダウン」 1990년 9월호
⑧ 山田昌彦 「スポーツマンの榮養と食事」 コーチング・クリニック, 1988년 1월호
⑨ 村木征人 「疲勞とその回復をどう考えるか」 トレーニング・ジャーナル, 1990년 11월호
⑩ 川原 貴 「オーバートレーニング」 體育の科學
⑪ 森本武利 「水分攝取とイレオンバランス」 トレーニング・ジャーナル, 1990년 6월호

■ 부 록

국제축구연맹(F.I.F.A.)의 경기 규칙

———————————————— 대한축구협회 제공

제1조 / 경기장 (The field of play)
제2조 / 볼 (The ball)
제3조 / 경기자의 수 (Number of players)
제4조 / 경기자의 장비 (Player's equipment)
제5조 / 주심 (Referees)
제6조 / 선심 (Linesmen)
제7조 / 경기 시간 (Duration of the game)
제8조 / 경기 개시 (The start of play)
제9조 / 볼의 인플레이와 아웃 오브 플레이
(Ball in and out of play)
제10조 / 득점 방법 (Method of scoring)
제11조 / 오프사이드 (Off-side)
제12조 / 반칙과 불법 행위 (Fouls and misconduct)
제13조 / 프리 킥 (Free-kick)
제14조 / 페널티 킥 (Penalty-kick)
제15조 / 드로우 인 (Throw-in)
제16조 / 골 킥 (Goal-kick)
제17조 / 코너 킥 (Corner-kick)
※ 경기 규칙에 관한 추가 지시

■ 제1조 경기장

LAW 1 - THE FIELD OF PLAY

《조 문》
경기장 및 그의 부대 설비는 다음 도면에 표시된 바와 같아야 한다.

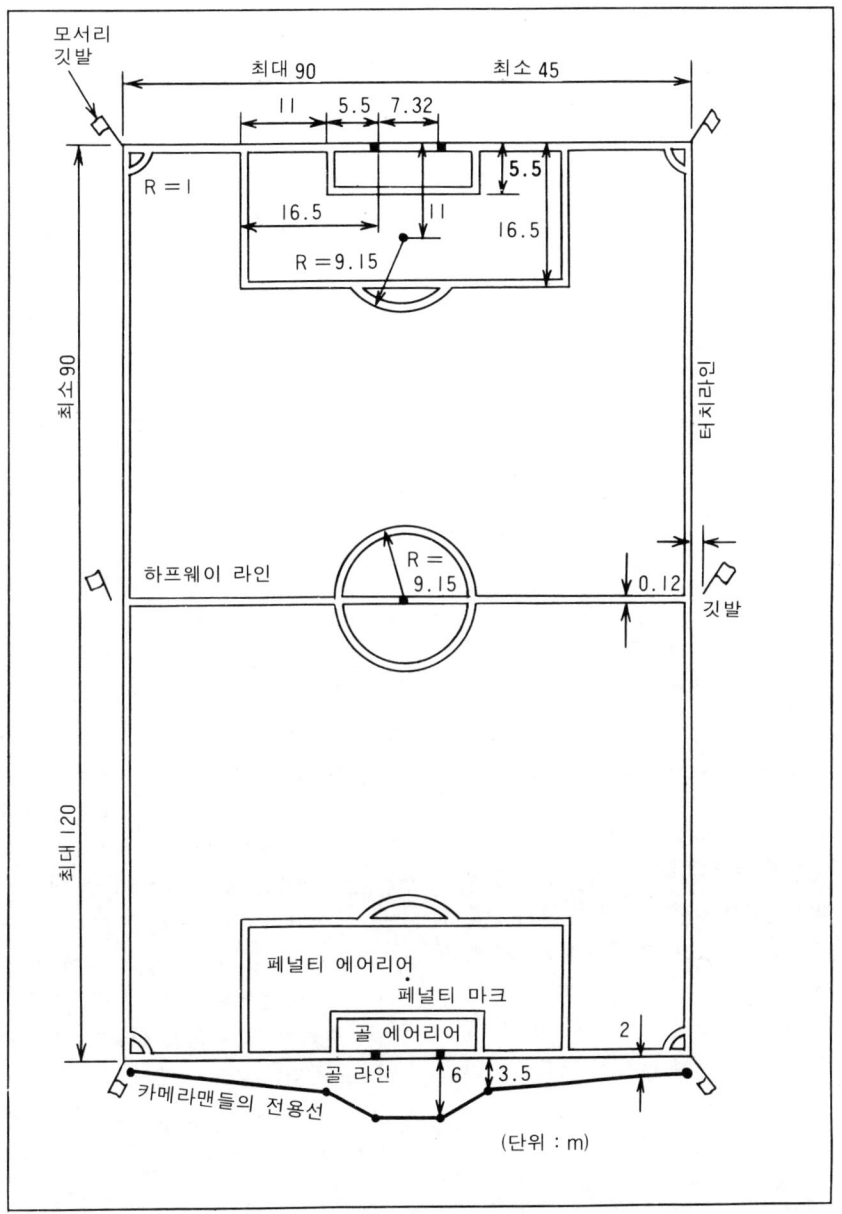

(1) 크기

경기장은 장방형으로 길이 120미터(130야드) 이하 90미터(100야드) 이상, 넓이 90미터(100야드) 이하 45미터(50야드) 이상이 되어야 한다(국제 경기=길이 110미터(120야드) 이하 100미터(110야드) 이상, 넓이 75미터(80야드) 이하 64미터(70야드) 이상이어야 한다). 길이는 언제나 넓이보다 길어야 한다.

(2) 라인 긋는 법

경기장은 폭 12cm 이하의 명확한 선으로 긋되 V자형이 홈을 파서 그으면 안 된다.

도면에 표시된 바와 같이 길이가 긴 경계선을 터치 라인(Touch-line), 짧은 경계선을 골 라인(Goal-line)이라 부른다.

네 귀퉁이에 높이 1.5m 이상의 끝이 뾰족하지 않은 깃대에 기를 달아서 꽂는다(Corner-flag Post), 같은 깃대를 경기장 중앙선 양측에 마주 세우되 터치 라인 밖으로 1m 떨어져 세우지 않으면 안 된다(Center-flag Post).

중앙선은 경기장을 가로질러서 그어야 한다. 경기장 중앙에 직경 22cm가 되게 표시하고(Kick off-mark), 이를 중심으로 반경 9.15m의 원을 그어야 한다(Center-circle).

(3) 골 에어리어 (Goal-area)

경기장 양단에 각 골 포스트 내측에서 코너쪽으로 5.5m씩 떨어져서 골 라인에 직각으로 각각 길이 5.5m의 두 개의 선을 경기장 안으로 긋고, 그 양단을 골 라인에 평행되는 선으로 연결시킨다. 이러한 선들과 골 라인으로 둘러싸인 부분을 골 에어리어라 한다.

(4) 페널티 에어리어 (Penalty-area)

경기장 양단에 각 골 포스트 내측에서 코너쪽으로 16.5m씩 떨어져서 골 라인에 직각으로 각각 길이 16.5m의 두 개의 선을 경기장 안으로 긋고, 그 양단을 골 라인에 평행되는 선으로 연결시킨다. 이러한 선들과 골 라인으로 둘러싸인 부분을 페널티 에어리어라 한다. 각 페널티 에어리어 안에 골 라인 중앙 지점에서 골 라인에 직각방향으로 11m 떨어진 지점에 직경 22cm의 표시를 한다. 이것을 페널티 마크(Penalty-mark)라 한다. 페널티 마크를 중심으로 해서 페널티 에어리어 바깥에 반경 9.15m의 일부 원을 그린다. 이를 아크 써클(Arc-circle)이라 한다.

(5) 코너 에어리어 (Corner-area)

각 코너 깃대로부터의 1/4원을 반경 1m가 되게 경기장 내에 각각 그어야 한다.

(6) 골 (Goal)

각 골 라인 중앙에 세우되 양 코너 플랙 포스트에서 같은 거리의 지점에 두 개의 포스트를 똑바로 세우고 그 간격(안쪽 거리)을 7.32m로 한다. 그 포스트 위에 수평의 크로스 바를 연결시키고 크로스 바 하단의 높이를 지상에서 2.44m로 한다. 포스트 및 크로스 바의 넓이와 두께는 12cm를 넘어서는 안 된다. 안전상, 이동식을 포함한 모든 골대는 땅에 고착되어야 한다. 포스트와 크로스 바의 두께는 같아야 한다.

네트(net)는 골 포스트, 크로스 바 및 골 뒤쪽 지면에 설치해도 좋으나 적당하게 받쳐서 골키퍼가 자유롭게 활동할 수 있는 여유를 두지 않으면 안 된다.

Foot Note(補足) : 골 네트는 대마(大麻), 황마(黃麻) 또는 나일론 등으로 만든 네트가 허용된다. 나일론 줄의 경우, 대마보다 가늘어서는 안 된다.

국제평의회 결정 사항

(1) 국제 경기에 있어서 경기장 크기는 최대 110m×75m, 최소 100m×64m로 한다.

(2) 각국 협회는 이와 같은 크기를 반드시 지키지 않으면 안 된다. 국제 경기를 주최하는 협회는 내방하는 협회에 대하여 경기 전에 경기장의 소재 및 크기를 미리 알려야 한다.

(3) 평의회는 규칙에서 쓰이는 계량표를 인정한다.

120미터…130야드
110미터…120야드
100미터…110야드
90미터…100야드
75미터…80야드
64미터…70야드
45미터…50야드
16.5미터…18야드
11미터…12야드
9.15미터…10야드
7.32미터…8야드
5.5미터…6야드
1미터…1야드
2.44미터…8피트
1.5미터…5피트
0.71미터…28인치
0.68미터…27인치
0.22미터…9인치
0.12미터…5인치
0.019…3/4인치
0.0127미터…1/2인치
0.010미터…3/8인치
396그램…14온스
453그램…16온스
1kg/cm^2…15lb/sq.in.

(4) 골 라인은 골 포스트와 크로스 바의 두께와 같은 넓이로 긋지 않으면 안 된다. 그리하여 골 라인과 골 포스트의 내외단을 일치시킬 수 있게 한다.

(5) 5.5m(골 에어리어 외측) 및 16.5m(페널티 에어리어 외측)의 측정은 골 라인을 따라 골 포스트의 내측에서 시작하여야 한다.

(6) 골 에어리어, 페널티 에어리어 등 경기장 내의 각 지역은 이러한 지역을 표시하기 위하여 그은 선의 넓이도 포함된다.

(7) 모든 협회는 규정의 시설을 준비하여야 하며 특히 국제 경기의 경우에 그러하다.

모든 점에서 경기 규칙에 따라야 하며 반드시 규정에 맞아야 한다. 특히 골의 크기, 기타 장비에 관해서도 반드시 규정에 맞아야 한다.

정규 설비가 되어 있지 않을 때는 FIFA에 보고하지 않으면 안 된다.

(8) 공식 경기로 거행되는 경기중에 만일 크로스 바가 부러지거나 위치가 바뀌어지면 경기를 중단하고, 경기자에게 위험하지 않게 수리해서 원위치에 다시 설치하거나 새로운 것으로 대치하지 않는 한 경기는 포기해야 한다. 로프는 크로스 바의 대용물로 사용되지 못한다. 친선 경기에서는 상호 동의하에 크로스 바를 제거해서 더 이상 경기자에게 위험을 줄 상태가 아니면 크로스 바 없이 경기를 계속해도 된다.

이런 경우 로프를 크로스 바 대용품으로 사용해도 된다. 로프를 사용하지 않을 때, 볼이 골 라인을 통과한 곳이 크로스 바가 있던 자리 아래로 주심이 인정하면 득점을 선언할 수 있다. 일시 정지 후 경기를 재개할 때에는 정지했을 때 볼이 있던 지점에서 주심이 볼을 떨어뜨려 재개한다.

이 때 골 에어리어 내에서 떨어뜨리게 될 경우에는 플레이가 정지된 지점에서 가장 가까운 골 라인과 평행된 골 에어리어 선상에서 해야 한다.

(9) 조문(1)에 정해진 제한 이내라면 각국 협회는 그들이 적당하다고 인정하는 대로 크로스 바와 골 포스트 두께의 최대 최소의 치수를 명시해도 좋다.

(10) 골 포스트 및 크로스 바에 목재, 금속 또는 국제평의회가 기회있을 때마다 승인한 재료로 만들지 않으면 안 된다. 그것은 정방형, 장방형, 원형, 반원형 또는 타원형 중 어느 것이나 허용되며 그 이외의 재료와 형태는 허용되지 않는다. 골 포스트는 흰색이어야 한다. (88. 6. 개정)

(11) 경기장 내에서 어떤 광고도 허용되지 않는다. 특히 네트나 코너 플랙 혹은 골 포스트와 같은 경기장 설비에 광고물을 전시하거나 카메라나 마이크 등 경기와 직접 관련이 없는 장비도 설치할 수 없다. FIFA, 대륙 축구 연맹, 국가 축구 협회, 리그, 클럽 등의 로고를 경기장 잔디 위에 새겨 넣는 행위는 금지한다. (95. 5.)

(12) 국제 대회의 개막 경기는 경기 당일 그 국제 대회에 관계되는 쌍방 협회 대표와 심판원(국제 경기 담당)이 경기장 상태를 고려해서 동의했을 때에만 경기를 할 수 있다.

(13) 각국 협회는 특히 국제 경기에서 경기장 주변의 '카메라 맨' 수를 제한한다.

골 라인의 코너 플랙이 있는 지점은 2m 이상, 골 라인과 골 에어리어 교차점에서는 3.5m 이상, 골 포스트부터는 6m 이상 떨어진 곳에 '카메라 맨'용 라인을 긋는다. 이 라인으로 '카메라 맨'이 침입하는 것을 금한다.

플래시 라이트 같은 인공 광선의 사용을 금한다.

(14) 코너 플랙에서 골 라인쪽으로 11야드 떨어진 경기장 바깥쪽에 골 라인과 직각으로 표시를 해야 하는데 이는 주심이 코너 킥을 실시할 때 판정을 확실히 하는데 도움이 된다.

■ 제 2 조 볼

LAW 2- THE BALL

《조 문》

볼은 둥근 것이라야 하며, 외피는 가죽이나 다른 승인된 재료라야 한다. 그 구조상 경기자에게 위험을 줄 우려가 있는 재료가 사용되어서는 안 된다.

볼을 외주는 68cm 이상, 71cm 이하라야 한다.

볼의 무게는 경기 개시할 때 396g 이상 453kg 이하라야 한다.

볼의 공기 압력은 0.6~1.1기압, 즉 해면 높이에서 $1cm^2$당 600g~1,100g으로 한다. (83. 7. 25. 개정)

주심의 승인 없이는 경기중에 볼을 바꿀 수 없다.

국제평의회 결정 사항

(1) 어떠한 경기에 있어서도 사용된 볼은 소관 협회 또는 경기가 거행되는 경기장을 관리하는 클럽의 소유물로 하여야 하며, 경기가 끝날 때 반드시 볼을 주심에게 반환하여야 한다.

(2) 평의회는 기회있을 때마다 어떠한 재료가 승인된다는 것을 결정할 것이다. 어떠한 것이라도 승인된 재료는 평의회가 그 유효성을 보증한다.

(3) 평의회는 규칙에 명시된 다음의 중량이 대등하다는 것을 인정한다.

14~16온스=396~453g

(4) FIFA 대항전이나 국제 연맹 주최로 열린 시합에서는 규칙 2조에서 규정하고 있는 최소한의 기술상 요건을 검증받은 볼만을 사용해야 한다. 상기 시합에 사용되는 볼은 최소한의 기술상 요건을 충족시켰음을 나타내는 다음과 같은 명시 내용 가운데 하나가 새겨져 있어야 한다.

1. 공식적인 'FIFA 공인' 로고
2. 공식적인 'FIFA 검증' 로고
3. '국제 경기 볼 표준 규격' 보증서

(FIFA의 요구가 있을 때 기타 기술상의 동의서 포함)

다른 모든 경기에서 사용되는 볼은 규칙 2조에 합당해야 한다. 국가 축구 협회나 경기 주최측은 상기의 명시된 내용 가운데 하나가 새겨진 볼만을 사용하도록 요구해야 한다. (95. 5.)

(5) 경기중에 볼이 파열되거나 공기가 빠졌을 때는 경기를 중지하고 새 볼로 처음에 사고가 생긴 장소에서 볼을 땅에 떨어뜨려 경기를 재개한다. 이 때 골 에어리어 내에서 떨어뜨리게 될 경우에는 플레이가 정지된 지점에서 가장 가까운 골 라인과 평행된 골 에어리어 선상에서 해야 한다.

(6) 만약 이 사고가 경기 정지 후(플레이스 킥 또는 골 킥, 코너 킥, 프리 킥, 페널티 킥, 드로우 인)에 생겼을 때는 그때의 상황에 따라 재개한다.

■ 제 3 조 경기자의 수

LAW 3 - NUMBER OF PLAYERS
≪조 문≫

(1) 경기는 각각 11명이 넘지 않게 편성된 두 팀에 의해서 행하여진다. 한 팀 중의 1명은 골키퍼가 되어야 한다.

(2) FIFA, 대륙 연맹, 국가 축구 협회 등에서 주최하는 공식 경기에서는, 시합중 최고 3명까지 교체할 수 있다.

교체 선수가 몇 명인지 대회 규정에 명시하여야 하며 최대 5명까지 교체할 수 있다.

경기 시작 전에 교체 선수의 명단을 주심에게 제출해야 한다. 제출되지 않은 교체 선수는 경기에 참여할 수 없다. (95. 5.)

(3) 선수 교체는 어떠한 경기에서도 양팀의 합의에 따라 최고 5명까지 허용되며 이러한 합의 사항을 경기 시작 전에 주심에게 통고해야 한다. 주심에게 통고되지 않거나 양 팀 간의 합의가 이루어지지 않을 경우 교체 선수는 3명을 초과할 수 없다.

(4) 팀의 어느 경기자라도 자기 팀 골키퍼와 위치를 바꿀 수 있으나 바꾸기 전에는 반드시 주심에게 통고하여야 하며 또한 경기가 잠시 중단되었을 때 바꾸어야 한다.

(5) 골키퍼나 어느 다른 경기자가 교체요원과 교체하게 될 때에는 다음 사항이 준수되어야 한다.

(a) 주심은 교체되기 전에 교체 의사를 통고받아야 하며,

(b) 교체되어 들어오려는 경기자는 교체

되어 나가는 자가 경기장을 떠날 때까지 입장할 수 없으며, 또한 주심의 신호를 받은 후에야 입장할 수 있다.

(c) 교체 경기자는 경기가 중단되었을 때 중앙선에서 입장하여야 한다.

(d) 교체되어 나온 경기자는 잔여 시간의 경기에 다시 참가할 수 없다.

(e) 교체 요원들도 경기를 하든 안 하든 심판의 권위와 지배하에서 복종하여야 한다.

(f) 교체되어 새로 입장할 경기자가 경기장에 입장한 순간부터 교체가 이루어진 것으로 간주한다. (11명 중에 한 사람으로 인정됨)

벌칙 :

(a) (4)항에 위배되는 행동 때문에 경기가 중단될 수는 없으며, 해당자는 경기가 중단되는 즉시 경고를 받아야 한다.

(b) 만일 교체 요원이 주심의 허가없이 경기장에 입장하였다면 경기는 중단되어야 한다.

그 교체 요원은 경고를 받아야 하며 경기장에서 떠나게 하고 상황에 따라서는 퇴장시켜야 한다. 경기의 재개는 경기가 중단되었던 장소에서 주심이 드롭볼로 하여야 한다.

(c) 본조문에 위배되는 행동을 한 경기자는 경고를 받아야 하며, 만일 주심이 경고를 주기 위하여 경기를 중단시켰을 때에는 제13조 규정을 우선적으로 적용하여 경기가 중단되었던 위치에서 상대 팀의 간접 프리 킥으로 경기를 속행시켜야 한다.

| 국제평의회 결정 사항 |

(1) 한 팀의 최소 경기자의 수는 각국 협회의 자유 재량에 일임한다.

(2) 평의회 의견으로는 양 팀 중 어느 팀이든 경기자가 7명보다 적을 때, 그 경기는 유효로 인정하지 않는다.

(3) 공식 경기에서는 경기가 시작되기 전에 주심은 5명 이하의 교체 요원 명단을 통고받아야 하며 교체는(필요하다면) 이들중에서 선정되어야 한다.

경기 개시 전에 퇴장당한 경기자는 이미 제출된 교체 요원 중의 한 경기자와 교체할 수 있다.

보충자를 참가시키기 위해서 킥오프를 지연시켜서는 안 된다.

경기가 개시된 후에 퇴장당한 경기자는 교체될 수 없다. 이미 지명된 교체 요원 중 1명이 경기 개시 전 또는 후에 퇴장을 당했을 때에는 보충할 수 없다. (이 결정은 규칙 제12조를 위반한 경기자에게만 관련될 뿐, 규칙 제4조를 위반한 경기자에게는 적용되지 않는다.)

■ 제 4 조 경기자의 장비

LAW 4 - PLAYER'S EQUIPMENT
≪조 문≫

(1) (a) 선수의 기본 필수 장비는 상의, 하의(반바지), 양말(스타킹), 정강이 보호대 및 신발로 이루어진다.

(b) 선수는 다른 선수에게 위험을 줄 수 있는 것을 착용해서는 안 된다.

(2) 정강이 보호대는 반드시 전체가 양말로 덮여져야 하는데 적절한 재료(고무, 플라스틱, 폴리우레탄 혹은 유사한 물질)로 만들

어져야 하며 적절한 정도까지 보호할 수 있어야 한다. (90. 7. 25. 개정)

(3) 골키퍼는 다른 경기자나 주심으로부터 구별될 수 있도록 다른 색을 착용하여야 한다.

벌칙 :

본 조항의 위반 사항에 대하여서 해당 선수는 경기가 중단되었다가 다시 인 플레이될 때까지 그의 용구를 시정하지 않았을 경우, 그의 용구를 고치거나 또는 벗어버린 용구를 보완하기 위하여 심판으로부터 퇴장을 명받게 된다.

해당 용구를 시정하거나 벗어버린 용구를 보완하기 위하여 퇴장 조치를 받은 선수는 그의 용구가 시정된 후 먼저 심판에 보고되지 않고는 재입장할 수 없다. 선수는 아웃 오브 플레이되었을 때에만 재입장할 수 있다. (92. 7. 25. 개정 시행)

| 국제평의회 결정 사항 |

(1) 국제 경기, 국제 대회, 국제 클럽 대회 및 서로 다른 협회 소속 클럽 간의 친선 경기에서 주심은 경기 시작 전에 경기자들의 장비를 검사하며, 장비가 이 규칙에 맞지 않는 경기자는 알맞은 장비를 갖출 때까지 경기를 할 수 없게 한다. 어떤 대회의 규정에도 유사한 조항이 포함될 것이다. (90. 6. 28. 개정, 90. 7. 25. 시행)

(2) 만약 주심이 규칙에 허용되지 않는 물품을 몸에 지니고 있어, 다른 경기자에게 위험을 끼칠 것으로 생각되는 경기자를 발견하면, 그것을 제거하도록 명령하여야 한다. 만약 그가 주심의 명령대로 수행하기를 거절하면, 그 경기자를 경기에 참가시켜서는 안 된다.

(3) 규칙 제4조를 위반함으로써 경기 참가를 금지당하거나, 경기 도중 경기장에서 퇴장당한 경기자는 경기가 정지된 때, 주심에게 보고하고 주심이 더 이상 규칙 제4조 위반이 아닌 것을 확인한 경기자가 아니면 경기장에 참가 또는 복귀가 허용되지 않는다.

(4) 규칙 제4조를 위반하여 경기에 참가하는 것을 정지당하거나 또는 경기 도중 경기장에서 퇴장당한 경기자가 제12조 (j)항을(88. 6. 개정) 위반하고 경기에 참가하거나 또는 복귀했을 때 경고를 주어야 한다.

만일 주심이 경고를 주기 위해서 경기를 중지시켰다면 주심은 제13조 규정을 우선적으로 적용하고 경기를 정지시켰을 때 볼이 있었던 장소에서 상대편의 간접 프리킥으로써 경기를 재개시킨다.

■ 제 5 조 주 심

LAW 5 - REFEREES

≪조 문≫

주심은 매 경기 때마다 그 경기를 주관하도록 임명된다.

경기 규칙에 의하여 그에게 주어진 권한과 권력의 행사는 그가 경기장에 입장한 직후부터 시작된다.

그가 벌을 주는 권한은 경기가 잠시 중단되었거나 볼이 아웃 오브 플레이되어 있을 때에 범해진 반칙에도 미친다.

제반 사항 종결에 대한 주심의 결정은 경기 결과에 대하여 최종적이다.

그 임무는 :

(a) 경기 규칙을 시행한다.

(b) 사건을 처벌함으로써 반칙을 범한 팀에게 이익을 줄 것으로 인정될 때에는 그 벌칙 적용을 피한다.

(c) 경기의 내용을 기록해야 한다. 또 시간을 재서 규정의 경기 시간 또는 합의로 정해진 시간의 경기를 진행하며, 사고 기타 원인으로 소비한 시간은 그만큼 연장한다.

(d) 경기 규칙 위반에 대해서는 경기를 정지하고, 전후 및 관중의 방해, 기타 사유로써 그가 필요하다고 인정될 때는 언제든지 경기를 중지하거나 끝낼 권한을 갖는다.

이러한 경우 주심은 그 나라 협회가 제정한 규정에 따라 규정 시간 내에 축구 협회 또는 주최측에 상세한 보고를 하여야 한다. 이 보고는 우편으로 해도 좋다.

(e) <u>주심은 경기장에 입장할 때부터 경기장의 부정, 불법 행위와 비신사적 행위에 대해서는 황색 카드를 제시하여 '경고'해야 한다.</u> (92. 7. 25. 개정 시행)

이러한 경우 주심은 위반자의 성명을 축구 협회가 제정한 규정에 따라 규정 시간 내에 주최측에 상세히 보고해야 한다.

(f) 경기자와 선심 외에는 누구도 주심의 허가 없이 경기장에 들어갈 수 없다.

(g) 경기자가 중상을 입었다고 인정하였을 때는, 경기를 일단 중지하고 가급적 속히 그 경기자를 경기장 밖으로 운반한 후 즉시 경기를 재개한다.

만일 경기자의 부상이 가벼울 때에는 볼이 아웃 오브 플레이될 때까지 경기를 중단하지 않는다.

부상자가 치료를 받기 위해서 터치 라인 또는 골 라인까지 갈 수 있을 때는 경기장 내에서 치료받을 수 없다.

(h) <u>어떠한 경기자도 주심의 의견으로</u> <u>폭행이나 반칙 플레이 혹은 욕설 또는 폭언을 하거나 한번 '경고'를 받은 후 불법 행위를 재범할 경우에는 적색 카드를 제시하여 '퇴장' 조치를 하여야 한다.</u> (92. 7. 25. 개정 시행)

(i) 모든 경기 중단 후에는 재개에 대한 신호를 한다.

(j) 경기를 위한 준비된 볼이 제2조 규정에 적합한지 여부를 결정한다.

국제평의회 결정 사항

(1) 국제 경기의 주심, 선심은 경기하는 양팀의 경기자가 입고 있는 옷 색깔과 구별될 수 있는 색의 '블레이저' 또는 '블라우스'를 착용해야 한다.

(2) 관계 당국이 자기 나라의 임원을 주심, 선심으로 선정하는 데 동의할 때 외에는 국제 경기에 주심, 선심은 제3국에서 선정하여야 한다.

(3) 주심은 국제 심판으로 등록된 자 중에서 선정하여야 한다. 이 결정은 아마추어 및 청소년 국제 경기에는 적용하지 않는다.

(4) 주심은 경기 개시 전, 경기 도중 혹은 경기 종료 후라도 관중, 임원, 경기자, 교체 요원 혹은 경기장이나 주변에 있는 다른 사람의 위법 행위나 비위가 있는 경우 주최측이 적절한 조치를 취할 수 있도록 보고하여야 한다.

(5) 선심은 주심의 보조원이다. 주심은 그 자신이 경기장에 판정하기 더 쉬운 장소에서 사고를 발견했을 경우에는 판정에 대한 선심의 간섭을 고려할 필요가 없다. 그러나 선심이 제3자인 경우에는 선심의 신호가 득점되기 직전에 있었다면, 골 인되었더라도 주심은 선심의 신호를 인정하여 득점을 취소할 수 있다.

(6) 주심은 경기가 재개되지 않는 동안에만 최초의 판단을 취소할 수 있다.

(7) 만일 주심이 '어드벤티지' 조항을 적용하기로 판단해서, 경기를 그대로 진행시키려는 그의 결심을 표시하였다면, '어드벤티지'가 실현되지 않았다고 하여도 이미 지나간 반칙을 소급하여 판정할 수 없다.

이 조항이 반칙한 자에 대한 주심의 처벌을 면제시키는 일은 아니다.

(8) 경기 규칙은 경기가 가능한 한 중단되는 일 없이 진행되는 것을 원칙으로 하며, 이 점을 고려해서 주심의 임무는 고의적인 규칙 위반만을 벌주는 것이다. 사소한 위반이나 의심스러운 위반 등에 대해서 일일이 휘슬을 불면 경기자는 감정을 유발하여 냉정을 잃고 관중은 흥미를 잃게 된다.

(9) 규칙 제5조 (d)항에 의하여 주심은 심상치 않은 혼란 사태에 대해서 경기를 끝내게 할 권한이 주어져 있다.

그러나 이와 같은 사고에 있어서, 어느 팀의 자격을 잃게 하여 그것으로 경기의 패자를 결정하는 권력이나 권한은 없다.

그는 이와 같은 사고의 상세한 내용을 소관 협회나 주최자에게 보고하지 않으면 안 되며, 소관 협회나 주최자만이 사고에 대한 처리의 권한을 가지고 있다.

(10) 만약 경기자가 동시에 다른 성질의 두 가지 반칙을 범했을 때, 주심은 더 무거운 반칙에 대해 벌을 주어야 한다.

(11) 주심의 의무로서 주심 자신이 확인하지 못한 사건에 대해서는 제3자인 선심의 보조에 의해 판정한다.

(12) 주심은 경기가 중단될 때까지는 어떠한 사람이라도 경기장에 입장하는 것을 허용해서는 안 되며, 경기가 중단된 후에도 주심이 들어오라는 신호를 한 후라야 한다.

(13) 주심(해당되는 선심 또는 대기심)은 경기 규칙에 의거하여 내린 결정이나 경기를 운영하는데 필요한 정상적인 절차를 위해 내린 결정으로 인해 다음과 같은 위해로부터 보호받아야 한다.

① 선수나 임원 혹은 관중에 의한 부상
② 재산상의 손실
③ 개인, 클럽, 기업, 협회나 이와 유사한 단체에 의한 손상

주심의 정당한 결정 사항은 다음과 같다.

(a) 경기장이나 주변 환경 혹은 기후 상태에 따라 경기의 진행 여부 결정
(b) 합당한 이유에 의한 경기 포기 결정
(c) 골 포스트, 크로스 바, 코너 포스트 및 볼을 비롯하여 경기에 사용되는 설비나 장비의 상태에 관한 결정
(d) 관중의 경기 방해나 관중석 내의 문제 발생시 경기의 중단 여부 결정
(e) 부상 선수의 치료를 위한 경기의 중단 여부 결정
(f) 부상 선수의 치료를 위한 경기장에서의 후송 여부 결정
(g) 선수의 특정 복장이나 용구의 허용 여부 결정
(h) 팀 인원, 경기장 직원, 안전 책임자, 사진 기자나 언론 대표 등을 비롯한 특정인들의 경기장 부근에서 관전 여부 결정(이는 주심의 재량에 맡겨진다)
(i) 경기 규칙에 의거하거나 경기를 후원하고 있는 대륙 연맹, 축구 협회, 연맹의 규칙 혹은 규정에 준하여 주심의 재량에 따라 경기중 내린 기타 다른 결정 (95. 5.)

(14) 코치는 경기 도중 선수에게 전술상의 지시를 내릴 수 있다. 그런 코치 및 다른 임원들은 주어진 테크니컬 에어리어를 벗어나서는 안 되며 경기 도중 내내 책임감 있는 행동으로 일관해야 한다. (93. 6. 개정)

(15) 네 번째 임원(대기 심판)이 임명된 경기중 대기 심판의 임무는 국제축구평의 회가 승인한 지침서에 따르는 것이다. (93. 6. 개정)

■ 제6조 선 심

LAW 6 - LINES MEN
≪조 문≫

선심은 2명이 임명된다.
그 임무는(주심 판정에 복종하고) 다음을 지정한다.
(a) 볼이 아웃 오브 플레이됐을 때
(b) 어느 편이 코너 킥, 골 킥, 드로우 인을 할 권리가 있는가
(c) 교체를 요구했을 때
또 주심이 본규칙에 의해서 경기를 진행하는데 조력해야 한다.
선심이 부당한 간섭이나 불법 행위를 할 때에 주심은 그 선심의 임무를 면제하고 보충자를 임명하도록 주선해야 한다(주심은 이 사건을 소관 협회에 보고하여야 할 충분한 권한이 있다). 선심은 주최측이 제공하는 수기(手旗)를 갖는다.

국제평의회 결정 사항

(1) 제3자인 선심의 의무는 주심이 보지 못한 어떤 규칙 위반에 대해서 주심의 주의를 촉구해야 한다. 그러나 그의 의견 채택 여부는 항상 주심만이 결정한다.
(2) 국제 'A' 경기를 할 때, 각국 협회는 FIFA 명단에 등록되어 있는 제3국 국적의 선심으로 지명한다.
(3) 국제 경기에 사용되는 선심기는 선명한 색. 즉 선홍(鮮紅)과 선황(鮮黃)인 것을 사용한다. 이 수기는 다른 모든 경기에서도 사용하도록 권장하고 있다.
(4) 선심의 부당한 간섭이나 불충분한 보조에 관한 사항은 주심의 보고에 의해서 징계의 대상이 될 수 있다.

■ 제7조 경기 시간

LAW 7 - DURATION OF THE GAME
≪조 문≫

경기 시간은 쌍방이 동의했을 때를 제외하고 전·후반 각 45분씩이라야 한다.
(a) 선수 교체, 부상자 이동, 경기 지연 또는 기타 원인으로 소비된 전시간에 대하여 경기 시간을 연장하여야 한다. 어느 정도의 시간이 소비되었는가는 주심만이 결정한다.
(b) 전·후반을 불문하고 규정 시간 종료, 또는 종료 후에도 페널티 킥을 할 수 있도록 시간을 연장해야 한다.
하프 타임의 휴식 시간은 15분을 초과해서는 안 된다.
하프 타임의 휴식 시간을 대회 규정에 명확히 규정해야 한다.
하프 타임의 휴식 시간은 주심의 동의에 한해서 조정될 수 있다. (95. 5.)

국제평의회 결정 사항

(1) 만일 규정에 명시된 시간 종료 전에 주심이 규칙 제5조에 기술된 사유에 의해서 경기가 종료되었을 때에는 제정된 대회 규정에 특별한 규정이 없는 한 예정되었던 전시간을 재경기하지 않으면 안 된다.

(2) 경기자는 하프 타임 때에 휴식 시간을 가질 권리가 있다.

■ 제 8 조 경기 개시

LAW 8 - THE START OF PLAY

≪조 문≫

(a) 경기를 개시하는데 있어서는 : 토스에 의하여 킥 오프와 앤드(진영)를 정한다. 토스에 이긴 팀이 앤드나 킥 오프의 선택권을 갖는다. 주심의 신호로 경기자가 플레이스 킥(경기장 중앙에 놓인 볼을 차는 것)으로 상대 진영으로 차 넣음으로써 경기가 시작된다.

볼의 킥 오프되기까지 어느 경기자도 중앙선을 넘어서 상대 진영에 들어가는 것이 허용되지 않는다.

킥 오프를 하지 않는 팀의 경기자는 볼이 킥 오프될 때까지 볼에서 8~15m 이내에 있어서는 안 된다. 볼이 그 외주의 길이만큼 이동할 때까지는 인 플레이로 인정되지 않는다. 킥 오프를 하고 난 경기자는 다른 경기자가 볼을 건드릴 때까지 다시 그 볼을 건드리지 못한다.

(b) 득점이 있었을 때는 : 득점을 당한 측의 경기자가 상술(上述)한 바와 같은 방식으로 킥 오프를 행하여 경기를 재개한다.

(c) 하프 타임 후 : 하프 타임 후 경기를 재개할 때에는 진영을 바꾸고 전반전 경기 개시 때에 킥 오프를 한다.

(※ 연장전 : 상기 (a)항을 다시 한다.)

벌칙 :

본조항의 위반에 대해서는 킥 오프를 다시 한다. 단 킥 오프를 한 경기자가 다른 경기자가 건드리기 전에 재차 그 볼을 건드렸을 때에 한하여 그 반칙이 상대측 골 에어리어 내에서 생기지 않았다면 위반이 생긴 지점에서 제13조 규정을 우선적으로 적용하고 상대 팀에서 간접 프리 킥을 차게 한다.

킥 오프로부터는 직접 득점이 인정되지 않는다.

(d) 경기가 일시 중단된 후 : 본규칙에 특별하게 명시되어 있지 않는 사유로 경기가 일시 중단된 후 재개하려고 할 때, 주심은 경기를 일시 중지시켰을 때에 볼이 터치 라인, 골 라인을 넘어서 나가지 않았다면 볼이 있었던 지점에서 드롭 볼을 해야 하고, 위의 지점을 제외한 골 에어리어 내에서 하게 되는 경우에는 경기가 정지되었을 때에 그 지점에서 가까운 골 라인과 평행되는 골 에어리어 선상에서 하여야 하고(골 에어리어 정면 선상), 볼이 지면에 닿았을 때를 인 플레이로 한다.

주심이 떨어뜨린 볼이 경기자에게 닿기 전에 터치 라인 또는 골 라인을 넘어갔을 때 주심은 볼을 다시 떨어뜨리지 않으면 안 된다.

경기자는 볼이 지면에 닿기 전에 터치해

서는 안 된다.

이 사항에 대한 규칙 위반에 대해서는 주심이 볼을 다시 떨어뜨린다.

| 국제평의회 결정 사항 |

(1) 주심이 볼을 떨어뜨렸을 때, 볼이 땅에 닿기 전에 경기자가 어떤 반칙을 범했을 때에는, 그 반칙의 중대성에 따라 경고를 받거나 퇴장당할 수도 있다. 그러나 상대 팀에게 프리 킥은 주어지지 않는다. 왜냐하면 반칙을 범하였을 때는 인 플레이가 아니였기 때문에 볼을 다시 그 지점에서 주심에 의하여 떨어뜨려져야 한다.

(2) 경기에 참가한 경기자 이외의 다른 사람에 의한 킥 오프는 금지되어 있다.

■ 제 9 조 볼의 인 플레이와 아웃 오브 플레이

LAW 9 - BALL IN AND OUT OF PLAY

≪조 문≫

아웃 오브 플레이되는 볼은 :

(1) 지상, 공중을 불문하고 골 라인 및 터치 라인을 완전히 넘었을 때

(2) 주심에 의하여 경기가 정지되었을 때

볼은 상기의 경우를 제외하고 경기 개시부터 종료시까지 언제나 인 플레이가 되며 다음도 포함된다.

(a) 볼이 골 포스트, 크로스 바, 코너 플랙 포스트에 맞고 경기장 안으로 튀어 들어왔을 때

(b) 볼이 경기장 내에 있는 주심, 선심에 맞았을 때

(c) 반칙으로 추측되는 경우 아직 판정이 내려지지 않았을 때

| 국제평의회 결정 사항 |

(1) 경계선은 경기장 에어리어에 속한다. 따라서 터치 라인, 골 라인은 역시 경기장에 포함된다.

■ 제 10 조 득점 방법

LAW 10 - METHOD OF SCORING

≪조 문≫

본규칙 중 따로 정한 규정이 있을 때를 제외하고 볼이 양 골 포스트 사이와 크로스 바 아래로 골 라인을 완전히 통과했을 때를 득점으로 하며 자기측 페널티 에어리어 내에 골키퍼의 경우를 제외하고 공격측의 경기자가 고의적으로 볼을 손 또는 팔로써 던지거나 가지고 들어가거나 밀어서 넣었을 때에는 무효이다.

경기 시간중에 득점이 더 많은 팀을 승자로 한다. 양팀이 무득점이거나 동점일 때는 무승부이다.

| 국제평의회 결정 사항 |

(1) 규칙 제10조는 경기의 승부 및 무승부를 결정하는 유일한 방법인 것으로 어떤 변경도 정당하다고 인정되지 않는다.

(2) 어떠한 경우라 할지라도 만일 볼이 골 라인을 통과하기 전에 밖으로부터의 어

떤 작용으로 인하여 저지당했을 때는 득점이 인정되지 않는다. 만일 이런 일이 통상적인 상태의 플레이에서 일어났을 때는 페널티 킥을 행하는 경우를 제외하고 경기는 중지되어야 하며 볼이 장애물에 접촉한 곳에서 주심이 볼을 떨어뜨려 경기를 재개해야 한다.

(3) 볼이 골에 들어가려 할 때에, 그러나 아직 완전히 골 라인을 넘어가기 전에, 만일 관중이 경기장에 들어와서 볼을 방어하려고 하였으나 그 볼에 터치하지 못해 골인되었을 때 주심은 득점으로 인정한다. 그러나 만일 볼이 골로 가는 도중, 관중에 의하여 접촉되었거나 방해받았을 경우, 주심은 경기를 정지시키고 볼을 접촉하거나 방해한 지점에서 볼을 떨어뜨려서 경기를 재개한다.

■ 제 11 조 오프사이드

LAW 11 - OFF-SIDE

≪조 문≫

(1) 경기자가 그의 상대측 골 라인에 볼보다 더 가까이 있게 되면 다음 경우를 제외하고 그는 오프사이드 위치가 된다.

(a) 그 경기자가 중앙선 이하 자기 진영에 있을 때, 또는

(b) 최소한 상대편 경기자 두 명보다 상대편 골 라인에 가까이 있지 않을 때 (90. 7. 25. 시행)

(2) 단순히 오프사이드 위치에 있는 것만으로는 반칙이 아니다.

오프사이드 위치에 있는 선수가 같은 팀 선수에 의하여 볼이 터치되거나 플레이된 순간에 주심의 의견으로 그가 활동적인 행동으로,

(a) 상대 선수의 플레이를 간섭하거나

(b) 상대 선수를 방해하거나

(c) 그 위치에 있으므로 해서 이득을 얻을 때에만 벌하여야 한다. (95. 5.)

(3) 다음 경우에는 심판에 의해서 오프사이드로 선언받지 않는다.

(a) 단순히 오프사이드 위치에 있을 때, 또는

(b) 경기자가 볼을 골 킥, 코너 킥, 혹은 드로우 인으로부터 직접 받았을 때 (90. 7. 25. 시행)

(4) 그 경기자에게 오프사이드가 선언되면 심판은 반칙이 생긴 지점에서 상대측이 간접 프리킥을 차도록 처벌한다. 만약 반칙이 일어난 곳이 상대측 골 에어리어일 경우 골 에어리어 내 어느 지점에서도 프리킥을 할 수 있다. (93. 6. 개정)

국제평의회 결정 사항

(1) 오프사이드인가 아닌가의 판정은 어느 경기자가 자기편으로부터 볼이 패스된 순간에 있던 위치에 관계되는 것이며, 그 경기자가 패스된 볼을 받는 순간의 위치로 판정되는 것이 아니다.

자기편의 한 경기자로부터 그에게 볼이 패스되거나 또는 프리 킥이 행해질 때 오프사이드 위치에 있지 않는 경기자가 볼이 이동하고 있는 동안에 전진하여도 그로 인해 오프사이드가 되지 않는다.

(2) 최종선의 상대 선수 두 명과 동일선상에 있을 때 혹은 최종선에 두 번째 상대 선수와 동일선상에 있을 때에는 오프사이

드 위치에 있지 아니한다. (90. 7. 25. 개정)

■ 제 12 조 반칙과 불법 행위

LAW 12 - FOULS AND MISCONDUCT

≪조 문≫

다음 6개 항목의 반칙을(불균형한 힘을 쓰거나 무모하고 조심성 없는 태도로)범했을 때(95. 5.)

(a) 상대편 선수를 차거나 차려고 했을 때

(b) 상대편 선수를 걸어 넘어뜨렸을 때

(c) 상대편 선수에게 뛰어 덤벼들었을 때

(d) 상대를 차징했을 때

(e) 상대편 선수를 때리거나 때리려고 했을 때

(f) 상대편 선수를 밀었을 때

혹은 다음 4개 항목의 반칙을 범한 경우 (95. 5.)

(g) 볼에 접촉되기 전에 상대 선수에게 먼저 접촉되는 태클을 했을 때

(h) 상대편 선수를 잡았을 때, 상대편 선수에게 침을 뱉었을 때

(i) 고의로 손 또는 팔로써 볼을 처리했을 때, 즉 손이나 팔을 이용해 볼을 가지고 가거나 치거나 밀고 나아갔을 때(자기 진영 페널티 에어리어 내에 있는 골키퍼에게는 적용되지 않는다)(95. 5.)

반칙을 범한 자리에서 상대편 팀에게 직접 프리 킥이 내려진다. 그러나 수비측 진영의 골 에어리어 내에서 공격 팀 선수가 반칙을 범한 경우에는 골 에어리어 내 어느 지점에서나 킥을 할 수 있다.

수비측 선수가 자기 진영이 페널티 에어리어 내에서 직접 프리 킥이 되는 위의 10가지 반칙을 범했을 경우에는 페널티 킥으로 처벌해야 한다.

인 플레이 중에 페널티 에어리어 내에서 반칙을 범하였다면 볼의 위치에 상관없이 페널티 킥으로 처벌해야 한다.

다음의 5개 항목의 반칙을 범한 경우

① 주심이 판단하기에 위험한 행동을 보이는 경우, 즉 골키퍼가 잡고 있는 볼을 차려고 할 때(95. 5.)

② 볼을 다룰 수 있는 범위 내에 있지 않는 가운데 서로 볼을 다루려 하지 않고 어깨로 정당한 차징을 했을 때(95. 5.)

③ 볼을 플레이하지 않고 상대 선수의 진행을 방해했을 때, 즉 상대 선수와 볼 사이를 달리거나 자신의 신체를 끼워 상대의 플레이를 방해할 때(95. 5.)

④ 다음 경우를 제외하고 골키퍼를 차징하였을 때(charges against goal keeper)

a) 골키퍼가 볼을 잡고 있을 때

b) 골키퍼가 상대를 방해하고 있을 때

c) 골키퍼가 자기 골 에어리어 밖으로 나갔을 때

⑤ 골키퍼가 자기편 페널티 에어리어 내에서 플레이하고 있을 때

a) 골키퍼가 손으로 볼을 가지고 조정하는 순간부터, 잡고 가거나, 튀기거나, 공중으로 던져서 다시 잡거나 하면서, 볼을 내어 주어 플레이하지 않고, 어느 방향으로든 4보 이상 걸었을 경우

b) 4보를 걷기 전이거나, 걷는 도중이거

나, 걸은 다음에, 볼을 플레이에 내어주고 나서, 페널티 에어리어 안팎에서 상대 팀 경기자에게 닿거나 플레이되기 전에 또는 페널티 에어리어 바깥에서 같은 팀 경기자에게 닿거나 플레이되기 전에 다시 그 볼을 손으로 잡았을 경우 제5항 (c)의 규정을 우선적으로 적용한다.

c) 팀 동료가 그에게 고의적으로 킥한 볼을 손으로 터치했을 때

d) 계획적인 경기 지연과 시간 낭비로 자기 팀에게 부당한 이득을 주는 등 멋대로 하는 책략이라고 주심이 판단했을 때

제13조의 규정을 우선적으로 적용하여 반칙이 일어난 곳에서 상대 팀에게 간접 프리 킥을 주어 처벌하여야 한다.

다음의 경우에 경기자는 황색 카드를 제시하여 경고 조치한다.

(j) 경기가 시작된 후, 경기장에 입장 또는 재입장하여 자기 팀에 합세 또는 재합세하려고 할 때 또는 경기 도중 경기장을 떠나려 할 때에는(우발적 사고 도중 제외), 두 경우 모두 우선 주심으로부터 그렇게 해도 좋다는 신호를 받아야 한다. 만일 주심이 경고를 주기 위하여 경기를 중단시켰다면 제13조의 규정을 우선적으로 적용하여, 주심이 경기를 중단시켰을 당시 볼이 있었던 지점에서 상대 팀 선수에게 간접 프리 킥을 하게 하여 경기를 재개하여야 한다. 그러나 만일 해당 경기자가 더욱 심한 반칙을 범했을 때는 그 반칙의 해당 사항에 의해서 처벌한다.

(k) 그 경기자가 고집하여 거듭 경기 규칙을 위반하였을 때

(l) 주심이 내린 어떤 판정에 대하여 그 경기자가 언어 또는 행동으로 반대의 의사를 보였을 때(항의)

(m) 그 경기자가 비신사적 행위를 범했을 때

상기 항목 중 끝에 3개 항목의 어느 것에 해당하였을 때에는 경고를 준 후에 첨가해서 제13조 규정을 우선적으로 적용하여 그 반칙이 생긴 지점에서 상대 팀에게 간접 프리 킥을 하게 한다. 단 이 경우에는 더 심한 규칙 위반이 없을 때를 말한다.

경기자가 주심의 의견으로 다음에 해당되는 반칙을 범했다고 인정될 때에는 퇴장을 당하게 된다.

(n) 난폭한 행위를 하였을 때

(o) 심한 반칙 플레이를 하였을 때

(p) 욕설 또는 야비한 언어를 사용했을 때

(q) 경고를 받은 후 두 번째 경고성 반칙을 범했을 때

이외에 다른 반칙을 범하여 그 반칙으로 인해서 퇴장을 시키려고 경기를 일시 정지시켰을 경우에는 제13조 규정을 우선적으로 적용하여 반칙이 생긴 지점에서 상대 팀에게 간접 프리 킥을 하게 하여 경기를 재개한다.

국제평의회 결정 사항

(1) 페널티 에어리어 내에서 골키퍼가 상대 선수에게 볼을 던져 때리거나 볼을 이용해서 상대를 밀치는 행위를 했을 경우 주심은 페널티 킥을 선언해야 한다. (95. 5.)

(2) 만일 한 경기자가 헤딩을 하기 위하여 자기 팀의 다른 경기자의 어깨를 짚었을 때 주심은 경기를 정지시키고 그 경기자에게 비신사적 행위로써 경고를 하고 상대측에게 간접 프리 킥을 선언한다.

(3) 경기자가 경기가 시작된 후 자기 팀

에 합세 또는 재합세할 때에는 '주심에게 통고'할 의무가 있으며, '터치 라인에서 주심의 주의'를 환기시켜야 한다. 주심은 경기자에게 경기장에 입장해도 좋다는 뜻으로 이해할 수 있는 신호를 하지 않으면 안 된다. 주심으로서는 경기가 정지될 때까지 기다릴 필요도 없고 주심 생각에 의해 언제든지 승인의 신호를 해도 좋다(이것은 제4조의 위반은 적용되지 않음).

(4) 제12조의 조문과 정신은 주심이 경고를 주기 위하여 경기를 정지시켜야 된다고 규제하지는 않는다. 주심이 원한다면 '어드벤티지'를 적용할 수 있다. 주심이 '어드벤티지'를 적용하였을 때에는 경기가 정지되었을 때, 반칙한 경기자에게 경고하여야 한다.

(5) 경기자가 볼을 터치하지 않고 커버해서 상대측이 플레이할 수 없게 하면 그는 방해한 것이 되지만, 제12조 Ⅱ의(3)항의 반칙은 아니다. 왜냐하면 그는 이미 볼을 플레이 거리 내에 가지고 있으므로, 볼을 가지고 있는 동안 전술상 이유로 커버한 것이기 때문이다.

그는 실제로 볼을 플레이하고 있는 것이며, 반칙을 범하는 것은 아니다. 이 경우, 그 경기자는 실제로 볼을 플레이하고 있으므로 차징당할 수 있다.

(6) 상대를 방해하기 위해 좌우로 움직이며 팔을 위아래로 흔들면서 상대 선수의 플레이를 지연시키거나 진로를 바꾸도록 강요할 경우, '신체 접촉'이 없더라도 주심은 해당 선수의 비신사적인 행동에 대해 경고 조치를 하고 간접 프리 킥을 주어야 한다. (95. 5.)

(7) 상대편 골키퍼의 볼 플레이를 못하도록 하기 위해 골키퍼의 진행을 방해할 경우 주심은 규칙 12조의 ⑤ a)항을 적용하여 간접 프리 킥을 주어야 한다. (95. 5.)

(8) 주심이 프리 킥을 선언한 후, 경기자 중에서 욕설 혹은 폭언으로 난폭한 항의를 한 자가 있어, 그로 인해 퇴장을 명하였을 경우에는, 그 위반자가 퇴장할 때까지 프리 킥을 하게 해서는 안 된다.

(9) 어느 경기자이든지 경기장 내에서나 밖에서 상대측이나 자기 동료나 주심, 선심, 기타 사람에게 비신사적 행동이나 난폭한 행동이나 욕설을 할 경우에는 처벌당하게 되며, 반칙의 성격에 따라 벌칙을 받게 된다.

(10) 주심의 판단으로 골키퍼가 필요 이상 오랫동안 볼을 다룰 경우 비신사적인 행동으로 간주하여 다음의 벌칙을 주어야 한다.

a) 경고 조치하며 상대편 팀에게 프리킥을 준다.

b) 반칙을 되풀이할 경우 퇴장시킨다. (95. 5.)

(11) 임원과 다른 사람에게 침을 뱉고 또는 그와 동질의 보기 흉한 행위를 했을 때는 경기 규칙 제12조(n)항에서 말하는 난폭한 행위로 고려된다. (80. 7. 25. 개정)

(12) 만일 주심이 한 경기자에게 경고를 주려고 할 때에나, 혹은 경고를 주려고 하기 전에 그 경기자가 경고를 받을 만한 또 다른 반칙을 범하였을 때에는 퇴장을 당하게 된다.

(13) 주심의 판단으로 득점이 확실시되는 가운데 상대 팀의 골을 향해 달리고 있는 선수가 수비 팀 선수의 부당한 방법, 즉 프리 킥이나 페널티 킥의 벌칙을 받을 만한 반칙에 의해 공격이 중단되어 공격 팀이 득점 기회가 무산되었을 때 주심은 심한 반칙으로 간주, 규칙 제12조(o)항에 의거하여 해당 선수를 퇴장시켜야 한다. (95.

5.)
　(14) 주심의 견해로 만약 '골키퍼' 외의 한 수비자가 자기 '페널티 에어리어' 내외에서 고의적인 '핸들링'으로 상대의 득점 또는 명백히 득점할 수 있는 기회를 저지했다면 그는 경기 규칙 제12조(n)항의 심한 반칙으로 퇴장당한다.
　(15) 경기 규칙 제12조 조문(a)에 진술된 상황에서 '골키퍼'는 그의 손 또는 팔의 어떤 부분으로 '볼'을 '터치' 또는 소유할 때 '볼'의 '컨트롤'은 고려되어야 한다.
　'볼'의 소유는 '골키퍼'가 '볼'을 고의적으로 한번에 잡을 수 있는 것을 회피하는 것, 즉 시간을 지연시키기 위하여 손으로 '볼'을 한번 친 다음 다시 양손으로 잡는 것을 포함한다.(주심의 견해로서 '골키퍼'가 '볼'을 한번에 잡으려 할 때 부득이 '리바운드'

된 경우에는 포함되지 않는다.) (91. 7. 25. 개정 시행)
　(16) 규칙 제12조에 의거하여, 선수는 머리나 가슴, 무릎 등을 이용해서 자기편 골키퍼에게 볼을 건네줄 수 있다. 그러나 주심의 의견으로, 규칙 제12조⑤ c)항을 이용하기 위해 일부러 트릭을 썼다고 판단되면 해당 선수는 비신사적 행위로 인정되어 규칙 제12조에 따라서 처벌된다. 즉 해당 선수에게 황색 카드를 제시하여 경고를 주고, 반칙을 범한 위치에서 상대 팀에게 간접 프리 킥이 주어지게 된다.
　이와 같은 상황에서 골키퍼가 그의 손으로 볼을 받게 되었는지 아닌지는 문제가 안 된다. 이 반칙은 선수가 동조항 및 규칙 제12조의 내용을 이용하려는 의도로 범한 것이기 때문이다. (93. 6. 개정)

■ 제 13 조　프리 킥

LAW 13 - FREE-KICK

≪조 문≫

　프리 킥은 다음의 두 종류로 나누어진다.
　직접 프리 킥(direct free-kick : 그 킥으로부터 볼이 반칙한 측 골에 직접으로 들어갔을 때 득점이 되는 것)과 간접 프리 킥(indirect free-kick : 그 킥으로부터 골에 들어가기 전에 그 볼을 킥한 경기자 이외의 경기자에게 터치, 플레이되지 않으면 득점이 되지 않는 것)이 있다.
　자기측 페널티 에어리어 내에서 직접 또는 간접 프리 킥을 할 때에는 상대측 경기자는 한 사람도 빼놓지 않고 페널티 에어리어를 벗어날 때까지 볼로부터 최소한 9.15m 떨어져 있지 않으면 안 되며, 페널티 에어리어 밖에 머물러 있어야 한다.

볼이 외주의 길이만큼 이동하고 페널티 에어리어를 넘어갔을 때 즉시 인 플레이가 된다.
　골키퍼는 볼이 인 플레이가 된 후가 아니면 볼을 손으로 잡을 수 없다. 만일 볼을 직접 페널티 에어리어 밖으로 차내지 않았다면 킥을 다시 해야 한다.
　자기측 페널티 에어리어 밖에서 직접 또는 간접 프리 킥을 할 때, 상대측 경기자는 한 사람도 빠짐없이 볼이 인 플레이될 때까지 자기측 골 포스트 사이, 골 라인 선상에 있는 것을 제외하고는 볼로부터 최소한 9.15m 떨어진 곳에 있지 않으면 안 된다.
　킥된 볼이 외주의 길이만큼 이동됐을 때 인 플레이가 된다.
　만일 상대측 경기자가 프리 킥을 하기

전에 페널티 에어리어 안으로 침입하거나 볼로부터 9.15m 이내에 접근할 때에는 주심은 규칙이 지켜질 때까지 킥을 지연시켜야 한다.

프리 킥을 할 때에는 볼이 반드시 정지되어 있어야 한다. 그리고 프리 킥을 한 경기자는 그 볼이 다른 경기자에게 터치되거나 플레이될 때까지 재차 플레이해서는 안 된다.

(1) 프리 킥이 시행된 지점에 관한 규칙 중의 어느 사항에도 구애됨이 없이 자기측 골 에어리어 내에서 수비측에게 부여된 프리 킥은 어떤 경우라도 프리 킥이 주어진 골 에어리어 내 어느 지점에서도 할 수 있다.

(2) 모든 간접 프리 킥이 상대측 골 에어리어 내에서 공격측에서 부여되었을 때, 반칙이 범하여진 지점에서 가까운 골 라인과 평행되는 골 에어리어 선상에서 하도록 하여야 한다(골 에어리어 정면 선상).

벌칙 :

만일 키커가 프리 킥을 하고 난 후, 그 볼을 두 번째로 플레이하게 되면 반칙이 일어난 그 지점에서 상대 팀에게 간접 프리 킥을 하게 하여야 한다.

국제평의회 결정 사항

(1) 주심은 간접 프리 킥을 선언할 때, 직접과 간접 프리 킥을 구별하기 위하여 그의 한 팔을 머리 위로 치켜 올려 신호해야 한다. 그는 킥이 이루어질 때까지 그 위치에서 팔을 치켜 올린 채로 있어야 하며, 킥한 볼이 다른 경기자가 터치하거나 플레이할 때까지 또는 그 볼이 아웃 오브 플레이될 때까지 신호하여야 한다.

(2) 프리 킥을 할 때, 볼로부터 일정한 거리까지 떨어져 있지 않은 경기자에게는 반드시 경고를 주어야 하며 이를 반복하면 퇴장을 명하여야 한다. 불법으로 볼에 접근하여 프리 킥을 지연시키는 것을 중대한 불법행위로 처리할 것을 주심에게 특별히 요구한다.

(3) 만일 프리 킥을 행하려고 할 때 어떤 경기자든지 상대측을 현혹시키려고 계획된 방법으로 춤을 추거나 몸짓을 할 때에는 다른 경기자에 대한 비신사적 행위로 인정하여 반칙자에게 경고하여야 한다.

※규칙에는 모든 상대 선수들은 볼로부터 최소한 9.15m 거리 밖에 물러나 있어야 하지만 심판은 프리 킥을 빨리 할 수 있도록 이 요구를 무시할 자유 재량권을 가지고 있다(88·92 올림픽~90·94 월드 컵 경기의 메모랜덤 참조).

■ 제 14 조 페널티 킥

LAW 14 - PENALTY-KICK

≪조 문≫

페널티 킥은 페널티 마크에서 실시해야 하며 페널티 킥이 실시될 때 킥하는 선수와 수비측 골키퍼를 제외한 모든 선수들은 페널티 에어리어 밖의 경기장 내에 있어야 하며, 페널티 마크에서 최소한 10야드(9.15m) 떨어진 곳 그리고 페널티 마크 뒤쪽에 서 있어야 한다.

상대측 골키퍼는 볼이 킥될 때까지 자기측 골 포스트 사이 골 라인 위(발을 움직이지 않고)에 서 있지 않으면 안 된다.

페널티 킥을 하는 경기자는 킥을 반드시 전방으로 해야 한다.

페널티 킥을 하는 경기자는 볼이 다른 경기자에게 터치 또는 플레이되기 전에 두 번째로 플레이해서는 안 된다. 볼이 킥되었을 때, 즉 볼이 외주의 길이만큼 이동되었을 때부터 인 플레이가 되며 페널티 킥으로부터는 직접으로 득점이 인정된다.

경기 시간(전·후반 - 연장전 전·후반) 종료 직전에 선언된 페널티 킥을 진행하기 위하여 경기 시간이 연장되었을 때에는 볼이 포스트 사이와 크로스 바 밑을 통과하기 전에 포스트 또는 크로스 바를 맞거나 골키퍼에 맞고 들어갔더라도 다른 특별한 위반이 없었다면 득점은 인정된다.

벌칙 :

규칙 제14조의 어떤 위반에 대해서는,

(a) 수비 팀에 위반이 있었고 득점이 되지 않았다면 킥을 다시 하게 한다.

(b) 페널티 킥을 하는 경기자 이외의 공격 팀에 위반이 있었고 득점이 되었다면 득점은 인정되지 않고 킥을 다시 하게 한다.

(c) 페널티 킥을 한 경기자가 볼이 인 플레이된 후, 위반을 했을 때에는 제13조 규정을 우선적으로 적용하여 상대 팀에게 간접 프리 킥을 하게 한다.

국제평의회 결정 사항

(1) 주심이 페널티 킥을 선언하였을 때 경기자들이 규칙에 의한 위치를 택할 때까지 차라는 신호를 해서는 안 된다.

(2) (a) 만일 킥을 한 후에 볼이 외부의 어떤 작용에 의하여 골로 향하는 진행이 정지되었을 때에는 킥을 다시 하게 해야 한다.

(b) 만일 킥을 한 후에 볼이 골키퍼나 크로스 바 또는 골 포스트에 맞고 튀어서 경기장 내로 되돌아온 것이 외부의 어떤 작용에 의하여 진행이 정지되었을 때에는, 주심은 경기를 정지시키고 외부의 작용에 접촉된 지점에서 볼을 떨어뜨려 경기를 재개해야 한다.

(3) (a) 만일 주심이 페널티 킥을 하라는 신호를 한 후에 골키퍼가 골 라인 위에 바른 위치에 있지 않은 것을 보았다고 해도 킥을 진행시켜야 한다. 만일 득점이 되지 않았다면 킥을 다시 하게 한다.

(b) 만일 주심이 페널티 킥을 하라는 신호를 한 후, 킥이 행하여지기 전에 골키퍼가 발을 움직였다고 해도 주심은 킥을 진행시켜야 하며 만일 득점되지 않았다면 킥을 다시 하게 한다.

(c) 만일 주심이 페널티 킥을 하라는 신호를 한 후, 볼이 인 플레이되기 전에 수비팀의 한 경기자가 페널티 에어리어 내 또는 페널티 마크 9.15m 내로 침입하였다고 해도 주심은 킥을 진행시켜야 하며, 만일 득점되지 않았다면 킥을 다시 하게 한다. 침입한 경기자에게 경고를 해야 한다.

(4) (a) 만일 페널티 킥을 할 때, 킥을 하는 경기자가 비신사적 행위를 범하였다면, 킥이 이미 행하여져 득점이 되었더라도 킥을 다시 하게 한다. 해당 경기자에게 경고를 해야 한다.

(b) 만일 주심이 페널티 킥을 하라는 신호를 한 후, 볼이 인 플레이되기 전에 킥을 하는 동료 경기자가 페널티 에어리어 내 또는 페널티 마크 9.15m 내로 침입하였다

고 해도 주심은 킥을 진행시켜야 하며, 만일 득점이 됐다고 해도 이를 인정하지 않고 킥을 다시 하게 한다. 해당 경기자에게는 경고를 해야 한다.

(c) 만일 위 항목 (b)에서 설명한 상황하에 볼이 골키퍼나 크로스 바 또는 골 포스트에 맞고 다시 경기장으로 되돌아왔을 때, 주심은 경기를 정지시킨 후 제13조 규정을 우선적으로 적용하여 그 경기자를 경고하고 위반한 장소에서 상대 팀에게 간접 프리 킥을 선언해야 한다.

(5) (a) 만일 주심이 페널티 킥을 하라는 신호를 한 후, 볼이 인 플레이되기 전에 골키퍼가 골 라인 위의 그의 위치에서 발을 움직이는 등의 행동을 하거나, 키커의 동료 경기자가 페널티 에어리어 내 또는 페널티 마크 9.15m 내로 침입하였다면 킥이 행해졌더라도 킥을 다시 해야 한다.

(b) 만일 주심이 페널티 킥을 하라는 신호를 한 후, 볼이 인 플레이되기 전에 양팀의 경기자가 페널티 에어리어 내 또는 페널티 마크 9.15m 내로 침입하였다면 킥이 행해졌더라도 킥을 다시 해야 한다.

해당 경기자들에게 경고를 해야 한다.

(6) 하프 타임이나 전경기 종료 후 페널티 킥을 하거나 재차 페널티 킥을 하기 위해서 경기 시간이 연장될 경우, 연장 시간은 페널티 킥이 완료될 때까지, 즉 주심이 득점 여부를 결정지을 때까지이다.

주심이 그의 결정을 내리는 즉시 경기는 종료되어야 한다.

선수가 페널티 킥을 하기 위하여 볼을 갖다 놓은 후에는, 수비측 골키퍼 이외에 누구도 플레이에 참여할 수 없다.

(7) 페널티 킥이 연장한 시간에 실시될 때 :

(a) (2)(b)항과 (4)(c)항을 제외한 모든 항목의 규정은 보편적인 방식을 적용하여야 하며, 또한

(b) (2)(b)항과 (4)(c)항에서 서술된 상황하에서는 볼이 골키퍼나 크로스 바 또는 골 포스트에 맞고 완전히 되돌아오는 즉시 경기는 종료되어야 한다.

■ 제 15 조 드로우 인

LAW 15 - THROW-IN

《조 문》

지상이나 공중을 불문하고 볼이 완전히 터치 라인을 넘었을 때, 라인을 넘은 지점에서 최후로 터치한 경기자의 상대 팀 경기자에 의하여 임의의 방향으로 던져져야 한다.

드로우 인을 하는 경기자는 던질 때에 반드시 경기장을 면(面)하고, 각 발의 일부분이 터치 라인 밖 또는 터치 라인 위 지면에 닿아 있지 않으면 안 된다.

드로우 인을 양손을 사용하여 머리 뒤로부터 머리 위를 넘겨서 던져야 한다.

볼이 경기장에 들어갔을 때부터 즉시 인 플레이가 된다.

드로우 인을 한 경기자는 다른 경기자가 그 볼을 터치하거나 플레이하기 전에 재차 플레이해서는 안 된다. 드로우 인으로부터 직접 득점이 인정되지 않는다.

벌칙 :

(a) 만일 드로우 인이 정당하게 던져지지

않았을 때에는 상대 팀 경기자에게 드로우 인이 부여된다.

(b) 만일 드로우 인을 한 경기자가 다른 경기자가 그 볼을 터치하거나 또는 플레이하기 전에 두 번째로 플레이하게 되면 반칙이 생긴 지점에서 제13조 규정을 우선적으로 적용하여 상대 팀 경기자에게 간접 프리 킥을 하게 한다.

| 국제평의회 결정 사항 |

(1) 만일 드로우 인을 한 경기자가 경기장 내에서 다른 경기자가 터치 또는 플레이하기 전에 그 볼에 손을 대어 두 번째로 플레이하게 되면 주심은 직접 프리 킥을 선언해야 한다.

(2) 경기자가 드로우 인을 할 때에는 그의 신체의 어느 부분이 경기장을 면(面)하고 있지 않으면 안 된다.

(3) 만일 드로우 인을 하려고 할 때, 상대측 경기자 누군가가 드로우 인을 하는 경기자를 방해하거나 현혹시키려고 계획된 방법으로 춤을 추거나 몸짓을 할 때에는 비신사적 행위로 간주하여 위반자를 경고해야 한다.

(4) 볼이 터치 라인을 넘어 통과한 그 지점 외에 다른 어떤 지점에서 드로우 인이 실시되었다면 그것은 부당한 드로우 인으로 간주된다. (87. 6. 개정)

※(벌칙 (a)항 적용 : 드로우 인의 권리가 상대 팀으로 넘어간다.)

■ 제 16 조 골 킥

LAW 16 - GOAL-KICK

≪조 문≫

지상이나 공중을 불문하고 볼이 양 골 포스트 사이의 범위를 제외한 부분으로 골 라인을 완전히 넘었을 때에 그 볼을 최후로 터치한 경기자가 공격하는 팀이었을 때에는 수비 팀 경기자에 의해 볼이 넘어간 지점에서 가장 가까운 쪽 골 에어리어 내 어느 지점에서 직접으로 페널티 에어리어 밖으로 킥을 한다.

골키퍼는 골 킥을 인 플레이시키려고 골 킥에서부터 볼을 손으로 받아서 차면 안 된다.

만일 볼을 페널티 에어리어 밖으로 직접 차내지 않았을 때에는 인 플레이가 되지 않으며 이럴 때에는 킥을 다시 해야 한다. 골킥한 볼은 페널티 에어리어를 벗어난 즉시 인 플레이가 된다. 골 킥을 한 경기자는 볼이 다른 경기자에게 터치되었거나 플레이되기 전에 두 번째로 플레이해서는 안 된다.

이러한 킥으로부터는 직접으로 득점되지 않는다.

골 킥을 하는 팀의 상대 팀 경기자는 골 킥을 하려고 할 때, 킥한 볼이 페널티 에어리어를 벗어날 때까지 페널티 에어리어 밖에 머물러 있어야 한다.

벌칙 :

골 킥을 한 경기자가 그 볼이 페널티 에어리어 밖으로 나간 후 다른 경기자가 그 볼을 터치 또는 플레이하기 전에 두 번째로 플레이하게 되면 그 반칙이 생긴 지점에서 상대 팀에게 간접 프리 킥을 선언해야 한다.

국제평의회 결정 사항

(1) 골 킥이 행하여질 때, 킥한 경기자가 볼이 페널티 에어리어 밖으로 나가기 전에 다시 터치했을 때에는 규칙대로 되지 않았으므로 골 킥을 다시 하게 한다.

■ 제 17 조   코너 킥

LAW 17 - CORNER-KICK

《조 문》

지상이나 공중을 불문하고 볼이 양 골 포스트 사이의 범위를 제외한 부분으로 골 라인을 완전히 넘었을 때에 그 볼을 최후로 터치한 경기자가 수비하는 팀이었을 때에는 공격하는 팀의 한 경기자에 의해 코너 킥을 하게 된다. 즉 볼이 넘어간 가장 가까운 코너 플랙 포스트쪽 4분의 1 원에 볼 전체가 들어가게 놓고 차야 한다. 이 때 코너 플랙 포스트를 이동시켜서는 안 된다.

이러한 킥으로부터는 직접 득점이 인정된다.

코너 킥을 하는 경기자의 상대 팀 경기자들은 인 플레이될 때까지 볼에서 9.15m 이내에 접근해서는 안 된다. 볼이 외주의 길이만큼 이동되는 즉시 인 플레이가 된다.

코너 킥을 한 경기자가 다른 경기자가 터치 또는 플레이하기 전에 두 번째로 플레이해서는 안 된다.

벌칙 :

(a) 만일 킥을 한 경기자가 볼이 다른 경기자에게 터치 또는 플레이하기 전에 두 번째로 플레이하게 되면 주심은 제13조 규정을 우선적으로 적용하여 그 반칙이 생긴 장소에서 상대 팀에게 간접 프리 킥을 선언해야 한다.

(b) 기타 다른 반칙이 있었으면 킥을 다시 해야 한다.

부록 : 국제축구연맹 경기 규칙 215

경기 규칙에 관한 추가 지시
(ADDITIONAL INSTRUCTION REGARDING THE LAWS OF THE GAME)

심판에 대한 아래의 결정과 지시는 경기 규칙과 국제평의회 결정에 따른 것이다. 그러므로 관련된 인용문들은 권한을 가지고 있다.

1. 심한 반칙 플레이와 난폭한 행위

접촉이 많고 호전적인 운동으로서 축구는 때로 정말 활기차더라도 모든 움직임은 주심에 의해 허용되어야 한다. 이 때 볼을 소유하기 위한 경쟁은 반드시 공정하고 신사적이어야 한다. 그러나 심한 반칙 플레이와 난폭한 행위들은 엄격히 금지되며 심판은 엄중한 규칙 적용으로 그들에게 대처해야 한다.

두 가지 반칙의 정의는 다음과 같다.

(a) 심한 반칙 플레이 (Serious Foul Play)
선수가 상대편 볼에 도전할 때 고의적으로 난폭함을 이용하여 경기 규칙을 위반했을 때.

(b) 난폭한 행위 (Violent Conduct)
선수가 볼에 도전하지 않으면서 상대편을 향하여 공격하는 죄를 범하였을 때.

볼은 인 플레이 또는 아웃 오브 플레이 때 가능하며,

인 플레이 때 ; 공격적인 행위를 한 팀에게 반칙이 일어난 지점에서 직접 프리 킥 또는 반칙이 일어난 곳이 페널티 에어리어 내라면 페널티 킥으로 벌해야 한다.

아웃 오브 플레이 때 ; 경기 재개는 반칙에 앞서 중단된 상태대로 재개하여야 한다. 팀 동료, 심판, 선심, 관중 등에 대한 공격 행위도 난폭한 플레이이다.

위의 반칙들은 인 플레이나 아웃 오브 플레이 상황에서도 발생될 수 있다.

볼이 인 플레이 때는 난폭한 행위가 일어난 지점에서 상대편에게 직접 프리 킥 또는 만일 반칙 발생이 경기장 밖이라면 반칙이 일어날 시간에 볼이 있던 곳에서 드롭 볼로 재개하여야 한다. 만일 볼이 아웃 오브 플레이 때라면 경기는 반칙에 앞서 중단된 상태대로 재개한다.

2. 태클링 (Tackling)

(a) 슬라이딩 태클 (Sliding Tackle)
한 발 또는 두 발로 함께 한 태클이 주심의 의견으로 위험하지 않다면 허용된다.
그러나 태클을 할 때 볼에 닿는 대신 상대를 걸어 넘어뜨리는(trips) 경우 심판은 상대팀에게 직접 프리 킥과 반칙 선수에게 경고 조치하여야 한다.

(b) 뒤에서 하는 태클(Tackle from Behind)

조금이라도 난폭하거나 볼을 플레이하려고 시도하지 않으면서 행해지는 뒤에서의 태클은 금지되며, 퇴장 그리고 직접 프리 킥에 의한 처벌을 하여야 한다.

3. 골키퍼에 대한 반칙(Offences Against G.K)

이것은 반칙이다. 만일 선수가 :

(a) 볼을 헤딩한다는 구실 아래 골키퍼에게 뛰어 덤벼들었을 때.
(b) 골키퍼가 공을 던지려는데 방해하기 위하여 그의 앞에서 몸을 날쌔게 피하는 척할 때.
(c) 코너 킥 때에 골키퍼 앞에 서 있는 선수가 인 플레이되기 전 혹은 킥을 하기 전에 골키퍼를 방해하려고 자기 위치를 이용할 때.
(d) 볼을 방출시켜 진행하려는 골키퍼의 볼을 차려고 시도했을 때.

4. 방해(Obstruction)

선수가 볼을 플레이 거리 내에서 컨트롤(즉 거리 내에서 어느 선수가 팔을 이용하지 않으면서 상대편이 볼을 플레이하는 것을 막기 위하여 전술상 이유로 볼을 커버)하는 것은 방해 반칙이 아니다.

어느 선수가 이들의 지연이나 방해를 목적으로 직접 가로막거나, 볼과 그의 사이를 달려가거나, 선수의 전진을 막으려 몸을 끼워 장애를 만드는 등 고의적으로 상대편을 방해했을 때에는 상대 팀에게 간접 프리 킥으로 처벌해야 한다.

그러나 손, 팔, 다리, 신체의 다른 부분을 사용하여 신체적 접촉(body contact)에 의한 고의적 진행 방해를 한 선수는 상대 팀에게 직접 프리 킥을 부여하거나 반칙이 페널티 에어리어 내에서 일어났다면 페널티 킥으로 처벌해야 한다.

5. 씨저스 또는 바이시클 킥(오버헤드 킥)

주심의 의견으로 상대편에게 위험하지 않은 경우 허용된다.

6. 상대에게 뛰어 덤벼드는 행위(Jumping Atan Opponent)

선수가 볼을 헤딩한다는 구실 아래 상대편에게 뛰어 덤벼드는 경우 상대 팀에게 직접 프리 킥 부여에 의한 처벌을 하여야 한다.

7. 몸의 사용 금지(Prohibited Use of Body)

선수가 손, 팔, 다리 또는 몸을 이용하여 상대편을 가까이 오지 못하게 하는 행위는 규칙 제12조 위반으로 상대 팀에게 직접 프리 킥 부여에 의한 처벌을 해야 한다.

볼이 아웃 오브 플레이 때 그를 방해하기 위하여 위치에 달려 들어가서 상대편을 잡거나 방해했을 때도 반칙이다. (징계 처벌)

8. 볼 핸들링 또는 상대편을 잡았을 때의 경고 (Caution for Handling the Ball or Holding an Opponent)

핸들링 또는 상대편을 잡는 선수의 경고는 통상적은 아니지만 관례에 의한 처벌을 부과하는 것에 더하여 주심이 비신사적 행위에 대한 경고를 꼭 해야 하는 예외적인 경우가 아래와 같다.

(a) 선수가 다른 방법으로 플레이할 수 없기 때문에 상대편이 볼을 소유하는 것을 방해하기 위하여 한 손 또는 두 손으로 치거나 잡거나 했을 때.
(b) 상대편이 볼을 소유하는 것을 방해하기 위하여 상대편을 잡았을 때.
(c) 공격 선수가 득점을 시도할 때 불법적인 손의 사용. (제12조 국제평의회 결정 사항 14항에 앞의 주제가 제시 포함되어 있음. 명백한 득점 기회의 방해=퇴장 반칙)

9. 프리 킥 (Free-kick)

(a) 간접 프리 킥은 한 팔을 머리 위로 올려 지적하여야 한다. 킥이 완료되었거나 다른 선수에 의하여 플레에 또는 터치되거나 아웃 오브 플레이될 때까지 팔을 들어올리고 있어야 한다.
(b) 어떤 선수, 어떤 이유라도 상대 팀이 프리 킥을 고의적으로 지연시킬 때에는 경고 (황색 카드)하고, 이 반칙을 반복하면 퇴장(적색 카드)시켜야 한다.
(c) 어느 선수가 킥이 이루어지기 전에 볼로부터 최소한 9.15m 떨어져 있어야 하는 수비벽으로부터 너무 성급하게 돌진해 온다면 경고 조치하고, 이 반칙을 반복하면 퇴장시켜야 한다.

규칙에 모든 상대 선수들은 볼로부터 최소한 9.15m 거리 밖에 물러나 있어야 하지만 심판은 프리 킥을 빨리 할 수 있도록 이 요구를 무시할 재량권을 가지고 있다.

10. 페널티 킥 (Panalty-kick)

(a) 페널티 킥 동안의 감독
골키퍼는 페널티 킥 동안 골 라인 위에 발을 움직이지 않고 서 있어야 한다.
키커와 골키퍼 이외의 선수들은 킥이 이루어지기 전까지는 페널티 마크로부터 9.15m 떨어진 페널티 에어리어 밖에 머물러 있어야 한다. 이 상황의 어떤 위반도 경기 규칙 제14조에 따라 조치한다.
(b) 전반전 끝 또는 경기의 끝 시간의 페널티 킥
전반전 또는 경기 종료 직전의 페널티 킥 또는 재차 킥을 하기 위하여 시간을 연장하였을 때, 만일 볼이 크로스 바 아래의 양 골 포스트를 통과하기 전에 규칙 위반이 일어나지 않았다면 두 골 포스트 중 하나 또는 크로스 바 또는 골키퍼에 터치되었고 이런 것들이 복합적으로 이루어졌더라도 득점이 취소되지 않는다.

11. 오프사이드 위치에 있는 선수 (Player-in Off-side Position)

(a) 오프사이드 위치에 있다고 해서 반칙은 아니다.
(b) 선수가 그의 팀 동료에 의하여 볼이 터치되거나 플레이되는 순간에 주심의 의견으로 아래에 의해 활동적 플레이(active play)에 관련되었다고 판단되면 오프사이드로 처벌한다.
   ① 플레이 또는 상대편을 간섭, 방해했을 때.
   ② 그 위치를 이용하여 이득을 얻고자 했을 때.
(c) 주심에 의하여 오프사이드로 선언되지 않는 경우
   ① 단순히 오프사이드 위치에 있을 때.
   ② 골 킥, 코너 킥, 드로우 인을 직접 받았을 때 선심은 선수가 단순히 오프사이드 위치에 있을 때 신호를 하지 않아야 한다.

12. 골키퍼 (Goalkeeper)

적용 원칙은 다음을 따라 골키퍼가 자기 자신의 페널티 에어리어 내에서,
(a) 그의 손으로 볼을 컨트롤하는 순간부터 볼을 플레이에 내어주지 않고 공중에 던졌다가 다시 잡거나, 튀기거나, 볼을 잡고 4보를 넘어 걸었을 때.

4보를 걷기 전, 걷는 동안, 걸은 후 볼을 플레이에 내어주고 나서 P.A. 밖에 있는 같은 팀의 다른 선수가 플레이 또는 터치하기 전 또는 P.A. 안이거나 밖에 있는 상대 팀 선수에 의하여 플레이되기 전에 그의 손으로 재차 터치했을 때 경기 규칙 제12조⑤c)를 적용 또는,

(b) 주심의 의견으로 자기 자신의 팀에게 부당한 이득을 주고자 단순히 경기를 방해하거나 지연시키거나 멋대로 하는 술책 어느 것이건 반칙이 일어난 지점에서 상대 팀에게 간접 프리 킥을 주어 처벌하여야 한다. 경기 규칙 12조 국제평의회 결정 사항 (15)항의 내용에 더욱더 관심을 기울여야 할 것이다.

13. 지속적인 반칙 (Persistent Infringement)

어느 선수이든지 지속하여 경기 규칙을 위반하면 경고를 주어야 한다.

14. 두 번 경고받은 후의 선수 퇴장

선수가 두 번째 경고받을 만한 반칙을 하면 주심은 황색 카드를 보이고 즉시 적색 카드를 보여 그를 퇴장시킨다.(이것은 두 번째 경고성 반칙으로 퇴장당하는 것이지, 즉각 퇴장이 요구되는 반칙이 아님을 명백히 하기 위함이다.)

15. 선수 교체 (Substitution)

교체되려는 선수가 주심의 허가 없이 경기장을 떠날 수 없으며 볼이 아웃 오브 플레이 때만 교체시킬 수 있다. 교체 요원은 하프웨이 라인에서만 입장할 수 있다.

16. 선수의 부상 (Injured of player)

팀 임원이 경기장에 들어오도록 주심이 하락한 것은 치료가 아닌 단지 부상의 사정 목적과 선수의 후송을 조정하기 위함이다.

17. 심판에 대한 태도 (Attitude Towards Referees)

심판의 판정에 항의(protests)하는 선수는 경고를 받는다. 심판 폭행(assaults) 또는 모욕적 언동(insults)은 퇴장시켜야 한다. 팀의 주장은 그의 팀 행동에 책임을 져야 할지라도 특권은 없다.

18. 드로우 인 (Throw-in)

드로우 인은 터치 라인 밖 1m 넘는 거리에서 던질 수 없다. 선수가 드로우 인하는 선수를 괴롭힐 만큼 직접 앞에 설 수 없다.

19. Wasting Time

어느 선수건 wasts time은 비신사적 행위로 경고해야 한다.
wasting time이 발생되는 경우

(a) 일반 선수
부상을 가장하는 경우.
주심이 다시 차도록 하게 하려고 고의로 잘못된 위치에서 프리 킥을 할 때.
드로우 인을 하려고 준비하고 있다가 갑자기 팀의 다른 사람이 드로우 인하도록 두는 경우.
어떤 이유로 주심이 플레이를 중단시킨 후에 볼을 멀리 차거나 손으로 멀리 운반하는 경우.
프리 킥이 상대편에게 주어진 후 그의 팀에게 수비벽을 형성할 시간을 주기 위하여 볼 앞에 서는 행위.
드로우 인 또는 프리 킥의 과도한 지연.
교체시 경기장에서 떠나는 것을 지연.

(b) 골키퍼
그의 팀에게 시간을 얻게 하기 위하여 모든 방법으로 술책을 쓸 때(패스하여 플레이에 내어 주기 전 긴 시간을 기다리는 것, 필요 이상 오랫동안 볼을 가지고 있는 것 등등).

20. 득점의 축하 (Celebration of Goal)

득점된 후 선수가 득점하여 팀 동료와 함께 즐기는 것은 허용된다. 그러나 심판은 상대편 진영에서 지나친 시간 소비가 되는 것을 허용해서는 안 된다. 게시판(선전판)을 뛰어넘거나 관중 장벽을 올라가는 것 둘 다 묵인해서는 안 된다. 마지막 두 경우 반칙 선수는 비신사적 행위로 경고한다.

21. 경기중 원기 회복을 위한 음료 (액체 ; Liquid Refreshments During the Match)

선수는 경기가 중단되는 동안 터치 라인에서만 원기를 복돋우는 음료를 취할 권리가 있다. 플라스틱 물주머니 또는 다른 물통을 경기장에 던지는 것은 금지된다.

22. 스터드의 검사 (Inspection of Studs)

선심의 도움을 받아 주심은 선수들이 경기 시작을 위해 필드에 나가려고 할 때 탈의실에서 경기장까지에 이르는 복도에서 선수들의 스터드를 검사해야 한다.

23. 선수들의 복장 (Player's Outfits)

(a) 심판은 각 선수가 착용한 옷의 적절성과 규칙 제4조의 조건에 일치되는가를 확인하여야 한다. 상의가 하의 안에 밀어 넣어져야 하고, 양말은 위로 올려져 있어야 한다. 심판은 또한 각 선수의 신가드(shin-guards) 착용과 위험 가능성이 있는 물체(시계·혁대·바클 등)를 착용하고 있는지 여부를 확인한다.

(b) 선수들은 보온 팬츠(thermopants)를 눈에 보이게 착용할 수 있다. 그러나 반드시 팀의 하의와 같은 색이어야 하며 무릎까지 연장되어서는 안 된다. 만약 팀이 여러 가지 색(multicoloured shorts)으로 된 팬츠를 입었다면 보온 팬츠는 주색상과 동일해야 한다.

바둑전문도서

서림 바둑 시리즈

1	당신도 바둑을 둘 수 있다	유병호 감수	5,000원
2	알기 쉬운 초급바둑	유병호 감수	5,000원
3	이것이 포석이다	유병호 감수	5,000원
4	1급으로 가는 포석전략	유병호 감수	5,000원
5	실력향상 테니스	가토 마사오 저	5,000원
6	이것이 정석이다	유병호 감수	5,000원
7	바둑 정석의 모든 것	유병호 감수	5,000원
8	중반의 전략과 전투	유병호 감수	5,000원
9	속임수 격파작전	유병호 감수	5,000원
10	접바둑 비결	유병호 감수	5,000원
11	최신 바둑 첫걸음	스즈키 후지오 저	5,000원
12	포석의 한수	후지사와 슈코 저	5,000원
13	중반전의 필승전략(상)	사카다 에이오 저	5,000원
14	중반전의 필승전략(하)	사카다 에이오 저	5,000원
15	상급 바둑의 길잡이	가노 요시노리 저	5,000원
16	암수를 피하는 길	가토 마사오 저	5,000원
17	사활의 기초입문	임해봉 저	5,000원
18	끝내기 기법	구토 노리오 저	5,000원
19	1급으로 가는 정석	이시다 요시오 저	5,000원
20	1급으로 가는 포석	다케미야 마사키 저	5,000원
21	1급으로 가는 맥점	가토 마사오 저	5,000원
22	1급으로 가는 실력테스트	편집부 편	5,000원
23	3급으로 가는 정석	다케미야 마사키 저	5,000원
24	3급으로 가는 포석	가토 마사오 저	5,000원
25	3급으로 가는 맥점	이시다 요시오 저	5,000원
26	3급으로 가는 실력테스트	편집부 편	5,000원
27	5급으로 가는 정석	이시다 요시오 저	5,000원
28	5급으로 가는 포석	다케미야 마사키 저	5,000원
29	5급으로 가는 맥점	가토 마사오 저	5,000원
30	5급으로 가는 실력테스트	편집부 편	5,000원
31	9급으로 가는 정석	이시다 요시오 저	5,000원
32	9급으로 가는 포석	가토 마사오 저	5,000원
33	9급으로 가는 맥점	다케미야 마사키 저	5,000원
34	9급으로 가는 실력테스트	편집부 편	5,000원
35	7급으로 가는 정석	다케미야 마사키 저	5,000원
36	7급으로 가는 포석	이시다 요시오 저	5,000원
37	7급으로 가는 맥점	가토 마사오 저	5,000원
38	7급으로 가는 실력테스트	편집부 편	5,000원
39	승단으로 가는 정석	임해봉 저	5,000원
40	승단으로 가는 포석	오다케 히데오 저	5,000원
41	승단으로 가는 맥점	이시다 요시오 저	5,000원
42	승단으로 가는 실력테스트	후지사와 히데유키 저	5,000원
43	조치훈 격전보	미우리신문사	5,000원
44	현대바둑입문(CD-ROM)	서림바둑편찬회	9,500원
◎	바둑병법 36계(CD-ROM)	마사오춘 저	12,000원

서림 어린이바둑 시리즈

1	바둑 첫걸음	일본기원 저	6,000원
2	집짓기와 정석	일본기원 저	6,000원
3	사활과 싸움	일본기원 저	6,000원

서림 NHK바둑 시리즈

1	돌파 초급바둑(기초편)	이시쿠라 노보루 저	6,000원
2	돌파 초급바둑(응용편)	이시쿠라 노보루 저	6,000원
3	접바둑 초반50수 필승전략	야마시로 히로시 저	6,000원
4	실전 급소의 한수	후지사와 히데유키 저	6,000원
5	다케미야 우주류 특강	다케미야 마사키 저	6,000원
6	중국식 포석 필승작전	히네 야쓰마사 저	6,000원
7	공격전법 12장	오다케 히데오 저	6,000원
8	싸움바둑이 좋다	가토 마사오 저	6,000원
9	정복 바둑 격언	기요나리 테츠야 저	6,000원

서림 바둑 소사전 시리즈

1	화점정석 소사전	일본기원 저	5,000원
2	포석 소사전	일본기원 저	5,000원
3	정석이후 소사전	일본기원 저	5,000원
4	함정수 대책 소사전	일본기원 저	5,000원
5	소목·고목·외목 소사전	일본기원 저	5,000원
6	맥점 소사전	일본기원 저	5,000원
7	사활 소사전	일본기원 저	5,000원
8	접바둑 소사전	일본기원 저	5,000원
9	끝내기 소사전	일본기원 저	5,000원

서림 바둑 시리즈

1	현대 정석 총해	임해봉 저	12,000원
2	현대 포석 총해	이시다 요시오 저	14,000원
3	현대 맥점 총해	가토 마사오 저	12,000원
4	접바둑 총해 I	이시다 요시오 저	14,000원
5	접바둑 총해 II	이시다 요시오 저	15,000원
6	관자보	박재삼 편역	13,000원
7	현현기경	박재삼 편역	11,000원
8	기경중묘	박재삼 편역	11,000원
9	바둑용어사전	김인만 편저	15,000원
10	위기 발양론	이노우에 인세키 저	12,000원
11	끝내기 총해	김인선 저	14,000원
12	현대 정석 사전(CD-ROM)	서림바둑편찬회	17,000원
13	현대 포석 사전(CD-ROM)	서림바둑편찬회	17,000원
14	현대 맥점 사전(CD-ROM)	서림바둑편찬회	17,000원
15	현대 행마 사전(CD-ROM)	서림바둑편찬회	17,000원
16	현대 사활 사전(CD-ROM)	서림바둑편찬회	17,000원
17	현대 중반 사전(CD-ROM)	서림바둑편찬회	17,000원
18	현대 함정수 사전(CD-ROM)	서림바둑편찬회	17,000원
19	현대 끝내기 사전(CD-ROM)	서림바둑편찬회	17,000원
20	신(新)현현기경	오청원 해설	13,000원
21	현대 정석의 맥사전(CD-ROM)	서림바둑편찬회	17,000원
22	현대 명국 사전(CD-ROM)	서림바둑편찬회	17,000원

오늘의 바둑신서 시리즈

1	추억의 승부	조훈현 저	7,000원
2	집념의 승전보	조훈현 저	7,000원
3	조훈현 대 서봉수	박재삼 편	6,000원
4	한국정상의 대결1	박재삼	6,000원
5	한국정상의 대결2	박재삼 편	6,000원
6	한국정상의 대결3	박재삼 편	6,000원
7	프로 바둑 명승부(패왕전편)	박재삼 편	7,000원
8	오청원 스토리(불멸의 기성)	김순호 역	6,000원

세계 7개국어로 번역보급된
공수도의 바이블!

강태정 역
나카야마 마사도시 저
명재욱 감수

空手道全書

공수무도의 진수로 알려진 일본 '나카야마(中山) 공수의 기법'을 전11권에 총수록한 공수도백과인 이 책은 이미 세계 7개국어로 번역보급되면서 '공수도의 바이블'로 일컬어지고 있는 것을 우리나라에서 독점계약으로 출판했다.

이책은 기초이론에서부터 실전에 이르기까지의 기법과 동작 하나하나를 사진으로 상세히 설명하면서, 곁들여서 명선수들의 절대적인 비기(秘技)들을 적나라하게 공개하고 있다.

전11권

- **제1권** 綜合編
- **제2권** 基礎編
- **제3권** 對鍊 I
- **제4권** 對鍊 II
- **제5권** 平安・鐵騎
- **제6권** 拔塞・觀空
- **제7권** 十手・半月・燕飛
- **제8권** 岩鶴・慈恩
- **제9권** 拔塞小・觀空小・珍手
- **제10권** 雲手・狀鎭・二十四步
- **제11권** 五十四步大・五十四步小・明鏡
  (각권 4,500원)

110-126
서울시 종로구 종로6가 213-1(영안빌딩 405호)
전화(02)763-1445.742-7070
팩시밀리(02)745-4802

서림
문화사

무술·기공·건강
비디오 테이프및 VCD전문판매

무술서적 전문 출판사인 서림문화사와 서림미디어는 중국무술, 기공, 건강 테이프및 VCD를 전문제작, 수입판매하고 있습니다.

〈 비디오 테이프및 VCD의 자세한 목록은 저희 서림홈페이지를 참고 하시길 바랍니다. 〉

중국무술 비디오 테이프
각 25,000원

진식 태극권 노가1로	42분	우슈 남권
진식 태극권 노가2로	25분	우슈 장권
진식 태극권 56식	25분	무술대관 (43개의 권법과 무기술)
양식 태극권 24식	25분	중국무공 (34개의 권법과 무기술)
양식 태극권 40식	25분	중국 경기공 (35,000원)
양식 태극권 48식	30분	소림 방위술
양식 태극권 88식		팔극권
42식 태극권 (각파종합)	30분	무술 기본공
42식 태극검 (각파종합)	20분	합기도 경기
무식 태극권	30분	합기도 교범 1편(기초 천기편 10~9급)
태극권 용법 (퇴수)		합기도 교범 2편(고급 지기편 8~7급)
동남아 무예경연대회		합기도 교범 3편(중급 내기편 6~5급)
		합기도 교범 4편(고급 외기편 4~3급)
		합기도 교범 5편(대급 기합편 2~1급)

VCD 수입판매

2008년 세계 올림픽 규정투로 VCD
 장권 / 도술 / 검술 / 창술 / 곤술

각종문파의 태극권 VCD
 이덕인 / 왕이평 / 진정뇌

중국무술 VCD
 팔괘장 / 형의권 / 소림권 / 당랑권 / 팔극권 / 육합권 / 자연문
 영춘권 / 의권

격투기·타이복싱 VCD
 타이복싱 / 금나호신술

이소룡의 무술 VCD
 절권도 / 쌍절곤

중국기공·의료요법 VCD
 오금회 / 팔단금 / 발지압 / 요가

주소 : 서울시 종로구 종로6가 213-1 영안빌딩 101호
전화 : (02) 763-1445 (02) 742-7070 / FAX (02) 745-4802
홈페이지 : http://www.kung-fu.co.kr
e - mail : seolim@kung-fu.co.kr

■ 저자 / 加藤 久(Kato Hisashi)

　　1956년 4월 2일, 일본 미야기 껭(宮城県)에서 태어나, 와세다 대학(早稲田大) 교육학부 졸업, 쓰구바대 대학원 (筑波大學大學院) 체육교육과 수료.

　　대학 3년 재학중 일본 국가대표 선수가 됨. 1984~87년 일본 국가대표 팀의 주장을 역임. 제35회 일본스포츠상 (1985)을 수상.

　　현재 와세다 대학(早稲田大) 인간과학부 조교수.

　　저서로는「축구연습 프로그램」,「소년축구의 지도」, 「잘하게 되는 축구」등.

필승 축구 교본　　값 15,000원

1판5쇄 2016년 1월 25일 인쇄
1판5쇄 2016년 1월 30일 발행

저　　자/ 加藤 久
역　　자/ 서림편집부

발 행 처/ 서림문화사
발 행 자/ 신 종 호
주　　소/ 경기도 파주시 광탄면 장지산로 278번길 68
홈페이지/ http://www.kung-fu.co.kr
전　　화/ (02)763-1445, 742-7070
팩시밀리/ (02)745-4802
등　　록/ 제406-3000000251001975000017호(1975.12.1)
특허청 상호등록/ 022307호

ⓒ1997, BASEBALL MAGAZINE SHA LTD., PRINTED IN KOREA
이 책은 일본 베이스볼 매거진사와 한국어판 발행을 독점계약하였습니다.

ISBN 978-89-7186-239-1 13690
ISBN 978-89-7186-002-1 (세트)